절대어휘
5100

⑤

저자

김호성 한국외국어대학교 대학원 영어과 석사 / 마일스톤 학원 원장

전진완 한국외국어대학교 대학원 영어과 석사 / (전) 정이조 영어학원 당산 캠퍼스 원장

백영실 Liberty University 졸업 / 정이조 영어학원 주니어 총괄 원장

고미선 New York State University at Buffalo 졸업 / 정이조 영어학원 총괄 원장

이나영 University of Arizona 졸업 / 이나영 영어학원 원장

박영은 The University of Auckland 졸업 / (전) 정이조 영어학원 강사

3rd Edition
절대어휘 5100 ⑤

지은이 김호성, 전진완, 백영실, 고미선, 이나영, 박영은
펴낸이 정규도
펴낸곳 (주)다락원

초판 1쇄 발행 2008년 8월 18일
제2판 1쇄 발행 2015년 8월 10일
제3판 1쇄 발행 2024년 11월 21일

편집 김민아
디자인 구수정, 포레스트

다락원 경기도 파주시 문발로 211
내용문의 (02)736-2031 내선 504
구입문의 (02)736-2031 내선 250~252

Fax (02)732-2037
출판등록 1977년 9월 16일 제406-2008-000007호

ISBN 978-89-277-8083-0 54740
      978-89-277-8078-6 54740(set)

http://www.darakwon.co.kr

다락원 홈페이지를 방문하시면 상세한 출판정보와 함께
동영상강좌, MP3 자료 등 다양한 어학 정보를 얻으실 수 있습니다.

DARAKWON

구성과 특징

절대어휘 5100 시리즈는

어휘 학습에 있어서 반복학습의 중요성을 강조합니다.

자기주도적인 어휘학습의 중요성을 강조합니다.

체계적인 단계별 학습의 중요성을 강조합니다.

1 | 단계별 30일 구성! 계획적인 어휘 학습

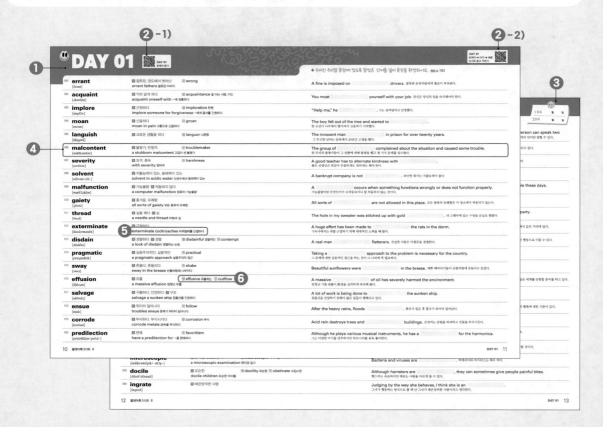

❶ **30일 구성의 계획적인 어휘 학습** : 하루 40개씩 30일 구성으로 총 1200 단어 학습

❷ **두 가지 버전의 QR코드 바로 듣기** : 남녀 원어민 음성으로 정확한 발음 연습
  1) 표제어 듣기   2) 표제어, 어구, 예문 순서로 듣고 익히기

❸ **DAY별 학습 진도 체크하기** : 학습 날짜를 기록하여 효과적으로 반복 학습

❹ **단어 → 어구 → 문장 순서**로 자연스럽게 표제어 응용 학습

❺ **다양한 Collocation 학습**으로 어휘 자신감 높이기

❻ **유의어, 반의어, 파생어** 등으로 어휘력 확장

2 | 7가지 유형의 REVIEW TEST

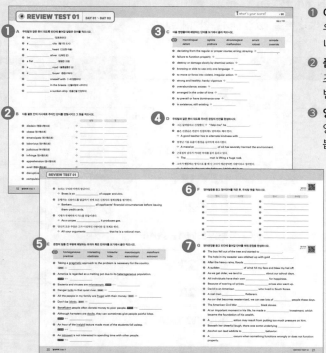

❶ 어구 빈칸 완성
우리말과 일치하도록 어구의 빈칸을 완성합니다.

❷ 품사별 단어 변형
조건에 따라 주어진 단어를 다양한 품사로 변형해 보고 우리말 뜻을 써 봅니다.

❸ 영영 풀이
영영 풀이에 해당하는 단어를 보기에서 찾아 봅니다.

❹ 문장 빈칸 완성
우리말과 일치하도록 문장의 빈칸을 완성합니다.

❺ 유의어 or 반의어
문장 속 밑줄 친 어휘의 유의어 또는 반의어를 보기에서 찾아 써 봅니다.

❻ 단어 받아쓰기
남녀 원어민의 음성을 듣고 영어와 우리말 뜻을 적어봅니다.

❼ 문장 듣고 받아쓰기
남녀 원어민의 음성을 듣고 문장 속 빈칸을 완성합니다.

3 | WORKBOOK

쓰기 노트

STEP 1
영어의 우리말 의미를 생각하며 두 번씩 써 보기

일일테스트

STEP 2
DAY별로 학습한 단어로 최종 실력 점검하기

4 | 문제출제프로그램 voca.darakwon.co.kr

그 밖에 3종 이상의 다양한 테스트지를 원하는 범위에서 출제하고 출력해서 쓸 수 있는 문제출제프로그램을 제공합니다.

절대어휘 5100 학습 계획표

수능 고난도 · 토플 1200 단어 Master

30일 구성의 계획적인 어휘 학습으로 수능 고난도 · 토플 1200 단어를 암기해보세요.

	1회독		2회독			1회독		2회독	
DAY 01	월	일	월	일	**DAY 17**	월	일	월	일
DAY 02	월	일	월	일	**DAY 18**	월	일	월	일
REVIEW TEST 01	월	일	월	일	**REVIEW TEST 09**	월	일	월	일
DAY 03	월	일	월	일	**DAY 19**	월	일	월	일
DAY 04	월	일	월	일	**DAY 20**	월	일	월	일
REVIEW TEST 02	월	일	월	일	**REVIEW TEST 10**	월	일	월	일
DAY 05	월	일	월	일	**DAY 21**	월	일	월	일
DAY 06	월	일	월	일	**DAY 22**	월	일	월	일
REVIEW TEST 03	월	일	월	일	**REVIEW TEST 11**	월	일	월	일
DAY 07	월	일	월	일	**DAY 23**	월	일	월	일
DAY 08	월	일	월	일	**DAY 24**	월	일	월	일
REVIEW TEST 04	월	일	월	일	**REVIEW TEST 12**	월	일	월	일
DAY 09	월	일	월	일	**DAY 25**	월	일	월	일
DAY 10	월	일	월	일	**DAY 26**	월	일	월	일
REVIEW TEST 05	월	일	월	일	**REVIEW TEST 13**	월	일	월	일
DAY 11	월	일	월	일	**DAY 27**	월	일	월	일
DAY 12	월	일	월	일	**DAY 28**	월	일	월	일
REVIEW TEST 06	월	일	월	일	**REVIEW TEST 14**	월	일	월	일
DAY 13	월	일	월	일	**DAY 29**	월	일	월	일
DAY 14	월	일	월	일	**DAY 30**	월	일	월	일
REVIEW TEST 07	월	일	월	일	**REVIEW TEST 15**	월	일	월	일
DAY 15	월	일	월	일					
DAY 16	월	일	월	일					
REVIEW TEST 08	월	일	월	일					

절대어휘 5100 권장 학습법

1 회독

① 하루에 40개의 표제어를 학습합니다. (30일 완성!)
② QR코드를 통해 표제어, 어구, 예문을 들으며 발음을 따라해 봅니다.
③ 유의어, 반의어, 파생어 등을 살펴보며 어휘력을 확장합니다.
④ REVIEW TEST로 2일 동안 학습한 단어들을 점검해 봅니다.
⑤ 워크북을 활용하여 단어의 철자와 뜻을 한번 더 확인합니다.

2 회독

① 하루에 80개의 표제어를 학습합니다. (15일 완성!)
② QR코드를 통해 표제어를 들으며 발음을 따라해 봅니다.
③ 표제어와 함께 유의어, 반의어, 파생어 등을 꼼꼼히 살펴봅니다.
④ REVIEW TEST에서 자주 틀리거나 헷갈리는 단어들을 오답노트에 정리합니다.
⑤ 단어테스트지와 문제출제프로그램을 통해 학습한 단어를 최종 점검합니다.

N 회독

① QR코드 또는 MP3를 반복해서 들어보세요.
② 반복 학습으로 수능 고난도·토플 1200 단어를 마스터해보세요.

목차

■ 책 속의 책 Workbook 제공

3rd Edition

절대어휘
5100

⑤ 수능 고난도·토플 1200

*DAY
01~30

DAY 01

DAY 01
표제어 듣기

001	**errant** [érənt]	혤 잘못된, 정도에서 벗어난 윾 wrong errant fathers 잘못된 아버지
002	**acquaint** [əkwéint]	통 익히 알게 하다 몡 acquaintance 잘 아는 사람, 지인 acquaint oneself with ~에 정통하다
003	**implore** [implɔ́:r]	통 간청하다 몡 imploration 탄원 implore someone for forgiveness ~에게 용서를 간청하다
004	**moan** [moun]	통 신음하다 윾 groan moan in pain 고통으로 신음하다
005	**languish** [læŋgwiʃ]	통 괴로운 생활을 하다 몡 languor 나른함
006	**malcontent** [mælkəntént]	몡 불평가, 반항자 윾 troublemaker a stubborn malcontent 고집이 센 불평가
007	**severity** [səvérəti]	몡 엄격, 혹독 윾 harshness with severity 엄하게
008	**solvent** [sálvənt | sɔ́l-]	혤 지불능력이 있는, 용해력이 있는 solvent in acidic water 산성수에서 용해력이 있는
009	**malfunction** [mælfʌ́ŋkʃən]	몡 기능불량 통 작동하지 않다 a computer malfunction 컴퓨터 기능불량
010	**gaiety** [géiəti]	몡 흥겨움, 유쾌함 all sorts of gaiety 모든 종류의 유쾌함
011	**thread** [θred]	통 실을 꿰다 몡 실 a needle and thread 바늘과 실
012	**exterminate** [ikstə́:rmənèit]	통 근절하다 exterminate cockroaches 바퀴벌레를 근절하다
013	**disdain** [disdéin]	통 경멸하다 몡 경멸 혤 disdainful 경멸적인 윾 contempt a look of disdain 경멸하는 눈빛
014	**pragmatic** [prægmǽtik]	혤 실용주의적인, 실용적인 윾 practical a pragmatic approach 실용주의적 접근
015	**sway** [swei]	통 흔들다, 흔들리다 윾 shake sway in the breeze 산들바람에 나부끼다
016	**effusion** [ifjú:ʒən]	몡 유출 혤 effusive 유출하는 윾 outflow a massive effusion 엄청난 유출
017	**salvage** [sǽlvidʒ]	통 구출하다, 인양하다 몡 구조 salvage a sunken ship 침몰선을 인양하다
018	**ensue** [insú:]	통 뒤이어 일어나다 윾 follow troubles ensue 문제가 뒤이어 일어나다
019	**corrode** [kəróud]	통 부식하다, 부식시키다 몡 corrosion 부식 corrode metals 금속을 부식하다
020	**predilection** [prìdəlékʃən | prè:d-]	몡 편애 윾 favoritism have a predilection for ~을 편애하다

✦ 주어진 우리말 문장에 맞도록 알맞은 단어를 넣어 문장을 완성하시오. 정답 p.193

A fine is imposed on ⬚⬚⬚⬚⬚ drivers. 잘못된 운전자들에게 벌금이 부과된다.

You must ⬚⬚⬚⬚⬚ yourself with your job. 당신은 당신의 일을 숙지해야만 한다.

"Help me," he ⬚⬚⬚⬚⬚. 그는 살려달라고 간청했다.

The boy fell out of the tree and started to ⬚⬚⬚⬚⬚.
한 소년이 나무에서 떨어져서 신음하기 시작했다.

The innocent man ⬚⬚⬚⬚⬚ in prison for over twenty years.
그 무고한 남자는 감옥에서 20년간 고생을 했다.

The group of ⬚⬚⬚⬚⬚ complained about the situation and caused some trouble.
한 무리의 불평가들이 그 상황에 대해 불평을 했고 몇 가지 문제를 일으켰다.

A good teacher has to alternate kindness with ⬚⬚⬚⬚⬚.
좋은 선생님은 번갈아 친절하게도 엄하게도 해야 한다.

A bankrupt company is not ⬚⬚⬚⬚⬚. 파산한 회사는 지불능력이 없다.

A ⬚⬚⬚⬚⬚ occurs when something functions wrongly or does not function properly.
기능불량이란 무엇인가가 오작동되거나 잘 작동하지 않는 것이다.

All sorts of ⬚⬚⬚⬚⬚ are not allowed in this place. 모든 종류의 유쾌함은 이 장소에서 허용되지 않는다.

The hole in my sweater was stitched up with gold ⬚⬚⬚⬚⬚. 내 스웨터에 있는 구멍을 금실로 꿰맸다.

A huge effort has been made to ⬚⬚⬚⬚⬚ the rats in the dorm.
기숙사에서는 쥐를 근절하기 위해 대대적인 노력을 해 왔다.

A real man ⬚⬚⬚⬚⬚ flatterers. 진실한 사람은 아첨꾼을 경멸한다.

Taking a ⬚⬚⬚⬚⬚ approach to the problem is necessary for the country.
그 문제에 대한 실용적인 접근을 하는 것이 그 나라에 꼭 필요하다.

Beautiful sunflowers were ⬚⬚⬚⬚⬚ in the breeze. 예쁜 해바라기들이 산들바람에 흔들리고 있었다.

A massive ⬚⬚⬚⬚⬚ of oil has severely harmed the environment.
엄청난 기름 유출이 환경을 심각하게 파괴해 왔다.

A lot of work is being done to ⬚⬚⬚⬚⬚ the sunken ship.
침몰선을 인양하기 위해서 많은 일들이 행해지고 있다.

After the heavy rains, floods ⬚⬚⬚⬚⬚. 폭우가 있은 후 홍수가 뒤이어 일어났다.

Acid rain destroys trees and ⬚⬚⬚⬚⬚ buildings. 산성비는 삼림을 파괴하고 건물을 부식시킨다.

Although he plays various musical instruments, he has a ⬚⬚⬚⬚⬚ for the harmonica.
그는 다양한 악기를 연주하지만 하모니카를 유독 좋아한다.

DAY 01

021	**monolingual** [mànəlíŋgwəl|mɔ̀n-]	형 1개 국어를 사용하는, 단일 언어의 a monolingual dictionary 단일어 사전	
022	**muscular** [mʌ́skjulər]	형 근육의 the muscular system 근육 조직	명 muscle 근육
023	**agitate** [ǽdʒətèit]	통 흔들다, 선동하다 agitate a rebellion 내란을 선동하다	유 stir
024	**plateau** [plætóu]	명 고원, 대지 a flat plateau 평평한 고원	
025	**obese** [oubíːs]	형 지나치게 살찐, 비만인 obese people 비만인 사람들	명 obesity 비만
026	**gust** [gʌst]	명 돌풍 a gust of wind 확 몰아치는 바람	
027	**nascent** [nǽsnt|néis-]	형 발생하려고 하는, 초기의 a nascent democracy 신생 민주주의	
028	**equidistant** [ìːkwidístənt]	형 같은 거리의 equidistant from ~로부터 거리가 같은	
029	**disruptive** [disrʌ́ptiv]	형 분열시키는 disruptive behavior 분열적인 행동	명 disruption 분열 유 disorderly
030	**reminisce** [rèmənís]	통 추억에 잠기다 reminisce about one's school days 학창시절을 추억하다	명 reminiscence 회상
031	**robust** [roubʌ́st]	형 튼튼한, 건장한 a robust youth 건장한 청년	명 robustness 건장함 유 healthy
032	**embark** [imbáːrk|em-]	통 타다, 태우다, 승선시키다 embark in[on] a boat 배에 타다	반 disembark 내리다
033	**oxidize** [ɑ́ksədàiz|ɔ́k-]	통 산화시키다 oxidized silver 산화된 은	명 oxidizer 산화제 참 oxygen 산소
034	**criterion** [kraitíəriən]	명 기준 a criterion for entry 참가 기준	복 criteria 유 standard
035	**bumpy** [bʌ́mpi]	형 울퉁불퉁한 a bumpy road 울퉁불퉁한 길	부 bumpily 울퉁불퉁하게
036	**heterogeneous** [hètərədʒíːniəs|-njəs]	형 이종의, 이질의, 잡다한 a heterogeneous population 다인종으로 이루어진 인구	명 heterogeneity 이질성 반 homogeneous 동종의
037	**plethora** [pléθərə]	명 과다, 과도	
038	**microscopic** [màikrəskɑ́pik|-skɔ́p-]	형 현미경의, 초소형의 a microscopic examination 현미경 검사	반 macroscopic 거시적인
039	**docile** [dɑ́səl|dóusail]	형 유순한 docile children 유순한 아이들	명 docility 유순함 반 obstinate 고집스런
040	**ingrate** [íngreit]	명 배은망덕한 사람	

◆ 주어진 우리말 문장에 맞도록 알맞은 단어를 넣어 문장을 완성하시오. 정답 p.193

A ＿＿＿＿＿＿＿ person can speak only one language while a bilingual person can speak two languages. 2개 국어를 사용하는 사람은 두 개의 언어를 말할 수 있는 반면에 1개 국어를 사용하는 사람은 한 개의 언어만 말할 수 있다.

The ＿＿＿＿＿＿ man is lifting a huge rock. 근육질의 남자가 커다란 바위를 들어 올리고 있다.

＿＿＿＿＿＿ the mixture to dissolve the powder. 가루가 녹도록 혼합물을 흔들어라.

After climbing the steep cliff, they arrived on the wide ＿＿＿＿＿＿.
가파른 절벽을 등반한 후, 그들은 넓은 고원에 이르렀다.

As our diet becomes westernized, we can see lots of ＿＿＿＿＿＿ people these days.
식단이 서구화되면서 비만인 사람들을 요즘 많이 볼 수 있다.

A sudden ＿＿＿＿＿＿ of wind hit my face and blew my hat off.
갑자기 확 몰아치는 바람이 내 얼굴을 때리고는 내 모자를 날려버렸다.

A ＿＿＿＿＿＿ party was formed by politicians who had left the ruling party.
신생 정당은 여당을 떠났던 정치인들로 구성되었다.

All points on a circle are ＿＿＿＿＿＿ from the center. 원 위의 모든 점은 중심에서 같은 거리에 있다.

Alcohol can lead addicts to ＿＿＿＿＿＿ behavior. 알코올은 중독자들을 분열적인 행동으로 이끌 수 있다.

As we get older, we tend to ＿＿＿＿＿＿ about our school days.
나이가 들면서 학창시절을 추억하는 경향이 있다.

Although my grandmother is 85 years old, she is still ＿＿＿＿＿＿.
비록 우리 할머니는 85세시지만 여전히 강건하시다.

They are getting ready to ＿＿＿＿＿＿ on a cruise around the world. 그들은 세계를 순항할 준비를 하고 있다.

Aluminum is easily ＿＿＿＿＿＿ in the air. 알루미늄은 공기 중에 쉽게 산화된다.

All individuals have their own ＿＿＿＿＿＿ for happiness. 모든 개인은 각자의 행복에 대한 기준이 있다.

＿＿＿＿＿＿ roads can damage your car. 울퉁불퉁한 길은 차를 손상시킬 수 있다.

America is regarded as a melting pot due to its ＿＿＿＿＿＿ population.
미국은 다인종으로 이루어진 인구 때문에 멜팅 팟(이것저것이 들어있는 도가니) 그릇이라고 여겨진다.

A ＿＿＿＿＿＿ of suppliers will enter the market. 과다한 공급자들이 시장에 진입할 것이다.

Bacteria and viruses are ＿＿＿＿＿＿. 박테리아와 바이러스는 매우 작다.

Although hamsters are ＿＿＿＿＿＿, they can sometimes give people painful bites.
햄스터는 유순하지만 때로는 사람을 아프게 물 수 있다.

Judging by the way she behaves, I think she is an ＿＿＿＿＿＿.
그녀가 행동하는 방식으로 볼 때 난 그녀가 배은망덕한 사람이라고 생각한다.

041	**altimeter** [æltímətər│ǽltəmì:tər]	명 고도계 an electronic digital altimeter 전자 디지털 고도계	

| 042 | **tranquil**
[trǽŋkwil] | 형 조용한, 고요한
a tranquil heart 고요한 마음 | 부 tranquilly 고요하게 |

| 043 | **autocrat**
[ɔ́:təkræt] | 명 독재군주, 독재자
an ambitious autocrat 야심찬 독재군주 | 유 despot |

| 044 | **emancipate**
[imǽnsəpèit] | 동 해방시키다
emancipate slaves 노예를 해방하다 | 명 emancipation 해방 유 liberate |

| 045 | **vibrant**
[váibrənt] | 형 활기찬, 생기가 넘치는
a vibrant city 활기찬 도시 | |

| 046 | **autonomous**
[ɔːtánəməs│-tɔ́n-] | 형 자치의
an autonomous people 자주 국민 | 명 autonomy 자치 유 independent |

| 047 | **velocity**
[vəlásəti│-lɔ́s-] | 명 속도
an accelerated velocity 가속도 | 유 speed |

| 048 | **alloy**
명[ǽlɔi] 동[əlɔ́i] | 명 합금 동 합금하다
a ferrous alloy 철 합금 | |

| 049 | **severance**
[sévərəns] | 명 단절, 절단
a bitter sense of severance from one's family 가족으로부터 단절된 괴로운 느낌 | 동 sever 절단하다 |

| 050 | **chronological**
[krànəládʒikəl] | 형 연대순의
chronological order 연대순 | 부 chronologically 연대순으로 |

| 051 | **insipid**
[insípid] | 형 재미없는, 지루한
an insipid lecture 지루한 강의 | 명 insipidity 지루함 반 interesting 재미있는 |

| 052 | **encrypt**
[inkrípt│en-] | 동 암호화하다
be encrypted 암호화되다 | 유 encode |

| 053 | **laborious**
[ləbɔ́:riəs] | 형 힘드는, 인내를 요하는
laborious work 고된 일 | 명 labor 노동 |

| 054 | **judicious**
[dʒuːdíʃəs] | 형 분별력이 있는, 현명한
a judicious investment 현명한 투자 | 부 judiciously 현명하게 유 wise |

| 055 | **chemotherapy**
[kìːmouθérəpi│kèm-] | 명 화학요법 | |

| 056 | **introvert**
[íntrəvə̀:rt] | 명 내성적인 사람
a timid introvert 소심한 내성적인 사람 | 형 introversive 내성적인 반 extrovert 외향적인 사람 |

| 057 | **circumscribe**
[sə́:rkəmskràib] | 동 한계를 정하다, 제한하다
be circumscibed by ~로 제한되다 | |

| 058 | **override**
[òuvəráid] | 동 우위에 서다, 무시하다
override the wishes of the people 여론을 무시하다 | |

| 059 | **appraise**
[əpréiz] | 동 평가하다, 감정하다
appraise a person's ability ~의 능력을 평가하다 | 명 appraisement 평가, 감정 유 evaluate |

| 060 | **compulsive**
[kəmpʌ́lsiv] | 형 강제적인, 강박적인
a compulsive buyer 충동구매자 | 부 compulsively 강제적으로 |

✦ 주어진 우리말 문장에 맞도록 알맞은 단어를 넣어 문장을 완성하시오. 정답 p.193

An   is used to measure height above sea level and is especially used in aircrafts.
고도계는 해수면 위의 높이를 측정하기 위해 사용되고 특히 기내에서 사용된다.

A   lake makes my soul very calm. 고요한 호수는 나의 영혼을 매우 평온하게 한다.

A boss should be a benevolent   . 상사는 선의의 독재자여야 한다.

The American Civil War   black slaves. 미국 남북전쟁은 흑인 노예들을 해방시켰다.

He is a young man with a   personality. 그는 활기찬 성품의 젊은이이다.

An   nation has the ability to deal with its domestic affairs.
자치국은 자국 내 문제를 처리할 능력을 가지고 있다.

According to the forecast, the wind has attained a   of sixty miles an hour.
예보에 따르면 풍속이 한 시간에 60마일에 달했다.

Brass is an   of copper and zinc. 놋쇠는 구리와 아연의 합금이다.

As she was abroad alone, she felt a bitter sense of   from her family.
외국에 홀로 지내면서 그녀는 가족으로부터 단절된 괴로운 느낌을 받았다.

Can you remember all those historic events in   order?
그 모든 역사적 사건들을 연대순으로 기억할 수 있니?

An hour of the   lecture made most of the students fall asleep.
한 시간짜리 지루한 강의가 대부분의 학생들을 잠들게 했다.

Account details are   for privacy reasons. 계좌 정보는 사생활보호의 이유로 암호화되어 있다.

Checking all the information will be slow and   .
정보를 모두 점검하는 일은 느려지고 인내를 요할 것이다.

At an important moment in his life, he made a   investment, which became the foundation of his wealth. 그는 인생의 중요한 순간에 현명한 투자를 했고, 그것이 그가 가진 부의 기초가 되었다.

       treatment is widely used these days. 화학요법 치료는 오늘날 널리 사용되고 있다.

An   is not interested in spending time with other people.
내성적인 사람은 다른 사람들과 시간을 보내는 것에 관심이 없다.

It will be severely   by the new law. 그것은 새로운 법에 의해 엄격하게 제한될 것이다.

Safety considerations   all other concerns. 안전에 대한 고려는 다른 모든 관심사에 우선한다.

Bankers   all applicants' financial circumstances before issuing them credit cards.
은행가는 신용카드를 발급하기 전에 모든 신청자의 경제 상황을 평가한다.

       buyers tend to use more money than ordinary people.
충동구매자들은 보통 사람들보다 돈을 더 많이 쓰는 경향이 있다.

DAY 02

061	**extant** [ékstənt|ekstǽnt]	형 현존하는 extant remains 현존하는 유물	
062	**allegiance** [əlíːdʒəns]	명 충성 pledge allegiance to the flag 국기에 충성을 맹세하다	
063	**lurk** [ləːrk]	동 숨다, 잠재해 있다 lurk in the car 차에서 잠복하다	윤 hide
064	**commodity** [kəmádəti]	명 일용품 commodity prices 물가	윤 goods
065	**expatriate** [ekspéitrièit]	명 이주자, 국외 거주자 an American expatriate 미국계 이주민	윤 immigrant
066	**decompose** [dìːkəmpóuz]	동 부패하다 a decomposing corpse 부패하는 시체	윤 decay
067	**frugal** [frúːgəl]	형 절약하는 be frugal with one's time 시간을 절약하다	부 frugally 알뜰하게 윤 economical
068	**inalienable** [inéiljənəbl]	형 양도할 수 없는 inalienable rights 양도할 수 없는 권리	
069	**pollinate** [pálənèit]	동 가루받이하다, 수분하다 pollinate a flower 꽃을 가루받이하다	명 pollination 가루받이, 수분
070	**derivative** [dirívətiv]	명 파생어, 파생물 형 파생적인	
071	**infringe** [infríndʒ]	동 위반하다 infringe a business contract 사업 계약을 어기다	명 infringement 위반 윤 violate
072	**presuppose** [prìːsəpóuz]	동 전제로 삼다, 추정하다, 예상하다 An effect presupposes a cause. 원인 없이 결과가 생기진 않는다.	
073	**idiotic** [ìdiátik|-ɔ́t-]	형 백치의, 바보 같은 an idiotic question 바보 같은 질문	명 idiot 백치 윤 imbecile
074	**apprehension** [æprihénʃən]	명 염려, 걱정, 이해 apprehension about the future 미래에 대한 염려	동 apprehend 염려하다 윤 anxiety
075	**itinerary** [aitínərèri|itín-]	명 여행 스케줄	
076	**avail** [əvéil]	동 쓸모 있다 명 효용 Such arguments will not avail. 그런 논쟁은 소용이 없을 것이다.	형 available 쓸모 있는 윤 help
077	**avalanche** [ǽvəlæntʃ|-làːnʃ]	명 눈사태, 쇄도 an avalanche of questions 쇄도하는 문의	
078	**combustible** [kəmbʌ́stəbl]	형 타기 쉬운 a combustible material 가연성 물질	부 combustibly 타기 쉽게 윤 inflammable
079	**beneficent** [bənéfisənt]	형 인정 많은, 유익한 a beneficent person 인정 많은 사람	부 beneficently 인정 많게 반 maleficent 나쁜
080	**disparage** [dispǽridʒ]	동 얕보다	명 disparagement 경멸 윤 depreciate

✦ 주어진 우리말 문장에 맞도록 알맞은 단어를 넣어 문장을 완성하시오. 정답 p.193

Archaeologists attempt to examine and preserve   remains.
고고학자들은 현존하는 유물들을 연구하고 보존하고자 한다.

Everyone in the military is asked to swear   to the constitution.
모든 군인들은 헌법에 충성을 맹세하도록 요구 받는다.

Danger   in that quiet river. 고요한 강에 위험이 잠재해 있다.

Because of soaring oil prices,   prices also went up. 유가 상승 때문에 물가도 올랐다.

David is an American   who lived in South Korea. David는 한국에서 산 미국계 이주민이다.

As a corpse   , it produces gas. 시체가 부패하면서 가스를 만들어낸다.

All the people in my family are   with their money. 우리 가족들은 모두 돈을 아낀다.

Dokdo is an   part of Korea. 독도는 한국이 양도할 수 없는 부분이다.

Bees are needed to   plants. 식물의 가루받이를 위해 벌이 필요하다.

'Sadness' is a   of 'sad'. 'Sadness(슬픔)'은 'sad(슬픈)'의 파생어이다.

Your company   a business contract last month.
당신의 회사가 지난 달 사업 계약을 위반했다.

All your arguments   that he is a rational man.
당신의 모든 주장은 그가 이성적인 사람이란 걸 전제로 한다.

Don't be   . 바보같이 굴지 마라.

Beneath her cheerful laugh, there was some underlying   .
그녀의 쾌활한 웃음 속에 염려가 깔려 있었다.

Did you copy the   ? 여행 스케줄을 복사했니?

Even if his arguments are correct, they will not   in this case.
비록 그의 논쟁이 옳다 하더라도 이 경우에는 소용이 없을 것이다.

There is an   warning in that area. 그 지역에는 눈사태 경고가 있다.

Don't put those   items near the fireplace. 난로 근처에 타기 쉬운 것들을 놓지 말아라.

       people often donate money to poor people.
인정 많은 사람들은 종종 가난한 사람들을 위해 기부를 한다.

Do not   anyone's contribution. 다른 사람들의 공헌을 얕보지 마라.

A 우리말과 같은 뜻이 되도록 빈칸에 들어갈 알맞은 단어를 적으시오.

① be _____ (암호화되다)

② a _____ city (활기찬 도시)

③ a _____ heart (고요한 마음)

④ _____ silver (산화된 은)

⑤ a flat _____ (평평한 고원)

⑥ a _____ road (울퉁불퉁한 길)

⑦ a _____ buyer (충동구매자)

⑧ _____ oneself with (~에 정통하다)

⑨ _____ in the breeze (산들바람에 나부끼다)

⑩ _____ a sunken ship (침몰선을 인양하다)

B 다음 괄호 안의 지시대로 주어진 단어를 변형시키고 그 뜻을 적으시오.

	변형	뜻
① disdain (형용사형으로) →	_____	_____
② obese (명사형으로) →	_____	_____
③ emancipate (명사형으로) →	_____	_____
④ laborious (명사형으로) →	_____	_____
⑤ judicious (부사형으로) →	_____	_____
⑥ infringe (명사형으로) →	_____	_____
⑦ apprehension (동사형으로) →	_____	_____
⑧ avail (형용사형으로) →	_____	_____
⑨ disruptive (명사형으로) →	_____	_____
⑩ compulsive (부사형으로) →	_____	_____

정답 p.193

C 다음 영영풀이에 해당하는 단어를 보기에서 골라 적으시오.

보기	monolingual	agitate	chronological	errant	corrode
	extant	plethora	malfunction	robust	override

❶ deviating from the regular or proper course; erring; straying ➡ _____

❷ failure to function properly ➡ _____

❸ destroy or damage slowly by chemical action ➡ _____

❹ knowing or able to use only one language ➡ _____

❺ to move or force into violent, irregular action ➡ _____

❻ strong and healthy; hardy; vigorous ➡ _____

❼ overabundance; excess ➡ _____

❽ arranged in the order of time ➡ _____

❾ to prevail or have dominance over ➡ _____

❿ in existence; still existing ➡ _____

D 우리말과 같은 뜻이 되도록 주어진 문장의 빈칸을 완성하시오.

❶ 그는 살려달라고 간청했다. ➡ "Help me," he _____.

❷ 좋은 선생님은 번갈아 친절하게도 엄하게도 해야 한다.

➡ A good teacher has to alternate kindness with _____.

❸ 엄청난 기름 유출이 환경을 심각하게 파괴시켰다.

➡ A massive _____ of oil has severely harmed the environment.

❹ 근육질의 남자가 커다란 바위를 들어 올리고 있다.

➡ The _____ man is lifting a huge rock.

❺ 그녀가 행동하는 방식으로 볼 때 난 그녀가 배은망덕한 사람이라고 생각한다.

➡ Judging by the way she behaves, I think she is an _____.

❻ 자치국은 자국 내 문제를 처리할 능력을 가지고 있다.

➡ An _____ nation has the ability to deal with its domestic affairs.

❼ 놋쇠는 구리와 아연의 합금이다.

➡ Brass is an _____ of copper and zinc.

❽ 은행가는 신용카드를 발급하기 전에 모든 신청자의 경제상황을 평가한다.

➡ Bankers _____ all applicants' financial circumstances before issuing them credit cards.

❾ 시체가 부패하면서 가스를 만들어낸다.

➡ As a corpse _____, it produces gas.

❿ 당신의 모든 주장은 그가 이성적인 사람이란 걸 전제로 한다.

➡ All your arguments _____ that he is a rational man.

E 문장의 밑줄 친 부분에 해당하는 유의어 혹은 반의어를 보기에서 골라 적으시오.

보기	homogeneous	interesting	imbecile	macroscopic	maleficent
	practical	obstinate	hide	economical	extrovert

❶ Taking a pragmatic approach to the problem is necessary for the country.

유의어 = _____

❷ America is regarded as a melting pot due to its heterogeneous population.

반의어 ↔ _____

❸ Bacteria and viruses are microscopic. 반의어 ↔ _____

❹ Danger lurks in that quiet river. 유의어 = _____

❺ All the people in my family are frugal with their money. 유의어 = _____

❻ Don't be idiotic. 유의어 = _____

❼ Beneficent people often donate money to poor people. 반의어 ↔ _____

❽ Although hamsters are docile, they can sometimes give people painful bites.

반의어 ↔ _____

❾ An hour of the insipid lecture made most of the students fall asleep.

반의어 ↔ _____

❿ An introvert is not interested in spending time with other people.

반의어 ↔ _____

F 영어발음을 듣고 영어단어를 적은 후, 우리말 뜻을 적으시오.

영어	우리말		영어	우리말
❶ _____	_____	❽ _____	_____
❷ _____	_____	❾ _____	_____
❸ _____	_____	❿ _____	_____
❹ _____	_____	⓫ _____	_____
❺ _____	_____	⓬ _____	_____
❻ _____	_____	⓭ _____	_____
❼ _____	_____	⓮ _____	_____

G 영어문장을 듣고 빈칸에 들어갈 단어를 채워 문장을 완성하시오.

❶ The boy fell out of the tree and started to _____.

❷ The hole in my sweater was stitched up with gold _____.

❸ After the heavy rains, floods _____.

❹ A sudden _____ of wind hit my face and blew my hat off.

❺ As we get older, we tend to _____ about our school days.

❻ All individuals have their own _____ for happiness.

❼ Because of soaring oil prices, _____ prices also went up.

❽ David is an American _____ who lived in South Korea.

❾ A real man _____ flatterers.

❿ As our diet becomes westernized, we can see lots of _____ people these days.

⓫ The American Civil War _____ black slaves.

⓬ At an important moment in his life, he made a _____ investment, which became the foundation of his wealth.

⓭ A _____ action may result from putting too much pressure on him.

⓮ Beneath her cheerful laugh, there was some underlying _____.

⓯ Alcohol can lead addicts to _____ behavior.

⓰ A _____ occurs when something functions wrongly or does not function properly.

081	**unbounded** [ʌ̀nbáundid]	혱 무한한, 끝없는 unbounded space 무한한 공간	뷔 unboundedly 끝없이 윤 boundless
082	**carnivorous** [kɑːrnívərəs]	혱 육식성의 a carnivorous animal 육식동물	참 herbivorous 초식성의
083	**remnant** [rémnənt]	몡 나머지, 찌꺼기 supernova remnants 초신성 잔해	윤 remainder
084	**contemplative** [kəntémplətiv|kántəmplèi-]	혱 명상적인 a contemplative life 명상생활	뷔 contemplatively 명상적으로 윤 introspective
085	**fidelity** [fidéləti|fai-]	몡 충성, 충실함 a dog's fidelity 개의 충성심	윤 loyalty
086	**outlandish** [autlǽndiʃ]	혱 색다른, 기이한 outlandish ideas 특이한 생각	뷔 outlandishly 색다르게 윤 weird
087	**alleviate** [əlíːvièit]	통 경감시키다 alleviate one's suffering 고통을 경감시키다	
088	**extraneous** [ikstréiniəs]	혱 외부의, 관련 없는 extraneous force 외력	
089	**circumlocution** [sə̀ːrkəmloukjúːʃən]	몡 완곡한 표현 without circumlocution 단도직입적으로	혱 circumlocutory 완곡한
090	**impute** [impjúːt]	통 ~의 탓으로 하다 impute the accident to 사고를 ~의 탓으로 돌리다	몡 imputation 전가 윤 blame
091	**stunning** [stʌ́niŋ]	혱 깜짝 놀라게 하는, 멋진 a stunning defeat 놀라운 패배	뷔 stunningly 놀랍게 윤 remarkable
092	**vulnerable** [vʌ́lnərəbl]	혱 상처입기 쉬운 be vulnerable to ~에 약하다	윤 susceptible
093	**deter** [ditə́ːr]	통 단념시키다 deter crime 범죄를 저지하다	몡 determent 저지 윤 discourage
094	**proactive** [pròuǽktiv]	혱 사전행동의, 예방의 a proactive action 사전 조치	참 reactive 반응을 보이는
095	**astray** [əstréi]	뷔 타락하여, 길을 잃고	
096	**feasible** [fíːzəbl]	혱 그럴듯한, 있음 직한 a feasible story 있음 직한 이야기	몡 feasibility 그럴듯함 뺀 unfeasible 있음 직하지 않은
097	**reverence** [révərəns]	몡 존경 out of the reverence for ~을 존경하여	통 revere 존경하다
098	**stagnant** [stǽgnənt]	혱 정체된, 흐르지 않는 a stagnant pond 흐르지 않는 연못	
099	**refinement** [riːfáinmənt]	몡 세련, 정제, 개선 a man of refinement 세련된 남자	통 refine 정제하다 윤 sophistication
100	**retaliate** [ritǽlièit]	통 보복하다	몡 retaliation 보복 윤 revenge

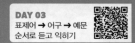

✦ 주어진 우리말 문장에 맞도록 알맞은 단어를 넣어 문장을 완성하시오. 정답 p.194

Everyone in the room was fed up with his   conversation.
방에 있는 모든 사람들이 그의 끝없는 얘기에 질렸다.

Are snakes   ? 뱀은 육식성인가요?

Even today,   of this practice remain. 오늘까지도 이 관행의 잔재가 남아 있다.

Buddhist monks usually lead   lives in quiet temples.
불교 승려들은 보통 조용한 절에서 명상생활을 한다.

A dog's   is stronger than that of a cat. 개의 충성심이 고양이보다 강하다.

Everyone in the classroom laughed at her   idea.
교실에 있는 모든 사람이 그녀의 특이한 생각을 비웃었다.

Are you sure this will   the pain? 이것이 고통을 완화시켜 주는 게 확실한가요?

       light in the camera spoiled the photograph. 카메라 내부에 외부 빛이 들어가서 사진을 망쳤다.

       can sometimes feel ambiguous to the listener.
완곡한 표현은 때때로 듣는 사람에게 모호하게 느껴질 수 있다.

They   the accident to her carelessness. 그들은 그 사고를 그녀의 부주의 탓으로 돌렸다.

Everyone in the stadium was shocked by our team's   win.
경기장의 모든 사람들은 우리 팀의 멋진 승리에 놀랐다.

As human beings, we are flawed and   . 인간으로서 우리들은 결점도 많고 상처입기 쉽다.

Failure did not   him from trying again. 실패는 그가 다시 도전하는 것을 단념시키지 못했다.

Companies try to be   , not reactive, to survive in the market.
회사는 시장에서 살아남기 위해 상황에 반응하기 보다는 먼저 행동하려고 애쓴다.

Don't lead anyone   . 다른 사람들을 나쁜 길로 인도하지 마라.

He always surprises people by suggesting   ideas.
그는 항상 그럴듯한 아이디어를 제안함으로써 사람들을 놀라게 한다.

Out of   for my father, they will do nothing to harm me.
우리 아빠를 존경하기 때문에 그들은 나를 절대 해하지 않을 것이다.

Few fish survive in the   waters of the lake. 호숫가의 정체된 물에는 물고기가 거의 살지 못한다.

Computer science reflects all the   of the 20th century technology.
컴퓨터 공학은 20세기 기술에서 개선된 모든 것을 반영한다.

Don't tease him unless you want him to   . 그가 보복하는 것을 원치 않으면 그를 괴롭히지 마라.

DAY 03

101	**versatile** [və́:rsətl	-tàil]	형 다재다능한, 다방면에 능한	명 versatility 다재다능
		a versatile actor 다재다능한 배우	
102	**cumbersome** [kʌ́mbərsəm]	형 거추장스러운	명 cumbersomeness 거추장스러움
		a cumbersome structure 거추장스러운 구조	
103	**lyricism** [lírəsìzm]	명 서정미	형 lyric 서정시의
		emphasize lyricism 서정미를 강조하다	
104	**sage** [seidʒ]	형 현명한 명 현인	부 sagely 현명하게 유 wise
		sage advice 현명한 충고	
105	**erroneous** [iróuniəs]	형 잘못된	명 error 오류 유 wrong
		erroneous information 잘못된 정보	
106	**declaim** [dikléim]	동 매도하다, 비난하다, 열변을 토하다	
		declaim against luxury 사치를 매도하다	
107	**barbarian** [bɑ:rbɛ́əriən]	명 야만인	
		act like a barbarian 야만인처럼 굴다	
108	**loom** [lu:m]	동 어렴풋이 나타나다, 중대하게 생각되다, 곧 닥칠 것처럼 보이다	
		suddenly looming out of the mist 안개 속에서 갑자기 불쑥 나타나는	
109	**duplicate** [djú:plikeit]	동 복사하다	명 duplication 복사 유 replicate
		a duplicating machine 복사기	
110	**cynical** [sínikəl]	형 냉소적인	부 cynically 냉소적으로
111	**vanity** [vǽnəti]	명 자만, 허영심	형 vain 허영의 유 conceit
		out of vanity 허영심에서	
112	**detach** [ditǽtʃ]	동 떼어내다, 분리시키다	
		a detached database 분리된 데이터베이스	
113	**omnipotent** [ɑmnípətənt	ɔm-]	형 전능한	명 omnipotence 전능
		an omnipotent being 전능한 존재	
114	**defer** [difə́:r]	동 연기하다	명 deferment 연기 유 postpone
		defer one's departure 출발을 연기하다	
115	**virtuous** [və́:rtʃuəs]	형 덕이 있는	명 virtuousness 덕이 높음
		a virtuous person 덕이 있는 사람	
116	**aesthetic** [esθétik]	형 미의, 심미적인	부 aesthetically 미학적으로
		an aesthetic appreciation 미적 감상	
117	**exempt** [igzémpt]	동 면제하다	명 exemption 면제
		exempt a man from military service 병역을 면제하다	
118	**predominant** [pridámənənt	-dɔ́m-]	형 우세한, 주된, 두드러진	명 predominance 탁월
		a predominant trait 두드러진 특징	
119	**demography** [dimágrəfi	di:mɔ́g-]	명 인구통계학	
		the field of demography 인구통계학 분야	
120	**discernible** [disə́:rnəbl]	형 인식할 수 있는, 보고 알 수 있는	동 discern 인식하다
		a discernible fact 인식할 수 있는 사실	

◆ 주어진 우리말 문장에 맞도록 알맞은 단어를 넣어 문장을 완성하시오. 정답 p.194

He attempts to play various roles in movies since he is a _____ actor.
그는 다재다능한 배우라서 영화에서 다양한 역할을 하려고 시도한다.

_____ structures make large organizations grow complex.
거추장스러운 구조가 대기업을 복잡하게 만든다.

Find some ways to enhance the _____ of the poem.
시에서 서정미를 강화할 수 있는 몇 가지 방법을 찾아보세요.

Confucius is one of the ancient Chinese _____. 공자는 고대 중국의 현인들 중 한 명이다.

_____ information can cause serious problems. 잘못된 정보는 심각한 문제들을 일으킬 수 있다.

He _____ against the development that is destroying the environment.
그는 환경을 파괴하는 개발에 대하여 격렬하게 비난했다.

Democracy is not really suited for _____. 민주주의는 야만인에게는 적합하지 않다.

Food shortages are _____ in some parts of Africa. 아프리카 일부에선 식량부족이 중대하게 부각되고 있다.

Could you type this report and _____ it? 이 보고서를 컴퓨터로 입력해서 복사해 주시겠어요?

Every time I ask her some questions, she gives me a _____ smile.
매번 그녀에게 질문을 할 때마다 그녀는 빈정거리는 웃음을 짓는다.

He doesn't have any of the _____ found in people with power and money.
그는 권력과 돈을 가진 사람들에게서 볼 수 있는 허영심이 없다.

_____ the database from the server first. 먼저 서버에서 데이터베이스를 분리하세요.

God is _____. 신은 전능하다.

Customers often _____ payment for as long as possible. 소비자들은 가능한 한 자주 지불을 미룬다.

Everybody agrees that she is a _____ person. 모든 사람들이 그녀가 덕이 있는 사람이라는 것에 동의한다.

He has focused on the _____ aspect of the architecture. 그는 건축의 미적 측면에 초점을 맞추어 왔다.

Do you know why his son was _____ from military service?
그의 아들이 왜 병역을 면제 받았는지 아니?

Green was the _____ color in the forest. 녹색은 숲의 주된 색이다.

_____ is the statistical study of all populations. 인구통계학은 모든 인구에 대한 통계학적 연구이다.

Everyone knows it's a _____ fact. 모두가 그것이 인식할 수 있는 사실임을 알고 있다.

121	**acquisitive** [əkwízətiv]	형 욕심이 많은	명 acquisitiveness 욕심　윤 greedy
		an acquisitive person 욕심이 많은 사람	
122	**slumber** [slʌ́mbər]	동 자다, 빈둥대다　명 잠	윤 sleep
		a deep slumber 깊은 잠	
123	**mythical** [míθikəl]	형 신화의	명 myth 신화
		a mythical god 신화상의 신	
124	**dilute** [dilúːt｜dai-]	동 희석하다, 물을 타다	명 dilution 희석　윤 water down
		dilute wine with water 와인에 물을 타다	
125	**outspoken** [àutspóukən]	형 거리낌없이 말하는	부 outspokenly 솔직하게
		outspoken speech 거리낌 없는 연설	
126	**loophole** [lúːphòul]	명 허점, 빠져나가는 구멍	
		a legal loophole 법적인 허점	
127	**transparent** [trænspɛ́ərənt]	형 투명한, 빤히 들여다보이는	부 transparently 투명하게
		in a transparent manner 투명한 방법으로	
128	**ramp** [ræmp]	명 이동식 계단, 경사로, 진입로	윤 slope
129	**bureaucracy** [bjuərákrəsi｜-rɔ́k-]	명 관료정치, 관료	형 bureaucratic 관료주의의
		a state bureaucracy 주정부 관료	
130	**fallacy** [fǽləsi]	명 그릇된 생각	
131	**ardent** [áːrdnt]	형 열렬한, 정열적인	부 ardently 열렬히　반 indifferent 무관심한
		an ardent supporter 열렬한 지지자	
132	**explicit** [iksplísit]	형 명백한, 노골적인	부 explicitly 명백하게　반 vague 애매한
		an explicit threat 명백한 위협	
133	**persecute** [pə́ːrsikjùːt]	동 박해하다, 괴롭히다	명 persecution 박해　윤 harass
		persecute Jews 유대인을 박해하다	
134	**jest** [dʒest]	명 농담	윤 joke
		a slight jest 가벼운 농담	
135	**ambulatory** [ǽmbjulətɔ̀ːri｜-təri]	형 보행의	반 bedridden 몸져 누운
		ambulatory abilities 보행 능력	
136	**elusive** [ilúːsiv]	형 도피하는, 포착하기 어려운	명 elusiveness 도피　윤 evasive
		an elusive enemy 잡기 어려운 적	
137	**suffocate** [sʌ́fəkèit]	동 숨을 막다, 질식시키다	윤 stifle
		students suffocated by strict rules 엄격한 규율에 숨이 막히는 학생들	
138	**admonish** [ædmániʃ｜əd-]	동 훈계하다, 주의를 주다	명 admonition 훈계
		be admonished for ~때문에 훈계를 받다	
139	**hide** [haid]	명 짐승의 가죽	윤 skin
		tanned animal hides 무두질한 짐승의 가죽	
140	**whim** [hwim]	명 변덕	윤 caprice
		full of whims 변덕스러운	

✦ 주어진 우리말 문장에 맞도록 알맞은 단어를 넣어 문장을 완성하시오. 정답 p.194

He has an _____ instinct for expensive cars. 그는 비싼 차에 대한 소유욕을 가지고 있다.

Do you want to _____ through your life like that? 당신은 자신의 인생을 그렇게 낭비하고 싶나요?

Haetae is a _____ unicorn-lion. 해태는 신화 속의 뿔이 있는 사자이다.

_____ vinegar when you drink it. 식초를 마실 때는 희석시켜라.

Everyone was moved by his _____ speech. 모든 사람들이 그의 거리낌 없는 연설에 감명 받았다.

He used a _____ in the law to keep from being caught by the police.
그는 경찰에 잡히지 않으려고 법의 허점을 이용했다.

Don't make such _____ compliments. 그렇게 속이 빤히 보이는 칭찬을 하지 마라.

She was coming down the _____ from the student center.
그녀는 학생회관에서 이동식 계단을 타고 내려오고 있었다.

Doing business with Korea's new _____ has become simpler.
한국의 새 관료와 하는 사업은 더 간단해졌다.

_____ can lead you to a disastrous life. 그릇된 생각이 비참한 인생을 초래할 수 있다.

He is an _____ student who tries to remember everything he has learned.
그는 자신이 배운 모든 것을 기억하려고 하는 열정적인 학생이다.

Don't you think it is some _____ evidence? 그것이 명백한 증거라고 생각하지 않나요?

He accused the media of _____ him and his family.
그는 자신과 자신의 가족들을 괴롭힌 방송매체를 고소했다.

Don't say that even in _____. 농담으로라도 그런 말 마세요.

He exercised a lot to improve his _____ abilities after the accident.
사고를 당하고 나서 보행 능력을 키우기 위해 그는 운동을 많이 했다.

He is an _____ fugitive because he has not been found anywhere.
그는 어디에서도 발견되지 않아 잡기 어려운 도망자이다.

Everybody in the class was _____ by their grief. 교실의 모든 사람들이 슬픔으로 목이 메었다.

He _____ the child for his bad behavior. 그는 아이의 나쁜 습관에 대해 훈계했다.

Drums are made with cow _____. 북은 소가죽으로 만든다.

He is a man full of _____. 그는 변덕스러운 사람이다.

DAY 04

141	**devout** [diváut]	형 독실한	부 devoutly 독실하게 유 religious
		a devout Christian 독실한 기독교인	
142	**approbation** [æ̀prəbéiʃən]	명 허가, 찬성	
		meet with general approbation 일반 대중의 찬성을 얻다	
143	**belligerent** [bəlídʒərənt]	형 호전적인, 절대적인	명 belligerence 호전성
		belligerent powers 교전국	
144	**lore** [lɔːr]	명 구전 지식, 민간전승	유 tradition, folklore
		herbal lore 약초에 관한 구전 지식	
145	**snare** [snɛər]	명 함정	
146	**legitimate** [lidʒítəmət]	형 합법의, 정당한	명 legitimacy 합법 유 lawful
		a legitimate excuse 정당한 변명	
147	**charitable** [tʃǽrətəbl]	형 자비로운, 자선의	명 charity 자선
		a charitable institution 자선단체	
148	**sedentary** [sédntèri l -təri]	형 앉아 있는	
		sedentary work 앉아서 하는 일	
149	**antiquity** [æntíkwəti]	명 오래됨, 고대	참 antique 골동품
		of antiquity 오래된, 고대의	
150	**maladroit** [mæ̀lədrɔ́it]	형 서투른	
151	**benevolent** [bənévələnt]	형 자애로운, 인정 많은	명 benevolence 자애 반 malevolent 악의 있는
		a benevolent smile 자애로운 미소	
152	**advert** [ædvə́ːrt l əd-]	동 주의를 돌리다, 언급하다	참 advert(isement) 광고
		advert to a person's opinion ~의 의견에 주의를 기울이다	
153	**beguile** [bigáil]	동 속이다, (무료함을) 달래다	유 cheat
		beguile a journal 여행의 무료함을 달래다	
154	**hardy** [háːrdi]	형 강건한, 튼튼한	유 robust
		a hardy explorer 강건한 탐험가	
155	**lucid** [lúːsid]	형 맑은, 명쾌한	명 lucidness 깨끗함 유 clear
		a lucid mind 맑은 마음	
156	**somber** [sámbər]	형 우울한, 음산한	부 somberly 우울하게 유 gloomy
		a somber character 우울한 성격	
157	**censure** [sénʃər]	명 비난	
		a tacit censure 말없는 비난	
158	**blasphemy** [blǽsfəmi]	명 신성모독	동 blaspheme 신성모독하다
		the sin of blasphemy 신성모독죄	
159	**epigram** [épəgræ̀m]	명 경구(警句)	유 saying
160	**blunder** [blʌ́ndər]	명 실수	유 mistake
		an apparent blunder 명백한 실수	

◆ 주어진 우리말 문장에 맞도록 알맞은 단어를 넣어 문장을 완성하시오. 정답 p.194

He is looking for a _____ Christian as a girlfriend. 그는 여자 친구로 독실한 기독교인을 찾고 있다.

Everyone in the class shouted in _____. 교실의 모든 사람이 찬성을 외쳤다.

He always speaks in a _____ tone. 그는 항상 싸울 듯한 말투로 말한다.

Eating bean sprout broth when sick has been transmitted in family _____ as a cure for cold. 아플 때 콩나물 국을 먹는 것이 집안 내 감기를 치료하는 민간요법으로 전해져 왔다.

He won't get caught twice by the same _____. 그는 같은 함정에 두 번 빠지지 않을 것이다.

He was found to be the _____ ruler of the country. 그는 그 나라의 합법적인 통치자로 알려졌다.

For _____ purposes, we will hold a special event. 자선의 목적으로 우리는 특별한 행사를 열 것입니다.

He became increasingly _____ later in his life. 늙어서 그는 점점 더 앉아서 생활하게 되었다.

Egyptian temples are full of the art of _____. 이집트 사원들은 고대 예술품으로 가득 차 있다.

He was so _____ while dancing that nobody could watch him.
그는 춤을 너무 서투르게 추어서 아무도 그의 춤을 지켜볼 수 없었다.

He is well-known as a _____ person to everyone in the town.
그는 이 마을에 있는 모든 사람들에게 자애로운 사람으로 유명하다.

He _____ to the need for caution on the roads. 그는 거리에서 주의할 필요성에 대해 언급했다.

He _____ me into lending him some money. 그는 나를 속여 자기에게 돈을 빌려주도록 했다.

Even _____ explorers couldn't complete their missions in northern Canada.
강건한 탐험가들조차도 캐나다 북부에서는 임무를 완수할 수 없었다.

Her _____ mind touched other people. 그녀의 맑은 마음이 다른 사람들에게 감동을 줬다.

He looked at her with a _____ expression when he heard the news.
그 소식을 들었을 때 그는 우울한 표정으로 그녀를 보았다.

He became the focus of a public _____. 그는 대중들의 비난의 대상이 되었다.

He committed _____. 그는 신성모독을 범했다.

Every culture hands down _____ for its descendants. 모든 문화는 후손에게 경구를 전한다.

Her response to his behavior was an apparent _____.
그의 행동에 대해 그녀가 보인 반응은 명백한 실수였다.

A 우리말과 같은 뜻이 되도록 빈칸에 들어갈 알맞은 단어를 적으시오.

❶ _____ ideas (특이한 생각)

❷ a _____ machine (복사기)

❸ a legal _____ (법적인 허점)

❹ a _____ explorer (강건한 탐험가)

❺ an _____ blunder (명백한 실수)

❻ a man of _____ (세련된 남자)

❼ a _____ pond (흐르지 않는 연못)

❽ the field of _____ (인구 통계학 분야)

❾ _____ a journey (여행의 무료함을 달래다)

❿ _____ one's departure (출발을 연기하다)

B 다음 괄호 안의 지시대로 주어진 단어를 변형시키고 그 뜻을 적으시오.

	변형	뜻
❶ circumlocution (형용사형으로) →	_____	_____
❷ deter (명사형으로) →	_____	_____
❸ reverence (동사형으로) →	_____	_____
❹ versatile (명사형으로) →	_____	_____
❺ vanity (형용사형으로) →	_____	_____
❻ predominant (명사형으로) →	_____	_____
❼ bureaucracy (형용사형으로) →	_____	_____
❽ admonish (명사형으로) →	_____	_____
❾ legitimate (명사형으로) →	_____	_____
❿ blasphemy (동사형으로) →	_____	_____

정답 p.194

C 다음 영영풀이에 해당하는 단어를 보기에서 골라 적으시오.

보기	lucid	aesthetic	contemplative	exempt	astray
	fidelity	belligerent	omnipotent	elusive	detach

❶ given to or characterized by contemplation ➔ _____

❷ strict observance of promises, duties, etc. ➔ _____

❸ out of the right way; off the correct or known road, path, or route ➔ _____

❹ to unfasten and separate ➔ _____

❺ almighty or infinite in power, as God ➔ _____

❻ warlike; given to waging war ➔ _____

❼ easily understood; completely intelligible or comprehensible ➔ _____

❽ pertaining to the enjoyment or study of beauty ➔ _____

❾ to free from an obligation or liability to which others are subject; release

　　➔ _____

❿ eluding clear perception or complete mental grasp; hard to find or capture

　　➔ _____

D 우리말과 같은 뜻이 되도록 주어진 문장의 빈칸을 완성하시오.

❶ 방에 있는 모든 사람들이 그의 끝없는 얘기에 질렸다.

　➔ Everyone in the room was fed up with his _____ conversation.

❷ 이것이 고통을 완화시켜 주는 게 확실한가요?

　➔ Are you sure this will _____ the pain?

❸ 그 사고를 내 탓으로 돌리지 마라.

　➔ Don't _____ the accident to me.

❹ 잘못된 정보는 심각한 문제들을 일으킬 수 있다.

　➔ _____ information can cause serious problems.

⑤ 매번 그녀에게 질문을 할 때마다 그녀는 빈정거리는 웃음을 짓는다.

→ Every time I ask her some questions, she gives me a _____ smile.

⑥ 모두가 그것이 인식할 수 있는 사실임을 알고 있다.

→ Everyone knows it's a _____ fact.

⑦ 그렇게 속이 빤히 보이는 칭찬을 하지 말아라.

→ Don't make such _____ compliments.

⑧ 그는 자신과 자신의 가족들을 괴롭힌 방송매체를 고소했다.

→ He accused the media of _____ him and his family.

⑨ 그는 여자 친구로 독실한 기독교인을 찾고 있다.

→ He is looking for a _____ Christian as a girlfriend.

⑩ 늙어서 그는 점점 더 앉아서 생활하게 되었다.

→ He became increasingly _____ later in his life.

E 문장의 밑줄 친 부분에 해당하는 유의어 혹은 반의어를 보기에서 골라 적으시오.

보기	vague	water down	revenge	malevolent	susceptible
	unfeasible	caprice	greedy	indifferent	bedridden

❶ As human beings, we are flawed and vulnerable. 유의어 = _____

❷ Dilute vinegar when you drink it. 유의어 = _____

❸ He always surprises people by suggesting feasible ideas. 반의어 ↔ _____

❹ Don't tease him unless you want him to retaliate. 유의어 = _____

❺ He has an acquisitive instinct for expensive cars. 유의어 = _____

❻ He is an ardent student who tries to remember everything he has learned.

반의어 ↔ _____

❼ Don't you think it is some explicit evidence? 반의어 ↔ _____

❽ He exercised a lot to improve his ambulatory abilities. 반의어 ↔ _____

❾ He is a man full of whims. 유의어 = _____

❿ He is well-known as a benevolent person to everyone in the town.

반의어 ↔ _____

F 영어발음을 듣고 영어단어를 적은 후, 우리말 뜻을 적으시오.

	영어	우리말		영어	우리말
❶			❽		
❷			❾		
❸			❿		
❹			⓫		
❺			⓬		
❻			⓭		
❼			⓮		

G 영어문장을 듣고 빈칸에 들어갈 단어를 채워 문장을 완성하시오.

❶ Are snakes _____?

❷ Everyone in the stadium was shocked by our team's _____ win.

❸ Computer science reflects all the _____ of the 20th century technology.

❹ Democracy is not really suited for _____.

❺ Everybody agrees that she is a _____ person.

❻ Eating bean sprout broth when sick has been transmitted in family _____ as a cure for a cold.

❼ He looked at her with a _____ expression when he heard the news.

❽ _____ can sometimes feel ambiguous to the listener.

❾ Failure did not _____ him from trying again.

❿ Out of _____ for my father, they will do nothing to harm me.

⓫ He attempts to play various roles in movies since he is a _____ actor.

⓬ He doesn't have any of the _____ found in people with power and money.

⓭ Green was the _____ color in the forest.

⓮ He _____ the child for his bad behavior.

⓯ Buddhist monks usually lead _____ lives in quiet temples.

⓰ A dog's _____ is stronger than that of a cat.

161	**meager** [mí:gər]	형 빈약한, 결핍된	부 meagerly 빈약하게 반 ample 풍부한
		a meager diet 빈약한 식사	
162	**appall** [əpɔ́:l]	통 소름끼치게 하다	유 horrify
		be appalled by ~에 소름이 끼치다	
163	**oversee** [òuvərsí:]	통 감독하다, 살피다	유 supervise
		oversee building work 건물 작업을 감독하다	
164	**benediction** [bènədíkʃən]	명 축복 기도	형 benedictory 축복의 유 prayer
		a benediction for the sick 아픈 사람들을 위한 축복 기도	
165	**complexion** [kəmplékʃən]	명 안색	형 complexional 안색의
		a healthy complexion 건강한 혈색	
166	**banish** [bǽniʃ]	통 추방하다	명 banishment 추방
		be banished to ~로 추방되다	
167	**gratify** [grǽtəfài]	통 만족시키다	명 gratification 만족 유 satisfy
		be gratified with ~에 만족하다	
168	**rapture** [rǽptʃər]	명 황홀, 큰 기쁨	형 rapturous 기뻐서 어찌할 바를 모르는 유 ecstasy
		be in rapture over[about] ~에 기뻐서 어찌할 바를 모르다	
169	**humiliate** [hju:mílièit]	통 자존심을 상하게 하다	명 humiliation 굴욕, 수치
		be humiliated by ~로 체면을 잃다	
170	**oblivious** [əblíviəs]	형 알아채지 못하는, 부주의한	부 obliviously 부주의하게 유 unaware
		be oblivious of ~을 잘 잊다	
171	**ardor** [á:rdər]	명 열심, 정열	유 passion
		dampen one's ardor ~의 열의를 꺾다	
172	**profile** [próufail]	명 윤곽, 옆얼굴 통 윤곽을 그리다	유 silhouette
		his strong profile 그의 강인한 옆얼굴	
173	**vivacity** [vivǽsəti | vai-]	명 명랑, 쾌활	형 vivacious 쾌활한 유 liveliness
		beauty and vivacity 아름다움과 쾌활함	
174	**extravagant** [ikstrǽvigənt | -və-]	형 낭비하는, 사치스러운	부 extravagantly 사치스럽게 유 lavish
		an extravagant man 돈을 헤프게 쓰는 사람	
175	**latent** [léitnt]	형 숨은, 잠복한	명 latency 잠복 유 hidden
		a latent disease 잠복하고 있는 병	
176	**resolute** [rézəlù:t]	형 확고한, 단호한	명 resolution 결심, 확고부동 유 determined
		resolute leadership 단호한 지도력	
177	**demise** [dimáiz]	명 죽음, 서거	유 death
		his sudden demise 그의 갑작스러운 죽음	
178	**avert** [əvə́:rt]	통 피하다	유 prevent
		avert an accident 사고를 피하다	
179	**definitive** [difínətiv]	형 결정적인, 최종적인	부 definitively 결정적으로 유 final
		a definitive answer 최종 회답	
180	**downright** [dáunràit]	형 철저한, 완전한	부 downrightly 철저히, 완전히
		downright nonsense 완전한 헛소리	

◆ 주어진 우리말 문장에 맞도록 알맞은 단어를 넣어 문장을 완성하시오. 정답 p.195

He supplements his _____ income by delivering pizzas. 그는 피자를 배달해서 부족한 수입을 보충한다.

He was _____ by the sight of the man killing the innocent little girl.
그는 그 남자가 무고한 어린 소녀를 죽이는 장면에 소름이 끼쳤다.

He was appointed manager to _____ the staff members at work.
그는 작업 중인 직원들을 감독하는 매니저로 임명되었다.

He was asked to give the _____ for the sick. 그는 아픈 사람들을 위해 축복 기도를 해달라는 요청을 받았다.

He was attracted to a girl with a good _____. 그는 안색이 좋은 한 여자에게 매력을 느꼈다.

He was _____ to Canada, where he died ten years later.
그는 캐나다로 추방당했고, 그곳에서 10년 후에 사망했다.

He was _____ with the results of the test. 그는 시험 결과에 만족했다.

He was in _____ after passing the test. 그는 시험에 통과하고 나서 기뻐서 어찌할 바를 몰랐다.

He was so mean that he _____ her in front of her friends.
그는 너무 야비하게도 그녀의 친구들 앞에서 그녀의 자존심을 상하게 했다.

He was totally _____ to the impending danger. 그는 임박한 위험을 전적으로 인식하지 못했다.

Her _____ for studying deserves to be complimented by her colleagues.
연구에 대한 그녀의 정열은 동료들에게 칭찬받을 만하다.

Her beautiful _____ was painted by one of her students.
그녀의 학생 중 한 명이 그녀의 아름다운 옆얼굴을 그렸다.

Her beauty and _____ are attractive enough to charm men.
그녀의 아름다움과 쾌활함은 남자들을 매료시키기에 충분히 매력적이다.

Her _____ tastes made her husband leave her. 그녀의 사치스러운 취향은 남편이 그녀를 떠나게 만들었다.

Her _____ talent was recently discovered through the performance.
그녀의 숨은 재능이 그 공연을 통해 최근에 밝혀졌다.

Her _____ belief that she could succeed led her to success in her business.
성공할 수 있다는 그녀의 확고한 믿음이 그녀의 사업을 성공으로 이끌었다.

Her sudden _____ shocked everyone who loved her.
그녀의 갑작스러운 죽음은 그녀를 사랑했던 모든 이에게 충격을 주었다.

His attempt to _____ suspicion was successful. 의심을 피하려는 그의 시도는 성공적이었다.

His _____ decision can make a huge change in our plan.
그의 최종 결정이 우리의 계획에 큰 변화를 줄 수 있다.

His _____ hatred toward me has made our relationship worse.
나를 향한 그의 철저한 증오가 우리 관계를 더 악화시켰다.

DAY 05

181	**retort** [ritɔ́ːrt]	통 보복하다, 역습하다 retort an insult 모욕을 앙갚음하다	명 retortion 반격, 역습
182	**deteriorate** [ditíəriərèit]	통 나빠지다, 떨어지다 deteriorating weather conditions 나빠지고 있는 날씨 상태	명 deterioration 악화, 품질 저하 반 improve 향상시키다
183	**hoist** [hɔist]	통 게양하다 명 게양 hoist a flag 국기를 게양하다	반 lower 내리다
184	**laconic** [ləkánik]	형 간결한, 짧은 a laconic comment 짧은 논평	부 laconically 짧게 유 brief
185	**confluence** [kánfluəns|kɔ́n-]	명 모임, 집합, 합류점 a confluence of social factors 사회적 요소의 집합	유 convergence
186	**plead** [pliːd]	통 간청하다 plead for mercy 자비를 빌다	명 plea 간청 유 appeal
187	**pompous** [pámpəs]	형 당당한, 거만한 a pompous official 거만한 직원	명 pomposity 거만함 반 modest 겸손한
188	**conscientious** [kànʃiénʃəs|kɔ̀n-]	형 양심적인 a conscientious judge 양심적인 재판관	명 conscience 양심
189	**speculative** [spékjulèitiv]	형 추리적인, 사색적인, 이론적인 speculative philosophy 사변 철학	명 speculativeness 추리, 사색 유 unproven
190	**spur** [spəːr]	명 자극, 유인 통 자극하다 the spur to invention 발명에 대한 자극	유 stimulus
191	**steadfast** [stédfæst]	형 확고한, 불변의 steadfast loyalty 확고한 충성심	명 steadfastness 확고함 유 firm
192	**triumphant** [traiʌ́mfənt]	형 성공한, 승리를 얻은 a triumphant team 승리한 팀	부 triumphantly 성공적으로 유 successful
193	**wayward** [wéiwərd]	형 변덕스러운 wayward emotions 변덕스러운 감정	유 unpredictable
194	**toil** [tɔil]	명 노고 통 애쓰다 learn with great toil 굉장히 애써서 배우다	형 toilful 수고스러운
195	**amenable** [əmíːnəbl|əmén-]	형 유순한, 다루기 쉬운 an amenable servant 유순한 하인	유 obedient
196	**tout** [taut]	통 (귀찮게) 권유하다 명 유인하는 사람 tout for orders 성가시게 주문하라고 조르다	유 commend
197	**mythology** [miθálədʒi|-θɔ́l-]	명 신화 Greek mythology 그리스 신화	형 mythological 신화의
198	**antipathy** [æntípəθi]	명 혐오감 feel antipathy toward(s) ~을 싫어하다	형 antipathetic 혐오하는 반 sympathy 동정심
199	**synchronize** [síŋkrənàiz]	통 동시에 일어나다, 동시에 일어나게 하다 A synchronize with B A는 B와 동시에 일어나다	
200	**controvert** [kántrəvə̀ːrt|kɔ́ntrəvə̀ːt]	통 논박하다 controvert an opinion 의견을 반박하다	형 controvertible 논쟁할 만한 유 refute

◆ 주어진 우리말 문장에 맞도록 알맞은 단어를 넣어 문장을 완성하시오. 정답 p.195

His habit is to _____ after people finish what they say.
그의 습관은 사람들이 한 말이 끝난 후에 반격을 하는 것이다.

His health has _____ rapidly since last year. 작년 이후로 그의 건강은 급격하게 악화되어 왔다.

His job is to _____ the flag at 6 every morning. 그의 일은 매일 아침 6시에 기를 게양하는 것이다.

His _____ speech was clear enough to convey his point of view.
그의 간결한 연설은 그의 관점을 전달하기에 충분히 명확했다.

His lecture is about the effects of the _____ of social factors on people.
그의 강의는 사회적 요소의 집합이 사람들에게 미치는 영향에 관한 것이다.

His mother _____ with him not to commit any more crimes.
그의 엄마는 그에게 다시는 죄를 짓지 말라고 간청했다.

His _____ acts got him demoted to a lower position. 그의 거만한 행동은 그를 더 낮은 지위로 강등시켰다.

His reputation as a _____ judge makes people trust him.
양심적인 재판관이라는 그의 명성은 사람들이 그를 신뢰하게 만든다.

His _____ suggestion didn't attract people's attention and was ignored.
그의 이론적인 제안은 사람들의 관심을 끌지 못했고 무시되었다.

Necessity is the _____ to invention. 필요가 자극이 되어 발명을 낳는다.

His _____ attitude makes other people trust and obey him.
그의 확고한 태도는 다른 사람들이 그를 믿고 따르게 한다.

His _____ story encouraged young men to overcome their difficulties and achieve their dreams. 그의 성공담은 젊은이들이 어려움을 극복하고 꿈을 이루도록 격려했다.

His _____ behavior often confuses people when they are judging him.
그의 변덕스러운 행동 때문에 사람들이 그를 판단할 때 종종 혼란스러워한다.

Hundreds of men built the temple in the blazing sun through great _____.
땡볕 아래에서 수백 명의 남자들이 수고롭게 그 사원을 지었다.

I always try to follow my parents' wishes and be an _____ child.
나는 늘 부모님의 바람을 따르고 유순한 아이가 되고자 노력한다.

I am being _____ as the next president of our class. 나는 우리 학급의 다음 회장으로 권유받고 있다.

I am interested in studying the _____ of ancient countries.
나는 고대 국가의 신화를 연구하는 데 관심이 있다.

I began to feel _____ toward him after he rejected my offer.
그가 내 제안을 거절한 후부터 난 그가 싫어지기 시작했다.

They _____ their movements in the water. 그들은 물속에서 동시에 움직였다.

I _____ the opinion that a factory should be built in our town.
나는 우리 마을에 공장이 지어져야 한다는 의견을 반박했다.

201	**dissuade** [diswéid]	동 그만두게 하다 dissuade A from B A에게 B를 그만두게 하다
202	**knack** [næk]	명 기교, 요령, 재주 유 skill have a knack for ~하는 재주가 있다
203	**soliloquy** [səlíləkwi]	명 독백 Hamlet's soliloquy 햄릿의 독백
204	**astute** [əstjúːt]	형 기민한, 눈치가 빠른 반 stupid 우둔한 an astute move 기민한 움직임
205	**redeem** [ridíːm]	동 다시 찾다, 상환하다 명 redemption 되찾기, 구원 redeem a loan 대부금을 상환하다
206	**cowardice** [káuərdis]	명 비겁함 형 cowardly 겁 많은 반 bravery 용감함 moral cowardice 도덕적 비겁함
207	**rarefy** [rɛ́ərəfài]	동 희박하게 하다 rarefied gas 희박해진 기체
208	**yield** [jiːld]	명 수확 동 산출하다 a crop yield 농작물 수확
209	**perpetual** [pərpétʃuəl]	형 영속하는, 끊임없는 동 perpetuate 영속시키다 perpetual noises 끊임없는 소음들
210	**contradictory** [kàntrədíktəri│kɔ̀n-]	형 모순된, 상반된 유 opposite a contradictory concept 모순되는 개념
211	**seclude** [siklúːd]	동 은둔하다, 떼어놓다 유 separate seclude oneself from society 사회로부터 은둔하다
212	**haughty** [hɔ́ːti]	형 건방진 부 haughtily 건방지게 유 arrogant have a haughty air 불손한 태도를 취하다
213	**pinched** [pintʃt]	형 죄어진, 쪼들리는 be pinched with cold 추위로 움츠러들다
214	**burrow** [bə́ːrou│bʌ́r-]	동 굴을 파다 명 굴 유 dig, hole burrow one's way 굴을 파며 나아가다
215	**emphatic** [imfǽtik│em-]	형 단호한 부 emphatically 단호하게 유 assertive an emphatic denial 단호한 부정
216	**imbecile** [ímbəsil]	형 우둔한, 어리석은 명 imbecility 저능, 우둔 an imbecile act 바보 같은 짓
217	**equable** [ékwəbl│íːk-]	형 한결 같은 부 equably 한결 같이 an equable climate 한결 같은 기후
218	**ballot** [bǽlət]	명 투표 용지 count ballots 투표 용지를 세다
219	**transient** [trǽnʃənt│-ʒənt]	형 일시적인, 단기의 명 transience 일시적임 유 temporary a transient gleam of hope 순간적으로 비친 희망의 빛
220	**conservative** [kənsə́ːrvətiv]	형 보수적인 부 conservatively 보수적으로 a conservative policy 보수 정책

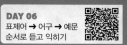

◆ 주어진 우리말 문장에 맞도록 알맞은 단어를 넣어 문장을 완성하시오. 정답 p.195

I couldn't _____ him from giving up his studies.
나는 그가 학업을 포기하겠다는 것을 그만두게 할 수 없었다.

He has a _____ for handling kids. 그는 아이들을 다루는 재주가 있다.

I especially liked the actor's _____. 나는 특히 그 배우의 독백이 맘에 들었다.

He is _____ in business. 그는 사업에 눈치가 빠르다.

I _____ my watch from the pawn shop. 나는 전당포에서 시계를 되찾았다.

He accused his opponent of _____. 그는 상대방을 비겁하다고 비난했다.

It is not easy to breathe at very high altitudes where the atmosphere is _____.
공기가 희박해지는 고도가 매우 높은 곳에서는 숨쉬는 것이 쉽지 않다.

I hope this year's crop _____ will be the highest. 나는 올해의 농작물 수확이 가장 높기를 바란다.

My mom suffers from hearing _____ noises. 우리 엄마는 끊임없이 들리는 소음 때문에 고통을 겪는다.

I don't take his advice seriously since it is often _____.
그의 충고가 종종 모순적이라서 나는 심각하게 받아들이지 않는다.

He has _____ himself from society for a long time. 그는 오랫동안 사회로부터 은둔해왔다.

He speaks in a _____ tone. 그는 건방진 말투로 이야기한다.

He is _____ for money. 그는 돈에 쪼들린다.

I saw a fox _____ in the field. 나는 여우가 들판에서 굴을 파는 것을 보았다.

He answered all of the questions with an _____ "Yes".
그는 모든 질문에 단호하게 "네"라고 대답했다.

It was an _____ act. 그것은 바보 같은 짓이다.

I like the _____ climate in this region. 나는 이 지역의 한결 같은 기후가 좋다.

My mother lost her _____. 엄마는 투표 용지를 잃어버리셨다.

I don't want to devote my life to a _____ gleam of hope.
나는 순간적으로 비친 희망의 빛에 내 인생을 바치고 싶지 않다.

He is a _____ kind of guy. 그는 보수적인 성향의 사람이야.

221	**apparition** [æ̀pəríʃən]	명 유령, 환영 see the apparition of ~의 환영을 보다		
222	**apathetic** [æ̀pəθétik]	형 무감각한 an apathetic audience 무감각한 청중		
223	**puerile** [pjúːərəl | pjúràil]	형 어린 아이의, 철없는 a puerile mind 철없는 생각		
224	**respire** [rispáiər]	동 호흡하다 respire air 공기를 호흡하다	명 respiration 호흡	유 breathe
225	**invariable** [invέəriəbl]	형 불변의 an invariable rule 불변의 법칙	명 invariability 불변성	유 constant
226	**lush** [lʌʃ]	형 우거진 a lush forest 울창한 삼림		
227	**wail** [weil]	동 울부짖다	형 wailful 비탄하는	유 cry
228	**affront** [əfrʌ́nt]	동 모욕하다 be affronted by ~에 의해 모욕을 당하다	형 affrontive 모욕적인	유 insult
229	**profuse** [prəfjúːs]	형 풍부한, 넘치는 profuse tears 흘러 넘치는 눈물	부 profusely 아낌없이	
230	**coax** [kouks]	동 구슬리다, 달래다 coax a person round 남을 구슬리다		
231	**effluence** [éfluəns]	명 방출, 유출 an effluence of waste water 폐수의 방출	형 effluent 유출하는	
232	**accrue** [əkrúː]	동 생기다, 축적하다 the wisdom that accrues with age 연륜으로 축적된 지혜		
233	**cache** [kæʃ]	명 숨겨두는 장소, 은닉처 make a cache of ~을 은닉하다		
234	**imperative** [impérətiv]	형 필수적인, 긴요한 imperative treatment 필수적인 처치	부 imperatively 필수적으로	유 urgent
235	**solemn** [sáləm | sɔ́l-]	형 엄숙한 solemn music 엄숙한 음악	명 solemnity 엄숙	
236	**loiter** [lɔ́itər]	동 빈둥거리다, 어슬렁어슬렁 걷다 loiter along the river 강가를 어슬렁어슬렁 걷다		
237	**belated** [biléitid]	형 늦어진, 뒤늦은 a belated birthday cake 뒤늦은 생일 케이크	부 belatedly 늦게	반 early
238	**precarious** [prikέəriəs]	형 불확실한 a precarious assumption 근거 없는 추측	유 uncertain	
239	**dyslexia** [disléksiə]	명 난독증 have dyslexia 난독증이 있다		
240	**zeal** [ziːl]	명 열심, 열의 with zeal 열심히	형 zealous 열심인	유 passion

◆ 주어진 우리말 문장에 맞도록 알맞은 단어를 넣어 문장을 완성하시오. 정답 p.195

I have never seen the _____ of the little girl in that house.
나는 그 집에서 꼬마 여자아이의 환영을 본 적이 없다.

He is totally _____ about world affairs. 그는 세계 정세에 완전히 무감각하다.

I think his behavior is _____. 나는 그의 행동이 철없다고 생각한다.

He couldn't _____ because he was pressed into the water.
그는 수압으로 인해 물속에서 숨을 쉴 수가 없었다.

It was her _____ habit to pray before going to bed.
잠자리에 들기 전에 기도하는 것이 그녀의 어김없는 습관이었다.

I like to walk through the _____ forest. 나는 울창한 숲을 걸어 다니는 것을 좋아한다.

My mother _____ when my grandmother passed away. 할머니가 돌아가셨을 때 엄마는 울부짖으셨다.

I felt _____ by his comment that I was a betrayer. 내가 배신자라는 그의 말에 나는 모욕감을 느꼈다.

He is in serious condition because of _____ bleeding. 그는 과다출혈로 현재 중태이다.

I have to _____ my son to take his medicine. 나는 아들이 약을 먹게끔 구슬려야만 한다.

He saw the _____ of beauty through her eyes. 그는 그녀의 눈에서 아름다움이 뿜어져 나오는 것을 보았다.

Interest will _____ from the beginning of the month. 이자는 그 달 초부터 붙을 것이다.

He discovered a huge _____ of gold in the mountain. 그는 산에서 거대한 금의 은닉처를 발견했다.

It was _____ that they find a way out of the city.
그들이 도시에서 빠져 나갈 길을 찾는 것이 절대적으로 필요했다.

I prefer _____ music to pop music. 나는 팝음악보다 엄숙한 음악을 더 좋아한다.

I saw him _____ on the corner. 나는 그가 코너에서 어슬렁거리는 것을 보았다.

I gave her a _____ birthday present. 나는 그녀에게 뒤늦은 생일선물을 주었다.

He is in an extremely _____ position. 그는 참으로 불확실한 위치에 있다.

I heard that _____ is a kind of brain disorder. 나는 난독증이 일종의 뇌 질환이라고 들었다.

He showed great _____ in helping the poor. 그는 가난한 사람을 돕는 일에 굉장한 열의를 보였다.

A 우리말과 같은 뜻이 되도록 빈칸에 들어갈 알맞은 단어를 적으시오.

① a _____ forest (울창한 삼림)

② _____ gas (희박해진 기체)

③ count _____ (투표 용지를 세다)

④ _____ a flag (국기를 게양하다)

⑤ an _____ rule (불변의 법칙)

⑥ be _____ by (~에 소름이 끼치다)

⑦ a _____ concept (모순되는 개념)

⑧ _____ one's way (굴을 파며 나아가다)

⑨ see the _____ of (~의 환영을 보다)

⑩ _____ a person round (남을 구슬리다)

B 다음 괄호 안의 지시대로 주어진 단어를 변형시키고 그 뜻을 적으시오.

	변형	뜻
① complexion (형용사형으로)	_____	_____
② laconic (부사형으로)	_____	_____
③ plead (명사형으로)	_____	_____
④ conscientious (명사형으로)	_____	_____
⑤ toil (형용사형으로)	_____	_____
⑥ perpetual (동사형으로)	_____	_____
⑦ respire (명사형으로)	_____	_____
⑧ affront (형용사형으로)	_____	_____
⑨ effluence (형용사형으로)	_____	_____
⑩ solemn (명사형으로)	_____	_____

C 다음 영영풀이에 해당하는 단어를 보기에서 골라 적으시오.

보기	apathetic	triumphant	gratify	banish	speculative
	belated	redeem	steadfast	dissuade	downright

❶ to expel from a country or place by authoritative decree ➡ _____

❷ thorough; absolute ➡ _____

❸ based on guesses or ideas rather than knowledge ➡ _____

❹ very devoted or loyal to a person, belief, or cause; not changing ➡ _____

❺ having achieved victory or success; victorious; successful ➡ _____

❻ to buy back, as after a tax sale or a mortgage foreclosure ➡ _____

❼ having or showing little or no emotion ➡ _____

❽ occurring or being after the customary, useful, or expected time ➡ _____

❾ to deter by advice or persuasion; persuade not to do something ➡ _____

❿ to give pleasure to a person or persons by satisfying desires or humoring inclinations or feelings ➡ _____

D 우리말과 같은 뜻이 되도록 주어진 문장의 빈칸을 완성하시오.

❶ 그는 작업 중인 직원들을 감독하는 매니저로 임명되었다.

➡ He was appointed manager to _____ the staff members at work.

❷ 그는 너무 야비하게도 그녀의 친구들 앞에서 그녀의 자존심을 상하게 했다.

➡ He was so mean that he _____ her in front of her friends.

❸ 나는 그녀에게 뒤늦은 생일선물을 주었다.

➡ I gave her a _____ birthday present.

❹ 그녀의 숨은 재능이 그 공연을 통해 최근에 밝혀졌다.

➡ Her _____ talent was recently discovered through the performance.

⑤ 성공할 수 있다는 그녀의 확고한 믿음이 그녀의 사업을 성공으로 이끌었다.

➔ Her _____ belief that she could succeed led her to success in her business.

⑥ 의심을 피하려는 그의 시도는 성공적이었다.

➔ His attempt to _____ suspicion was successful.

⑦ 그의 습관은 사람들이 한 말이 끝난 후에 반격을 하는 것이다.

➔ His habit is to _____ after people finish what they say.

⑧ 나는 우리 학급의 다음 회장으로 권유받고 있다.

➔ I am being _____ as the next president of our class.

⑨ 나는 우리 마을에 공장이 지어져야 한다는 의견을 반박했다.

➔ I _____ the opinion that a factory should be built in our town.

⑩ 나는 특히 그 배우의 독백이 맘에 들었다.

➔ I especially liked the actor's _____.

E 문장의 밑줄 친 부분에 해당하는 유의어 혹은 반의어를 보기에서 골라 적으시오.

보기	urgent	sympathy	ample	improve	modest
	separate	lavish	bravery	passion	uncertain

❶ He supplements his <u>meager</u> income by delivering pizzas. 반의어 ↔ _____

❷ His health <u>has deteriorated</u> rapidly since last year. 반의어 ↔ _____

❸ His <u>pompous</u> acts got him demoted to a lower position. 반의어 ↔ _____

❹ Her <u>extravagant</u> tastes made her husband leave her. 유의어 = _____

❺ I began to feel <u>antipathy</u> toward him after he rejected my offer.
반의어 ↔ _____

❻ He accused his opponent of <u>cowardice</u>. 반의어 ↔ _____

❼ He <u>has secluded</u> himself from society for a long time. 유의어 = _____

❽ It was <u>imperative</u> that they find a way out of the city. 유의어 = _____

❾ He is in an extremely <u>precarious</u> position. 유의어 = _____

❿ He showed great <u>zeal</u> in helping the poor. 유의어 = _____

F 영어발음을 듣고 영어단어를 적은 후, 우리말 뜻을 적으시오.

	영어	우리말			영어	우리말
❶	_____	_____		❽	_____	_____
❷	_____	_____		❾	_____	_____
❸	_____	_____		❿	_____	_____
❹	_____	_____		⓫	_____	_____
❺	_____	_____		⓬	_____	_____
❻	_____	_____		⓭	_____	_____
❼	_____	_____		⓮	_____	_____

G 영어문장을 듣고 빈칸에 들어갈 단어를 채워 문장을 완성하시오.

❶ Her _____ for studying deserves to be complimented by her colleagues.

❷ He was totally _____ to the impending danger.

❸ Her sudden _____ shocked everyone who loved her.

❹ His _____ behavior often confuses people when they are judging him.

❺ I hope this year's crop _____ will be the highest.

❻ He is a _____ kind of guy.

❼ He was attracted to a girl with a good _____.

❽ His _____ speech was clear enough to convey his point of view.

❾ His mother _____ with him not to commit any more crimes.

❿ His reputation as a _____ judge makes people trust him.

⓫ Hundreds of men built the temple in the blazing sun through great _____.

⓬ My mom suffers from hearing _____ noises.

⓭ He couldn't _____ because he was pressed into the water.

⓮ I felt _____ by his comment that I was a betrayer.

⓯ I prefer _____ music to pop music.

⓰ He was _____ to Canada, where he died ten years later.

241 obtainable
[əbtéinəbl]
형 입수 가능한　통 obtain 얻다
be obtainable 얻을 수 있다

242 dislodge
[dislád3]
통 제거하다, 몰아내다　명 dislodgment 축출　㊰ remove
dislodge an enemy 적을 몰아내다

243 procure
[proukjúər | prə-]
통 획득하다　명 procurement 획득, 조달　㊰ obtain
difficult to procure 손에 넣기 어려운

244 rebuke
[ribjúːk]
통 비난하다　명 비난　명 rebuker 비난하는 사람　반 praise 칭찬하다
rebuke someone for ~하다고 누군가를 비난하다

245 knot
[nɑt | nɔt]
명 매듭

246 proclivity
[prouklívəti]
명 경향, 기질　㊰ inclination
criminal proclivities 범죄 경향

247 verge
[vəːrd3]
명 가장자리, 경계, 한계
be on the verge of ~하기 직전에 있다

248 mammal
[mǽməl]
명 포유동물　참 amphibian 양서류
a herbivorous mammal 초식 포유동물

249 slit
[slit]
통 가늘게 찢다　명 틈, 가는 구멍
slit paper into strips 종이를 몇 갈래로 가느다랗게 찢다　*slit-slit-slit*

250 dreary
[dríəri]
형 음울한, 지루한　㊰ dull
a dreary sight 적막한 광경

251 kinship
[kínʃip]
명 친척 관계, 유사　㊰ relationship, affinity
the degree of kinship 촌수

252 carnival
[káːrnəvəl]
명 행사, 축제　㊰ festival
a street carnival 거리 축제

253 animosity
[æ̀nəmásəti]
명 악의, 원한, 증오
have an animosity against ~에게 원한을 품다

254 exuberant
[igzúːbərənt | -zjúː-]
형 원기왕성한　명 exuberance 풍부
an exuberant attitude 원기왕성한 태도

255 peep
[piːp]
통 엿보다, 들여다보다　㊰ glance
peep at ~을 엿보다

256 sparse
[spɑːrs]
형 희박한　부 sparsely 희박하게
a sparse population 희박한 인구

257 succinct
[səksíŋkt]
형 간결한, 간명한　부 succinctly 간결하게
a succinct account of the technology 기술에 대한 간결한 설명

258 solicit
[səlísit]
통 간청하다
solicit votes 투표를 간청하다

259 creditable
[krédɪtəbl]
형 명예가 되는, 훌륭한　㊰ honorable
a creditable achievement 훌륭한 업적

260 extricate
[ékstrəkèit]
통 구출하다, 해방하다　명 extrication 구출, 해방　㊰ disentangle
extricate oneself from ~로부터 벗어나다

✦ 주어진 우리말 문장에 맞도록 알맞은 단어를 넣어 문장을 완성하시오. 정답 p.196

Is that product still   ? 저 제품은 아직도 구할 수 있나요?

He   all the small pebbles in his yard. 그는 마당의 작은 돌을 모두 제거했다.

It was very difficult to   food and water during the war.
전쟁 중에는 식량과 물을 얻는 것이 매우 어려웠다.

I   him for his carelessness. 나는 부주의하다고 그를 비난했다.

My wife doesn't like the   that I chose. 집사람은 내가 선택한 매듭을 좋아하지 않는다.

I have a   to threaten people by using improper words.
나는 적절하지 않은 말을 사용해 사람들을 위협하는 경향이 있다.

He is on the   of death. 그는 죽음을 눈 앞에 두고 있다.

I learned that whales are   . 나는 고래가 포유동물이라고 배웠다.

He   the envelope open. 그는 편지봉투를 가늘게 찢어서 열었다.

It was a   day, cold and without sunshine. 춥고 햇빛도 없는 음울한 날이었다.

He evidently felt a sense of   with the boy. 그는 분명히 그 소년에게서 동질감을 느꼈다.

It's like one big street   here. 여기에 큰 거리 축제가 있는 것 같아.

I sensed the   between them. 나는 그들 사이에 오가는 증오를 느꼈다.

The new employees have   attitudes. 신입사원들은 원기왕성한 태도를 보인다.

I   through the keyhole to see whether my friend was in the room.
나는 내 친구가 방에 있는지 보려고 열쇠 구멍으로 엿보았다.

He is the one with the   beard. 그는 듬성듬성한 수염을 가진 사람이야.

It gives us the   information we need. 그것은 우리가 필요로 하는 간결한 정보를 준다.

He   aid from his close friends. 그는 친한 친구들에게 도움을 간청했다.

It was a very   result for the team. 그것은 팀에게 매우 명예가 되는 결과였다.

He   a little boy from the car. 그는 돌진하는 차로부터 어린 소년을 구했다.

DAY 07

261	**naive** [nɑːíːv]	형 천진난만한	㿟 innocent
		naive children 천진난만한 아이들	
262	**begrudge** [biɡrʌ́dʒ]	동 시기하다	㿟 be jealous of
263	**indoctrinate** [indɑ́ktrənèit｜-dɔ́ktr-]	동 주입하다	명 indoctrination 주입 㿟 infuse
		indoctrinate the Juche ideology 주체사상을 주입하다	
264	**duplex** [djúːpleks]	형 이중의, 두 세대용의 명 두 세대용 건물	
		a duplex apartment 두 세대용 아파트	
265	**vacuous** [vǽkjuəs]	형 텅 빈, 공허한	
		a vacuous air 진공	
266	**colloquial** [kəlóukwiəl]	형 구어체의	
		a colloquial expression 구어 표현	
267	**torture** [tɔ́ːrtʃər]	동 괴롭히다, 고문하다 명 고문, 고통	㿟 torment
		be tortured with remorse 양심의 가책으로 괴로워하다	
268	**assimilate** [əsíməlèit]	동 동화되다[시키다]	명 assimilation 동화
		assimilate the Western civilization 서양 문명을 흡수하다	
269	**paralysis** [pərǽləsis]	명 마비	동 paralyze 마비시키다 㿟 numbness
		paralysis of the leg 다리 마비	
270	**whiz** [hwiz]	명 명수, 명인, 달인	
		a computer whiz 컴퓨터 달인	
271	**pertinent** [pə́ːrtənənt]	형 적절한	부 pertinently 적절히 㿟 appropriate
		pertinent advice 적절한 조언	
272	**succumb** [səkʌ́m]	동 굴복하다	㿟 surrender
		succumb to terrorism 테러에 굴복하다	
273	**deprecate** [déprikèit]	동 반대하다	형 deprecatory 반대를 주장하는 㿟 disapprove
		strongly deprecate 강력하게 반대하다	
274	**forbear** [fɔ́ːrbɛ́ər｜fər-]	동 참다, 삼가다	㿟 bear
		bear and forbear 잘 참고 견디다	
275	**persuasive** [pərswéisiv]	형 설득력 있는	부 persuasively 설득력 있게
		a persuasive argument 설득력 있는 논증	
276	**aloof** [əlúːf]	부 떨어져서	
		keep aloof 떨어져 있다	
277	**define** [difáin]	동 정의를 내리다, 한정하다	명 definition 정의
		define a boundary 경계를 짓다	
278	**explicate** [ékspləkèit]	동 설명하다	명 explication 설명 㿟 elucidate
		explicate one's troubles ~의 문제를 설명하다	
279	**genial** [dʒíːnjəl]	형 다정한, 상냥한	부 genially 상냥하게 㿟 amiable
		a genial host 상냥한 주인	
280	**taxonomy** [tæksɑ́nəmi｜-sɔ́n-]	명 분류학	형 taxonomic 분류학상의
		study taxonomy 분류학을 공부하다	

◆ 주어진 우리말 문장에 맞도록 알맞은 단어를 넣어 문장을 완성하시오. 정답 p.196

It's _____ to think that doctors can cure every disease.
의사가 모든 병을 고칠 수 있다고 생각하는 것은 너무 천진난만하다.

I sometimes _____ him his fortune. 나는 때때로 그의 재산을 시기한다.

North Korea _____ its people with the Juche ideology. 북한은 사람들에게 주체사상을 주입한다.

I rented a _____ apartment with modern decorations.
나는 현대식 장식을 갖춘 두 세대용 아파트를 임대했다.

He made a _____ smile. 그는 공허한 웃음을 지었다.

I like books written in a _____ style. 나는 구어체로 쓰여진 책을 좋아한다.

He spent his life being _____ by the memories of his childhood.
그는 어린 시절의 기억으로 평생을 괴로워했다.

It was hard for them to _____ into the American way of life.
그들이 미국의 생활 방식에 동화되는 것은 어려웠다.

There was some _____ in his left leg. 그의 왼쪽 다리가 조금 마비되었다.

Jack wanted to be a computer _____ like Bill Gates.
잭은 빌 게이츠 같은 컴퓨터의 달인이 되고 싶었다.

I think it is wise to follow his _____ advice. 나는 그의 적절한 조언을 따르는 것이 현명하다고 생각한다.

Our country will not _____ to terrorism. 우리나라는 테러에 굴복하지 않을 것이다.

I strongly _____ his assumptions that one of his friends stole his money.
자기 친구들 중 한 명이 자신의 돈을 훔쳤다는 그의 추측에 난 강력히 반대했다.

He said he could not _____ laughing at the scene. 그는 그 장면에 웃지 않을 수 없었다고 말했다.

I think a salesman must have a very _____ way of talking.
난 판매원에게는 설득력 있는 대화술이 있어야 한다고 생각한다.

He stood _____ from the crowd. 그는 대중과 떨어져 서 있었다.

It's hard to _____ exactly how I felt. 내 느낌을 정확히 정의내리기가 힘들다.

He first _____ the basic assumption of the theory. 그는 먼저 이론의 기초 가설을 설명했다.

Jane is always _____ and welcoming. 제인은 언제나 상냥하고 사람들을 환영한다.

I think studying _____ is quite interesting. 나는 분류학을 공부하는 게 꽤 흥미롭다고 생각한다.

281	**dogma** [dɔ́(:)gmə｜dág-]	똉 독단적 주장	휑 dogmatic 독단적인
282	**kinetic** [kinétik｜kai-]	휑 운동의, 움직이는 kinetic energy 운동 에너지	뿐 kinetically 움직임으로 뫤 latent 휴면의
283	**recluse** [réklu:s]	똉 은둔자 become a recluse 은둔자가 되다	
284	**rudimentary** [rùːdəméntəri]	휑 기본의, 초보의 rudimentary knowledge 기초 지식	윤 elementary
285	**candor** [kǽndər]	똉 허심탄회 with candor 허심탄회하게	휑 candid 솔직한
286	**dormant** [dɔ́ːrmənt]	휑 잠자는, 휴지 상태의 a dormant volcano 휴화산	뫤 active 활동 상태의
287	**assiduous** [əsídʒuəs]	휑 근면한 be assiduous in ~을 열심히 하다	뿐 assiduously 근면하게
288	**indignity** [indígnəti]	똉 모욕, 냉대 a petty indignity 사소한 모욕	윤 humiliation
289	**consort** [kánsɔːrt｜kɔ́n-]	똉 (통치자의) 배우자 a queen consort 왕비	윤 spouse
290	**perennial** [pəréniəl]	휑 연중 끊이지 않는 perennial events 연중 끊이지 않는 이벤트	똉 perenniality 연중 계속됨
291	**capacious** [kəpéiʃəs]	휑 많이 들어가는, 광대한 capacious pockets 많이 들어가는 주머니	똉 capacity 수용력 윤 roomy
292	**placate** [pléikeit｜plǽk-]	똥 달래다 placate critics 비평가들을 달래다	윤 appease
293	**doctrinaire** [dàktrənɛ́ər｜dɔ́k-]	똉 공론가, 순이론가	똉 doctrinairism 공리공론
294	**circuitous** [səːrkjúːitəs]	휑 빙 돌아가는, 간접적인 a circuitous road 우회로	
295	**menace** [ménəs]	똉 협박, 위협 a menace to peace 평화에 대한 위협	윤 threat
296	**hackneyed** [hǽknid]	휑 진부한, 상투적인 a hackneyed phrase 상투적인 문구	뫤 fresh 참신한 윤 banal, trite
297	**utilitarian** [juːtìlətɛ́əriən]	휑 실용주의의 utilitarian ideas 실용주의적인 생각	똉 utilitarianism 실용주의
298	**apprise** [əpráiz]	똥 통지하다 be apprised of ~을 통지받다	윤 inform
299	**paleontology** [pèiliəntálədʒi｜pæl-｜-tɔ́l-]	똉 화석학 study paleontology 화석학을 공부하다	똉 paleontologist 화석학자
300	**ramble** [rǽmbl]	똥 산책하다 똉 산책 ramble around ~ 주변을 산책하다	윤 roam

✦ 주어진 우리말 문장에 맞도록 알맞은 단어를 넣어 문장을 완성하시오. 정답 p.196

Our organization cannot stand their preposterous _____.
우리 조직은 그들의 터무니없는 독단적 주장을 참을 수 없다.

I use so much energy in _____ activities that I get easily exhausted.
나는 움직이는 활동에 너무 많은 에너지를 사용해 쉽게 지친다.

He said that he is not a _____. 그는 자신이 은둔자가 아니라고 말했다.

I think he doesn't have a _____ knowledge of English grammar.
나는 그가 기초 영문법 지식이 없다고 생각한다.

He talked with unusual _____. 그는 평소와 달리 허심탄회하게 이야기 했다.

Many animals go into a _____ state during winter. 많은 동물들이 겨울에는 동면 상태에 든다.

He has been _____ in studying linguistics. 그는 언어학 공부를 열심히 해왔다.

Jeff suffered the _____ of being called "puppy" in front of his girlfriend.
제프는 그의 여자친구 앞에서 '강아지'라고 불리는 모욕을 당했다.

I think the queen _____ is beautiful. 나는 왕비가 아름답다고 생각한다.

Our town is a place where you can enjoy _____ events.
우리 마을은 연중 끊이지 않는 이벤트를 즐길 수 있는 곳이다.

I usually choose a bag with _____ pockets. 나는 주로 많이 들어가는 주머니가 있는 가방을 고른다.

He smiled to _____ me. 그는 나를 달래기 위해 웃었다.

I think he is kind of a _____. 내 생각에 그는 일종의 공론가인 것 같다.

He took us on a _____ route to the hotel. 그는 우회로로 우리를 호텔로 데려다 줬다.

We can fight this _____ only if we unite. 우리는 단결해야만 이 위협과 맞서 싸울 수 있다.

Our boss used to tell a _____ idea during the morning assembly.
우리 상사는 아침 조회 시간에 진부한 생각을 말하곤 한다.

Jeremy Bentham was a typical _____ philosopher. 제레미 벤담은 전형적인 실용주의 철학자였다.

I wasn't _____ of the ceremony. 나는 그 행사를 통지 받지 못했다.

_____ is the study of fossils. 화석학은 화석을 연구하는 학문이다.

I usually spend my spare time _____ in the forest. 나는 주로 숲을 산책하면서 여가 시간을 보낸다.

DAY 08

301	**pore** [pɔːr]	통 숙고하다 pore over ~에 대해 숙고하다		
302	**scanty** [skǽnti]	형 부족한, 근소한 make a scanty living 궁색하게 살다	㽞 insufficient	
303	**vengeance** [véndʒəns]	명 복수 be full of vengeance 복수심으로 가득 차다	통 avenge 복수하다	㽞 revenge
304	**woe** [wou]	명 비애, 괴로움 in weal and woe 기쁘거나 슬프거나	형 woeful 비참한	㽞 grief 땐 joy 기쁨
305	**spite** [spait]	명 악의 have a spite against ~에 대하여 악의를 품다	㽞 malice, animosity	
306	**destitute** [déstətjùːt]	형 빈곤한 the destitute 빈민	명 destitution 빈곤	㽞 impoverished
307	**posterity** [pɑstérəti]	명 자손 hand down to posterity 자손에게 전하다	㽞 descendants	
308	**affable** [ǽfəbl]	형 상냥한 an affable person 상냥한 사람	명 affableness 싹싹함	㽞 amiable
309	**excise** [éksaiz	-s]	명 소비세 통 소비세를 부과하다 an excise on tobacco 담배 소비세		
310	**heretic** [hérətik]	명 이교도 consider to be a heretic 이교도로 간주하다	형 heretical 이교도의	
311	**mockery** [mɑ́kəri	mɔ́k-]	명 조롱 a glint of mockery 조롱의 낌새	통 mock 조롱하다	
312	**profess** [prəfés]	통 직업으로 삼다, 공언하다 profess medicine 의료계에서 일하다		
313	**maternal** [mətə́ːrnl]	형 어머니의 maternal love 모성애	명 maternity 모성 땐 paternal 아버지의	
314	**pledge** [pledʒ]	명 맹세, 서약 통 맹세하다, 서약하다 an election pledge 선거공약		㽞 promise
315	**improvident** [imprɑ́vədənt	-prɔ́v-]	형 헤픈, 절약하지 않는 an improvident way 헤프게 돈을 쓰는 방식	부 improvidently 헤프게 땐 provident 검약한	
316	**stick** [stik]	통 찌르다, 달라붙다, 고수하다 명 나뭇가지, 막대 stick to one's promise 약속을 꼭 지키다		
317	**allure** [əlúər]	통 꾀다, 유혹하다 allure with money 돈으로 꾀다	명 allurement 매혹	
318	**concede** [kənsíːd]	통 인정하다 concede defeat 패배를 인정하다	명 concession 인정 땐 deny 부인하다	
319	**diffident** [dífidənt]	형 자신 없는, 소심한 be diffident 자신 없어 하다	부 diffidently 자신 없게 땐 confident 자신하는	
320	**trepidation** [trèpədéiʃən]	명 당황, 마음의 동요 be full of trepidation 당황하다, 동요하다		

✦ 주어진 우리말 문장에 맞도록 알맞은 단어를 넣어 문장을 완성하시오. 정답 p.196

He started to ＿＿＿＿＿＿ over theological problems. 그는 신학문제에 대해 깊이 생각하기 시작했다.

Water shortage was caused by ＿＿＿＿＿＿ rainfall. 물 부족은 충분치 못한 강우량에서 기인하였다.

He took ＿＿＿＿＿＿ against his friend for the act he did. 그는 그의 친구가 한 행동에 대해 복수했다.

Mary's life was full of ＿＿＿＿＿＿. 메리의 삶은 비애로 가득 차 있었다.

Jane has felt ＿＿＿＿＿＿ toward John because he rejected her offer.
자신의 제안을 존이 거절해서 제인은 존에게 악의를 느꼈다.

The Jewish people once flourished but became ＿＿＿＿＿＿ soon after the Nazis took over the country. 한때는 번영했던 유태인들이 나치가 나라를 점령하고 나자 곧 빈곤해졌다.

I will hand down my story to ＿＿＿＿＿＿. 나는 내 이야기를 자손에게 전달하겠다.

People like her because she is an ＿＿＿＿＿＿ person. 그녀가 상냥한 사람이기 때문에 사람들은 그녀를 좋아한다.

Refer to page 80 for the ＿＿＿＿＿＿ tax. 소비세에 대해서는 80페이지를 참조하세요.

He was considered a ＿＿＿＿＿＿. 그는 이교도로 간주되었다.

There is an element of ＿＿＿＿＿＿ in his politeness. 그의 정중함에는 조롱의 요소가 있다.

He used to ＿＿＿＿＿＿ law. 그는 법조계에서 일했다.

＿＿＿＿＿＿ age affects a baby's survival rate. 어머니의 나이는 아기의 생존율에 영향을 끼친다.

He made a ＿＿＿＿＿＿ to stop smoking. 그는 금연하겠다고 맹세했다.

John was constantly warned to mend his ＿＿＿＿＿＿ ways.
존은 헤프게 돈을 쓰는 방식을 고치라고 지속적으로 경고를 받았다.

I will ＿＿＿＿＿＿ to their principles. 나는 그들의 원칙을 고수할 것이다.

People think it is bad to ＿＿＿＿＿＿ others with money.
돈으로 다른 사람들을 꾀는 것은 나쁘다고 사람들은 생각한다.

I was forced to ＿＿＿＿＿＿ the logic of his theory. 나는 그 사람 이론의 논리를 인정하라고 강요 받았다.

He was ＿＿＿＿＿＿ and reserved. 그는 소심하고 내성적이었다.

I was full of ＿＿＿＿＿＿ when I met him there. 거기서 그를 봤을 때 나는 무척 당황했어요.

A 우리말과 같은 뜻이 되도록 빈칸에 들어갈 알맞은 단어를 적으시오.

❶ _____ at (~을 엿보다)

❷ be _____ (얻을 수 있다)

❸ a _____ road (우회로)

❹ _____ an enemy (적을 몰아내다)

❺ _____ ideas (실용주의적인 생각)

❻ a _____ phrase (상투적인 문구)

❼ _____ to terrorism (테러에 굴복하다)

❽ be on the _____ of (~하기 직전에 있다)

❾ in weal and _____ (기쁘거나 슬프거나)

❿ _____ to one's promise (약속을 꼭 지키다)

B 다음 괄호 안의 지시대로 주어진 단어를 변형시키고 그 뜻을 적으시오.

	변형	뜻
❶ genial (부사형으로) →	_____	_____
❷ exuberant (명사형으로) →	_____	_____
❸ sparse (부사형으로) →	_____	_____
❹ paralysis (동사형으로) →	_____	_____
❺ deprecate (형용사형으로) →	_____	_____
❻ candor (형용사형으로) →	_____	_____
❼ perennial (명사형으로) →	_____	_____
❽ heretic (형용사형으로) →	_____	_____
❾ mockery (동사형으로) →	_____	_____
❿ allure (명사형으로) →	_____	_____

C 다음 영영풀이에 해당하는 단어를 보기에서 골라 적으시오.

| 보기 | forbear | capacious | posterity | define | pledge |
| | explicate | torture | scanty | aloof | destitute |

❶ a method of inflicting such pain ➡ _____

❷ to refrain or abstain from; cease from ➡ _____

❸ at a distance, especially in feeling or interest; apart ➡ _____

❹ to state or set forth the meaning of a word, phrase, etc. ➡ _____

❺ to make plain or clear; explain; interpret ➡ _____

❻ capable of holding much; spacious or roomy ➡ _____

❼ very small in amount, quantity, etc.; barely sufficient ➡ _____

❽ without means of subsistence; lacking food, clothing, and shelter ➡ _____

❾ all descendants of one person ➡ _____

❿ a solemn promise or agreement to do or refrain from doing something
➡ _____

D 우리말과 같은 뜻이 되도록 주어진 문장의 빈칸을 완성하시오.

❶ 그녀가 상냥한 사람이기 때문에 사람들은 그녀를 좋아한다.
➡ People like her because she is an _____ person.

❷ 전쟁 중에는 식량과 물을 얻는 것이 매우 어려웠다.
➡ It was very difficult to _____ food and water during the war.

❸ 춥고 햇빛도 없는 음울한 날이었다.
➡ It was a _____ day, cold and without sunshine.

❹ 나는 그들 사이에 오가는 증오를 느꼈다.
➡ I sensed the _____ between them.

❺ 그는 친한 친구들에게 도움을 간청했다.
➡ He _____ aid from his close friends.

❻ 그것은 팀에게 매우 명예가 되는 결과였다.

➡ It was a very _____ result for the team.

❼ 그들이 미국의 생활 방식에 동화되는 것은 어려웠다.

➡ It was hard for them to _____ into the American way of life.

❽ 나는 그의 적절한 조언을 따르는 것이 현명하다고 생각한다.

➡ I think it is wise to follow his _____ advice.

❾ 나는 판매원에게는 설득력 있는 대화술이 있어야 한다고 생각한다.

➡ I think a salesman must have a very _____ way of talking.

❿ 소비세에 대해서는 80페이지를 참조하세요.

➡ Refer to page 80 for the _____ tax.

E 문장의 밑줄 친 부분에 해당하는 유의어 혹은 반의어를 보기에서 골라 적으시오.

보기	revenge	praise	latent	provident	active
	elementary	appease	deny	paternal	confident

❶ I rebuked him for his carelessness. 반의어 ↔ _____

❷ I use so much energy in kinetic activities that I get easily exhausted.
반의어 ↔ _____

❸ I think he doesn't have a rudimentary knowledge of English grammar.
유의어 = _____

❹ Many animals go into a dormant state during winter. 반의어 ↔ _____

❺ He smiled to placate me. 유의어 = _____

❻ He took vengeance against his friend for the act he did. 유의어 = _____

❼ Maternal age affects a baby's survival rate. 반의어 ↔ _____

❽ John was constantly warned to mend his improvident ways.
반의어 ↔ _____

❾ I was forced to concede the logic of his theory. 반의어 ↔ _____

❿ He was diffident and reserved. 반의어 ↔ _____

F 영어발음을 듣고 영어단어를 적은 후, 우리말 뜻을 적으시오.

영어	우리말		영어	우리말
❶		❽		
❷		❾		
❸		❿		
❹		⓫		
❺		⓬		
❻		⓭		
❼		⓮		

G 영어문장을 듣고 빈칸에 들어갈 단어를 채워 문장을 완성하시오.

❶ I have a _____ to threaten people by using improper words.

❷ It's _____ to think that doctors can cure every disease.

❸ I like books written in a _____ style.

❹ Jack wanted to be a computer _____ like Bill Gates.

❺ He started to _____ over theological problems.

❻ Jane has had _____ against John because he rejected her offer.

❼ He used to _____ law.

❽ Jane is always _____ and welcoming.

❾ The new employers have _____ attitudes.

❿ He is the one with the _____ beard.

⓫ I strongly _____ his assumptions that one of his friends stole his money.

⓬ He talked with unusual _____.

⓭ He was considered a _____.

⓮ I think there is an element of _____ in his politeness.

⓯ People think it is bad to _____ others with money.

⓰ He spent his life being _____ by the memories of his childhood.

321	**incite** [insáit]	통 자극하다, 선동하다 명 incitement 자극 incite a person to work hard 격려하여 열심히 일하게 하다
322	**asymmetric** [èisəmétrik ǀ æs-]	형 비대칭의 반 symmetric 대칭의 an asymmetric system 비대칭 시스템
323	**perspire** [pərspáiər]	통 땀을 흘리다 명 perspiration 땀, 발한 유 sweat perspire heavily 땀을 몹시 흘리다
324	**obtuse** [əbtjúːs]	형 둔한, 무딘 부 obtusely 둔하게 유 stupid obtuse and stupid 둔하고 어리석은
325	**obsolete** [ὰbsəlíːt ǀ ɔ́bsəlìːt]	형 쓸모없게 된 부 obsoletely 폐기되어 유 useless obsolete speakers 쓸모없게 된 스피커
326	**flip** [flip]	통 (손가락으로) 튕기다 flip a coin 동전을 뒤집다
327	**incredulous** [inkrédʒələs]	형 의심 많은, 회의적인 명 incredulity 불신 유 doubtful an incredulous look 의심하는 표정
328	**engrossed** [ingróust ǀ en-]	형 몰두한 be engrossed in ~에 몰두하다
329	**conjecture** [kəndʒéktʃər]	명 어림짐작 통 추측하다 hazard a conjecture 어림짐작하다
330	**prosecution** [prὰsikjúːʃən ǀ prɔ̀s-]	명 고발, 검찰당국 a witness for the prosecution 검찰측 증인
331	**repository** [ripázətɔ̀ːri ǀ -pɔ́zitəri]	명 저장소, 정보로 가득 찬 사람 an underground repository for radioactive waste 지하 방사능 폐기물 저장소
332	**sediment** [sédəmənt]	명 침전물 형 sedimentary 침전물의 유 deposit a thick layer of sediment 두꺼운 침전물 층
333	**laud** [lɔːd]	통 기리다, 찬미하다 유 praise laud Shakespeare 셰익스피어를 찬미하다
334	**immoderate** [imádərət ǀ imɔ́d-]	형 지나친 부 immoderately 지나치게 반 moderate 적당한 immoderate exercise 무리한 운동
335	**shortsighted** [ʃɔ́ːrtsàitid]	형 근시의, 근시안의 유 nearsighted a shortsighted person 근시인 사람
336	**solicitous** [səlísətəs]	형 걱정하는, 염려하는 부 solicitously 걱정스럽게 유 concerned be solicitous about ~에 대해 걱정하다
337	**nominate** [námənèit]	통 지명하다 명 nomination 지명 유 appoint be nominated 지명되다
338	**artful** [áːrtfəl]	형 교묘한 부 artfully 교묘하게 artful practices 교묘한 책략
339	**relentless** [riléntlis]	형 냉혹한, 가차없는 부 relentlessly 가차없이 유 merciless relentless criticism 냉혹한 비평
340	**chastise** [tʃæstáiz]	통 벌하다 명 chastisement 응징, 체벌 유 punish chastise with a rod 막대기로 체벌하다

◆ 주어진 우리말 문장에 맞도록 알맞은 단어를 넣어 문장을 완성하시오. 정답 p.197

He _____ the crowd to riot. 그는 군중을 선동하여 폭동을 일으키게 하였다.

Most people's faces are _____. 대부분 사람들의 얼굴은 비대칭이다.

He _____ heavily in the sauna. 그는 사우나에서 땀을 많이 흘렸다.

John was so _____ and stupid. 존은 너무 둔하고 어리석었다.

I'm bringing the _____ speakers from my old house. 내 옛날 집에서 쓸모없게 된 스피커를 가져올 거야.

People usually _____ a coin to decide something. 사람들은 보통 동전을 뒤집어 무엇인가를 결정한다.

I was _____ when I heard the news that he had won the contest.
그가 그 대회에서 우승했다는 소식을 들었을 때 난 의심이 들었다.

He was _____ in the matter. 그는 그 사건에 몰두하고 있었다.

I was right in my _____ on his intentions. 그의 의도에 대한 나의 어림짐작이 맞았다.

He was not able to face the _____. 그는 검찰측과 대면할 수 없었다.

My father is a _____ of my family's history. 나의 아버지는 가족사를 다 아시는 분이시다.

When sand accumulates at the bottom of the sea, a layer of _____ forms.
모래가 해저에 퇴적될 때 침전물 층이 형성된다.

Korean people _____ General Lee Sun-sin as a hero. 한국인들은 이순신 장군을 영웅으로 기린다.

_____ exercise can harm your body. 무리한 운동은 몸에 해를 끼칠 수 있다.

People who are _____ are requested to wear glasses. 근시인 사람들은 안경을 쓰도록 요구된다.

I was _____ about what I heard from my parents yesterday.
나는 어제 부모님으로부터 들었던 것에 대해 걱정했다.

He was _____ for presidential candidate. 그는 대통령 후보로 지명되었다.

I was tripped up by his _____ questions. 나는 그의 교묘한 질문에 낚여 대답을 잘 못했다.

He was _____ in demanding repayment of the debt. 그는 빚을 갚으라고 요구할 때 냉혹했다.

My father used to _____ my brothers sternly. 아버지는 형들을 엄격하게 벌하곤 하셨다.

DAY 09

341	**alias** [éiliəs]	명 별명, 가명 go by the alias of ~라는 별명으로 통하다	윤 pseudonym
342	**loathe** [louð]	통 몹시 싫어하다 loathe snakes 뱀을 몹시 싫어하다	형 loathsome 몹시 싫어하는 윤 detest
343	**heathen** [hí:ðən]	명 이교도 형 이교도의	참 heathenish 이교도의
344	**exertion** [igzɔ́:rʃən]	명 힘든 일, 노력 physical exertion 격렬한 신체 활동	통 exert (힘, 지력 따위를) 발휘하다
345	**contemplate** [kántəmplèit丨kɔ́ntem-]	통 숙고하다, 명상하다 contemplate a visit to ~로의 방문을 생각하다	명 contemplation 명상 윤 think
346	**ordain** [ɔːrdéin]	통 (성직자로) 임명하다 be ordained (성직자로) 임명되다	
347	**wedge** [wedʒ]	통 쐐기를 박다, 고정시키다 명 쐐기 wedge up 쐐기로 고정시키다	
348	**scrupulous** [skrú:pjuləs]	형 꼼꼼한, 양심적인 with scrupulous care 꼼꼼히 주의하여	
349	**commence** [kəméns]	통 시작하다 commence one's study of law 법학 공부를 시작하다	명 commencement 개시
350	**grievous** [grí:vəs]	형 심한 a grievous mistake 아주 심한 실수	부 grievously 심하게
351	**lusty** [lʌ́sti]	형 튼튼한, 왕성한 lusty roots 튼튼한 뿌리	윤 sturdy
352	**diction** [díkʃən]	명 말씨 good diction 좋은 말씨	형 dictional 말씨의
353	**hazy** [héizi]	형 애매한 a hazy statement 애매한 발언	명 haziness 애매함 윤 obscure
354	**abstruse** [æbstrú:s]	형 난해한, 심오한 an abstruse argument 난해한 논거	부 abstrusely 심오하게 반 obvious 분명한
355	**pant** [pænt]	통 헐떡거리다 a panting dog 헐떡거리는 개	형 panting 헐떡거리는
356	**refugee** [rèfjudʒí:]	명 피난민 an economic refugee 경제 난민	참 refuge 피난, 피난처
357	**protagonist** [proutǽgənist]	명 (연극, 영화, 책 등의) 주인공, 주창자 a typical protagonist 전형적인 주인공	윤 leading character 반 antagonist 적대자
358	**emissary** [éməsèri丨-səri]	명 사자, 사절, 밀사 send an emissary 밀사를 보내다	윤 messenger
359	**culprit** [kʌ́lprit]	명 죄인, 범죄자 the main culprit 주범	윤 criminal
360	**beforehand** [bifɔ́:rhænd]	부 미리, 사전에 know something beforehand 사전에 무언가를 알다	윤 previously

◆ 주어진 우리말 문장에 맞도록 알맞은 단어를 넣어 문장을 완성하시오. 정답 p.197

He rented a house with his _____. 그는 자신의 가명으로 집을 빌렸다.

Korean people _____ Lee Wan-yong, who is regarded as a traitor to the nation.
한국인들은 매국노로 여겨지는 이완용을 몹시 싫어한다.

They planted Christianity among _____. 그들은 이교도들에게 그리스도교를 전했다.

Physical _____ may cause serious problems. 격렬한 신체 활동은 심각한 문제들을 야기시킬 수 있다.

I was too young to _____ the problem in all its aspects at that time.
그 당시 난 너무 어려서 그 문제를 모든 측면에서 생각하지 못했다.

He was _____ as a priest last year. 그는 작년에 가톨릭 신부로 임명되었다.

I _____ the door with a log of wood. 나는 나무 조각으로 문을 고정시켰다.

He was _____ in all his business dealings. 그는 사무적인 거래에 있어서 꼼꼼했다.

My sister _____ crying. 내 여동생은 울기 시작했다.

He survived in spite of some _____ injuries. 그는 심한 상처에도 불구하고 살아남았다.

_____ roots support the thick tree trunk well. 튼튼한 뿌리가 굵은 나무 줄기를 잘 지탱해준다.

It goes without saying that teachers must have good _____.
선생님들이 좋은 말씨를 가져야 한다는 것은 말할 것도 없다.

Politicians are experts in making _____ statements. 정치가들은 애매한 발언을 하는 데 전문가들이다.

I was unable to follow his _____ explanation of the formula.
나는 그 공식에 대한 그의 난해한 설명을 이해할 수 없었다.

I heard him _____ up the stairs late at night.
나는 그가 밤 늦게 계단을 헐떡거리면서 올라가는 소리를 들었다.

I will take a year off and work at a _____ camp. 나는 일년 휴학하고 난민 캠프에서 일할 거야.

Describe why Hamlet is considered an important _____.
왜 햄릿이 중요한 주인공으로 간주되는지 서술하시오.

My uncle was the president's special _____ to Afghanistan.
우리 삼촌은 아프가니스탄으로 보낸 대통령 특사였다.

He treated me as if I were the _____. 그는 나를 마치 죄인처럼 취급했다.

Make a list of the groceries you want _____. 미리 필요한 식료품 목록을 만들어라.

361	**unassuming** [ʌ̀nəsjúːmiŋ]	형 겸손한	윤 modest
362	**abstinent** [ǽbstənənt]	형 절제하는 an abstinent life 절제된 생활	명 abstinence 절제
363	**induction** [indʌ́kʃən]	명 귀납(법)	형 inductive 귀납의 만 deduction 연역(법)
364	**complicity** [kəmplísəti]	명 공범, 연루 complicity in a crime 공범 관계	
365	**blemish** [blémiʃ]	명 흠, 결점 without blemish 완전히	
366	**lapse** [læps]	명 착오, 실수 a lapse of memory 기억 착오	
367	**covert** [kóuvərt|kʌ́v-]	형 은밀한 covert activities 은밀한 활동	만 overt 공공연한, 명백한
368	**shun** [ʃʌn]	동 피하다 shun publicity 세간에 알려지는 것을 피하다	윤 avoid
369	**hyperactive** [hàipərǽktiv]	형 매우 활동적인 a hyperactive child 매우 활동적인 아이	명 hyperactivity 매우 활동적임
370	**preconception** [prìːkənsépʃən]	명 선입견	동 preconceive 미리 생각하다 윤 prejudice
371	**segregation** [sègrigéiʃən]	명 차별, 분리 racial segregation 인종차별	동 segregate 분리하다 윤 discrimination
372	**assess** [əsés|æs-]	동 평가하다 assess one's needs ~의 요구를 평가하다	명 assessment 평가
373	**custody** [kʌ́stədi]	명 보호, 관리 have custody of a child 아이를 보호하다	
374	**misconception** [mìskənsépʃən]	명 오해, 잘못된 생각 the biggest misconception 가장 잘못된 관념	윤 misunderstanding
375	**implausible** [implɔ́ːzəbl]	형 받아들이기 어려운 an implausible alibi 믿기 어려운 알리바이(현장 부재 증명)	
376	**appease** [əpíːz]	동 달래다, 충족시키다 appease one's hunger ~의 허기를 채우다	윤 calm
377	**wad** [wɑd|wɔd]	명 뭉치, 다발 a wad of bills 지폐 뭉치	윤 pad
378	**secede** [sisíːd]	동 탈퇴하다 secede from ~로부터 탈퇴하다	명 secession 탈퇴
379	**underpinning** [ʌ̀ndərpíniŋ]	명 받침대 make an underpinning 받침대를 만들다	
380	**exalt** [igzɔ́ːlt]	동 높이다, 고양하다 exalt one's spirits 기분이 좋아지다	명 exaltation 높임

✦ 주어진 우리말 문장에 맞도록 알맞은 단어를 넣어 문장을 완성하시오. 정답 p.197

It is a virtue to be an _____ person. 겸손한 사람이 되는 것이 미덕이다.

Priests try to live _____ lives. 성직자들은 절제된 생활을 하려고 노력한다.

_____ is used to discover general principles from particular facts and examples.
귀납법은 특정한 사실과 예로부터 일반적인 법칙을 발견하기 위해 사용된다.

He was sentenced to death for his _____ in the murder.
그는 살인사건에 가담한 죄로 사형을 선고 받았다.

If there is the slightest _____ on it, it will be rejected.
흠이 조금이라도 있다면 그것은 거절될 것이다.

He will not pardon you for this _____. 그는 너의 이번 실수를 용서하지 않을 것이다.

North Korea was required to confess to _____ nuclear proliferation.
북한은 은밀한 핵 확산에 대해 시인하라고 요구받았다.

He tried to _____ publicity despite the fact that his movie was a big hit.
그는 영화가 대성공했음에도 불구하고 세간에 알려지는 것을 피하려고 했다.

Many boys are _____. 많은 소년들은 매우 활동적이다.

It is difficult not to have _____. 선입견들을 가지지 않기란 어렵다.

Racial _____ has always been a social problem around the world.
인종차별은 항상 전 세계적인 사회문제였다.

It is difficult to _____ the effects of the revolution on people.
개혁이 사람들에게 미칠 영향에 대해 평가하기란 어렵다.

He is in the _____ of the police. 그는 경찰의 보호 하에 있다.

If you believe that, that's a huge _____. 네가 만일 그렇게 믿는다면 그것은 매우 잘못된 생각이다.

Her explanation is not _____. 그녀의 설명은 받아들이기 어렵지 않다.

Nothing could _____ the crying child. 어떤 것도 우는 아이를 달랠 수 없었다.

He twisted a piece of paper into a _____ and then put it into a pipe.
그는 종이 조각을 작은 뭉치로 만들어서 파이프에 쑤셔 넣었다.

Why did the South _____ from the Union? 왜 남부가 연방에서 탈퇴했죠?

It is easy to make an _____. 받침대를 만드는 것은 쉽다.

Reading poems can sometimes _____ his spirits. 시를 읽는 것이 때때로 그의 기분을 좋아지게 한다.

DAY 10

381	**slaughter** [slɔ́:tər]	몡 대량 학살 됭 대량으로 죽이다	㊌ massacre
		the slaughter of innocent people 무고한 사람들의 대량학살	
382	**hospitalization** [hàspitəlizéiʃən | hɔ̀spitəlai-]	몡 입원	
		pay for one's hospitalization 입원비를 지불하다	
383	**incidental** [ìnsədéntl]	혱 부차적인	몡 incident 부수적인 사건
		incidental expenses 부차적인 비용	
384	**degenerate** [didʒénərèit]	됭 퇴보하다, 악화되다	몡 degeneration 퇴보 ㊌ decline
		degenerate into something commonplace 평범한 일이 되어버리다	
385	**gallant** [gǽlənt]	혱 용감한	뿐 gallantly 용감하게
		a gallant struggle 용감한 투쟁	
386	**infusion** [infjú:ʒən]	몡 주입	됭 infuse 주입하다 ㊌ injection
		an infusion of hope 희망을 불어넣음	
387	**conscript** [kənskrípt]	됭 징집하다	몡 conscription 징집
		be conscripted into the army 군대에 징집되다	
388	**poignant** [pɔ́injənt]	혱 마음 아픈, 사무치는	
		poignant regret 사무치는 후회	
389	**beckon** [békən]	됭 손짓으로 부르다	
390	**persistent** [pəːrsístənt | -zíst-]	혱 완고한, 집요한	됭 persist 고집하다 ㊌ stubborn
		a persistent offender 집요한 범죄자	
391	**mediocre** [mì:dióukər]	혱 보통의, 평범한	뱐 excellent ㊌ ordinary
		a mediocre life 평범한 삶	
392	**upheaval** [ʌphí:vəl]	몡 들어올림, 격변	㊌ disturbance
		a political upheaval 정치적 파동	
393	**indolent** [índələnt]	혱 게으른	몡 indolence 게으름 ㊌ lazy
		an indolent habit 게으른 버릇	
394	**intertwine** [ìntərtwáin]	됭 서로 얽히게 하다, 뒤얽히다	
		a fence intertwined with ivy 담쟁이로 얽힌 담장	
395	**proposition** [pràpəzíʃən | prɔ̀p-]	몡 제안	됭 propose 제안하다 ㊌ offer
		a business proposition 사업 제안	
396	**heredity** [hirédəti]	몡 유전	혱 hereditary 유전적인
397	**acute** [əkjú:t]	혱 심한	몡 acuity 격심함
		acute corruption 심한 부패	
398	**defiance** [difáiəns]	몡 도전, 반항	됭 defy 반항하다 ㊌ protest
399	**empathy** [émpəθi]	몡 감정이입, 공감	
		imaginative empathy 상상력을 동원한 감정이입	
400	**patriotism** [péitriətizm | pǽt-]	몡 애국심	찹 patriot 애국자
		instill patriotism 애국심을 고취하다	

◆ 주어진 우리말 문장에 맞도록 알맞은 단어를 넣어 문장을 완성하시오. 정답 p.197

It is easy to see the _____ of many innocent people in a war.
전쟁에서는 많은 무고한 사람들에 대한 대량학살을 쉽게 볼 수 있다.

He paid for my _____ . 그가 내 입원비를 내주었다.

_____ expenses are excluded. 부차적인 비용은 포함되지 않는다.

Her health _____ quickly. 그녀의 건강은 급격히 쇠퇴했다.

Our _____ soldiers are sacrificing their lives for the country.
우리 용감한 군인들은 나라를 위해 그들의 삶을 희생하고 있다.

His victory brought a great _____ of hope to people. 그의 승리는 사람들에게 커다란 희망을 불어넣었다.

Many young people were _____ into the army. 많은 젊은이들이 군대에 징집되었다.

It is _____ that he missed his last chance. 그가 마지막 기회를 놓쳤다는 것이 마음 아프다.

She _____ him to come. 그녀는 그에게 손짓으로 오라고 했다.

It is hard to deal with _____ customers who keep complaining.
계속 불만을 호소하는 집요한 고객들을 대하는 것은 어렵다.

Her school records are _____ . 그녀의 학교 성적은 보통이다.

Installing a different system would cause a tremendous _____ .
다른 시스템을 설치하는 것은 엄청난 격변을 일으킬 것이다.

Her husband is _____ . 그녀의 남편은 게으르다.

Our lives seem inextricably _____ . 우리의 삶은 풀리지 않게 얽혀 있는 것처럼 보인다.

He visited his clients with a business _____ the other day.
그는 요전 날에 사업 제안을 가지고 자신의 거래처들을 방문했다.

Can intelligence be acquired from _____ ? 지능이 유전에서 비롯되나요?

It is said that the corruption in that organization is _____ . 그 기관 내 부패가 심하다고 한다.

She had her hair cut in _____ of her parents' order. 부모님의 명령에 반항하여 그녀는 머리를 깎았다.

It is important to develop _____ for other people's situations.
다른 사람들의 입장에서 감정이입을 해보는 것은 중요하다.

His behavior is an excellent example of _____ . 그의 행동은 애국심의 좋은 본보기이다.

A 우리말과 같은 뜻이 되도록 빈칸에 들어갈 알맞은 단어를 적으시오.

❶ _____ from (~로부터 탈퇴하다)

❷ _____ a coin (동전을 뒤집다)

❸ _____ practices (교묘한 책략)

❹ a _____ of bills (지폐 뭉치)

❺ send an _____ (밀사를 보내다)

❻ instill _____ (애국심을 고취하다)

❼ make an _____ (받침대를 만들다)

❽ a witness for the _____ (검찰측 증인)

❾ a thick layer of _____ (두꺼운 침전물 층)

❿ a fence _____ with ivy (담쟁이로 얽힌 담장)

B 다음 괄호 안의 지시대로 주어진 단어를 변형시키고 그 뜻을 적으시오.

	변형	뜻
❶ obtuse (부사형으로) →		
❷ diction (형용사형으로) →		
❸ hazy (명사형으로) →		
❹ abstinent (명사형으로) →		
❺ assess (명사형으로) →		
❻ exalt (명사형으로) →		
❼ degenerate (명사형으로) →		
❽ persistent (동사형으로) →		
❾ acute (명사형으로) →		
❿ defiance (동사형으로) →		

C 다음 영영풀이에 해당하는 단어를 보기에서 골라 적으시오.

보기	chastise	scrupulous	pant	relentless	shun
	intertwine	alias	grievous	appease	commence

❶ extremely serious or severe ➔ ＿＿＿＿＿＿＿＿

❷ to breathe rapidly in short gasps ➔ ＿＿＿＿＿＿＿＿

❸ to twine together ➔ ＿＿＿＿＿＿＿＿

❹ to begin; start ➔ ＿＿＿＿＿＿＿＿

❺ unyieldingly severe, strict, or harsh ➔ ＿＿＿＿＿＿＿＿

❻ to discipline, especially by corporal punishment ➔ ＿＿＿＿＿＿＿＿

❼ a false name used to conceal one's identity; an assumed name ➔ ＿＿＿＿＿＿＿＿

❽ very careful about details; having a strict regard for what one considers right

➔ ＿＿＿＿＿＿＿＿

❾ to keep away from a place, person, object, etc.; avoid ➔ ＿＿＿＿＿＿＿＿

❿ to bring to a state of peace, quiet, ease, calm, or contentment ➔ ＿＿＿＿＿＿＿＿

D 우리말과 같은 뜻이 되도록 주어진 문장의 빈칸을 완성하시오.

❶ 그는 사우나에서 땀을 많이 흘렸다.

➔ He ＿＿＿＿＿＿＿＿ heavily in the sauna.

❷ 그의 의도에 대한 나의 어림짐작이 맞았다.

➔ I was right in my ＿＿＿＿＿＿＿＿ on his intentions.

❸ 무리한 운동은 몸에 해를 끼칠 수 있다.

➔ ＿＿＿＿＿＿＿＿ exercise can harm your body.

❹ 격렬한 신체 활동은 심각한 문제들을 야기시킬 수 있다.

➔ Physical ＿＿＿＿＿＿＿＿ may cause serious problems.

❺ 그 당시 난 너무 어려서 그 문제를 모든 측면에서 생각하지 못했다.

➔ I was too young to ＿＿＿＿＿＿＿＿ the problem in all its aspects at that time.

⑥ 그는 살인사건에 가담한 죄로 사형을 선고 받았다.

→ He was sentenced to death for his _____ in the murder.

⑦ 인종차별은 항상 전 세계적으로 사회문제였다.

→ Racial _____ has always been a social problem around the world.

⑧ 네가 만일 그렇게 믿는다면 그것은 매우 잘못된 생각이다.

→ If you believe that, that's a huge _____.

⑨ 많은 젊은이들이 군대에 징집되었다.

→ Many young people were _____ into the army.

⑩ 다른 사람들의 입장에서 감정이입을 해보는 것은 중요하다.

→ It is important to develop _____ for other people's situations.

E 문장의 밑줄 친 부분에 해당하는 유의어 혹은 반의어를 보기에서 골라 적으시오.

보기	detest	useless	previously	overt	appointed
	excellent	symmetric	obvious	deduction	doubtful

❶ Most people's faces are asymmetrical. 반의어 ↔ _____

❷ I'm bringing the obsolete speakers from my old house. 유의어 = _____

❸ I was incredulous when I heard the news that he had won the contest.
유의어 = _____

❹ He was nominated for presidential candidate. 유의어 = _____

❺ Korean people loathe Lee Wan-yong, who is regarded as a traitor to the nation.
유의어 = _____

❻ I was unable to follow his abstruse explanation. 반의어 ↔ _____

❼ Make a list of the groceries you want beforehand. 유의어 = _____

❽ Induction is used to discover general principles from particular facts and examples.
반의어 ↔ _____

❾ North Korea was required to confess to covert nuclear proliferation.
반의어 ↔ _____

❿ Her school records are mediocre. 반의어 ↔ _____

F 영어발음을 듣고 영어단어를 적은 후, 우리말 뜻을 적으시오.

	영어	우리말		영어	우리말
❶	_____	_____	❽	_____	_____
❷	_____	_____	❾	_____	_____
❸	_____	_____	❿	_____	_____
❹	_____	_____	⓫	_____	_____
❺	_____	_____	⓬	_____	_____
❻	_____	_____	⓭	_____	_____
❼	_____	_____	⓮	_____	_____

G 영어문장을 듣고 빈칸에 들어갈 단어를 채워 문장을 완성하시오.

❶ He was _____ in the matter.

❷ I was _____ about what I heard from my parents yesterday.

❸ I will take a year off and work at a _____ camp.

❹ If there is the slightest _____ on it, it will be rejected.

❺ Many boys are _____.

❻ He is in the _____ of the police.

❼ She _____ him to come.

❽ John was so _____ and stupid.

❾ It goes without saying that teachers must have good _____.

❿ Priests try to live _____ lives.

⓫ Reading poems can sometimes _____ his spirits.

⓬ Her health _____ quickly.

⓭ It is hard to deal with _____ customers who keep complaining.

⓮ It is said that the corruption in that organization is _____.

⓯ He was _____ in demanding repayment of the debt.

⓰ My father used to _____ my brothers sternly.

401	**discrete** [diskrí:t]	형 분리된, 불연속의 discrete data 분리된 데이터	반 continuous 연속적인
402	**curfew** [kə́:rfju:]	명 야간 외출금지, 통행 금지 시간 government-imposed curfews 정부가 부과한 통행금지	
403	**infrastructure** [ínfrəstrʌ̀ktʃər]	명 기반 시설 transport infrastructure 교통 기반 시설	
404	**vociferous** [vosífərəs]	형 시끄러운 vociferous debates 시끄러운 논쟁	유 boisterous
405	**doctrine** [dáktrin]	명 주의, 교리 the Monroe Doctrine 먼로주의(외교상 불간섭주의)	유 creed
406	**self-evident** [sèlfévədənt]	형 자명한	유 obvious
407	**meticulous** [mətíkjuləs]	형 꼼꼼한, 세심한 a meticulous person 세심한 사람	부 meticulously 세심하게 유 thoughtful
408	**inclination** [ìnklənéiʃən]	명 경향, 의향 against one's inclination 본의 아니게	동 incline ~하는 경향이 있다 유 tendency
409	**conciliate** [kənsílièit]	동 달래다, 회유하다 a conciliative voice 회유하는 목소리	형 conciliative 달래는, 회유하는
410	**prodigal** [prádigəl | prɔ́d-]	형 낭비하는, 방탕한 a prodigal expenditure 낭비	부 prodigally 방탕하게
411	**confidant** [kànfədǽnt | -dà:nt]	명 절친한 친구 the president's confidant 대통령의 심복	
412	**haunt** [hɔ:nt | hɑ:nt]	동 자주 가다, (유령 등이) 출몰하다	
413	**intolerant** [intálərənt]	형 옹졸한, 관대하지 않은 an intolerant attitude 옹졸한 태도	명 intolerance 옹졸, 편협 반 tolerant 관대한
414	**precocious** [prikóuʃəs]	형 조숙한 a precocious child 조숙한 아이	반 slow 느린
415	**ordeal** [ɔ:rdí:l | -dí:əl]	명 시련, 고난 the worst ordeal 최악의 시련	유 suffering
416	**pseudo** [sjú:dou]	형 허위의, 가짜의 a pseudo-scientific theory 사이비 과학 이론	
417	**ludicrous** [lú:dəkrəs]	형 우스운, 바보 같은 a ludicrous idea 바보 같은 생각	부 ludicrously 바보같이 유 foolish
418	**deride** [diráid]	동 비웃다, 조롱하다 deride a person's effort 남의 노력을 비웃다	유 mock
419	**implicit** [implísit]	형 암묵적인 an implicit agreement 암묵적 동의	반 explicit 명백한
420	**plausible** [plɔ́:zəbl]	형 그럴듯한 a plausible story 그럴듯한 이야기	유 possible

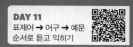

✦ 주어진 우리말 문장에 맞도록 알맞은 단어를 넣어 문장을 완성하시오. 정답 p.198

Instruction manuals that break down jobs into a number of _____ steps help me a lot.
일을 분리된 여러 단계로 나누어 놓은 지침 설명서가 많은 도움이 되었다.

Her parents let up on her _____. 그녀의 부모님은 그녀의 통금 시간을 완화해 주셨다.

Our society has to make more investment in its _____. 우리 사회는 기반 시설에 더 많은 투자를 해야 한다.

He was a _____ opponent of the government. 그는 시끄러운 정부 반대자였다.

Marxism once was the _____ of communists. 마르크스주의는 한때 공산주의자들의 교리였다.

It is _____ that he will make the same mistake again. 그가 다시 같은 실수를 할 것이 자명하다.

She is considered a _____ person. 그녀는 세심한 사람으로 간주된다.

It is important to follow your own _____ when making a decision.
결정을 내릴 때 네 자신의 의향을 따르는 것이 중요하다.

His duty was not to provoke people but to _____ them.
그의 임무는 사람들을 선동하는 것이 아니라 회유하는 것이었다.

Is it true that he has been _____ with company funds?
그가 회사 자금을 낭비했다는 것이 사실이에요?

Her secretary was her only _____. 그녀의 비서가 그녀의 유일한 절친한 친구였다.

People say ghosts _____ that old house. 그 낡은 집에 유령이 출몰한다고 한다.

He was pretty _____ of others' mistakes. 그는 다른 사람의 실수에 관대하지 않았다.

Mary was a _____ high school student. 메리는 조숙한 고등학생이었다.

It was the worst _____ of my life. 그것은 내 생애 최악의 시련이었다.

She is not interested in that _____-scientific theory. 그녀는 사이비 과학 이론에 관심 없다.

It is _____ to believe what she told him. 그녀가 그에게 한 말을 믿는 것은 바보 같은 짓이다.

His effort cannot be _____ like this. 그의 노력이 이렇게 비웃음 당해서는 안 된다.

It can be seen as _____ consent. 그것은 암묵적인 동의로 보여질 수 있다.

Her story sounded _____. 그녀의 이야기는 그럴듯하게 들렸다.

DAY 11

421	**divine** [diváin]	혱 신의, 신성의 divine grace 신의 은총	몡 divinity 신성 윾 holy
422	**capricious** [kəpríʃəs]	혱 변덕스러운 a capricious change of decision 변덕스러운 결정의 번복	윾 whimsical
423	**nuisance** [njú:sns]	몡 골칫거리 a public nuisance 세상의 골칫거리	윾 pain
424	**certitude** [sə́:rtətjù:d]	몡 확신, 확실	
425	**incisive** [insáisiv]	혱 예민한	붼 incisively 예민하게 윾 sensitive
426	**dispassionate** [dispǽʃənət]	혱 감정적이 아닌, 냉정한 a dispassionate observer 냉정한 관찰자	붼 dispassionately 냉정하게 윾 impartial
427	**hostile** [hástl	hɔ́stail]	혱 적의 있는, 적대하는 a hostile feeling 적의	몡 hostility 적의 윾 antagonistic
428	**lubricious** [lu:bríʃəs]	혱 미끄러운, 매끄러운 a lubricious coating 매끄러운 코팅	윾 slippery
429	**perturb** [pərtə́:rb]	통 동요하게 하다 perturb the people 민심을 교란시키다	몡 perturbation 마음의 동요
430	**excerpt** [éksə:rpt]	몡 발췌 excerpts from a newspaper 신문에서의 발췌	
431	**insolent** [ínsələnt]	혱 무례한, 건방진 an insolent stare 무례한 응시	몡 insolence 무례 윾 impolite
432	**transitory** [trǽnsətɔ̀:ri	-zə-]	혱 일시적인 a transitory teenage romance 일시적인 십대의 연애	붼 transitorily 일시적으로 윾 transient
433	**precept** [prí:sept]	몡 교훈 a worthwhile precept 가치 있는 교훈	혱 preceptive 교훈의 윾 lesson
434	**solitude** [sálətjù:d]	몡 고독 know what solitude is 고독이 무엇인지를 알다	혱 solitary 혼자의 윾 loneliness
435	**ascertain** [æ̀sərtéin]	통 확인하다 ascertain one's wishes 소망을 확인하다	
436	**marvelous** [má:rvələs]	혱 놀라운, 믿기 어려운 a marvelous show 멋진 쇼	붼 marvelously 멋지게
437	**conducive** [kəndjú:siv]	혱 ~에 좋은, ~에게 도움이 되는	
438	**slander** [slǽndər	slá:n-]	몡 욕설, 명예훼손 spatter a person with slander ~을 중상모략하다	혱 slanderous 중상모략적인
439	**intercept** [ìntərsépt]	통 도중에서 뺏다, 가로막다 intercept a pass 공을 중간에서 뺏다	몡 interception 가로챔
440	**sojourn** [sóudʒə:rn	sɔ́dʒ-]	몡 체류 통 체류하다 a two-year sojourn in Paris 파리에서 2년간의 체류	

✦ 주어진 우리말 문장에 맞도록 알맞은 단어를 넣어 문장을 완성하시오. 정답 p.198

People used to believe in the _____ right of kings. 사람들은 왕권신수설을 믿곤 했다.

Her decision about her major was a little _____. 그녀의 전공에 대한 결정은 약간 변덕스러웠다.

Mosquitoes are a great _____ in summer. 모기는 여름에 큰 골칫거리이다.

It is almost impossible to measure the degree of _____.
확신의 정도를 측정한다는 것은 거의 불가능하다.

She is a somewhat _____ person. 그녀는 다소 예민한 사람이다.

It is necessary to take a _____ view of the situation as a decision maker.
결정권자로서 상황에 대해 냉정한 관점을 취하는 것이 필수적이다.

His family seems to have _____ feelings toward me. 그의 가족은 내게 적의를 품고 있는 것 같다.

It has a _____ coating. 그것은 매끄럽게 코팅되어 있다.

Her sudden appearance did not seem to _____ him in the least.
그녀의 갑작스러운 등장은 그에게 조금의 동요도 주지 못한 것 같다.

Read the following _____ from one of Milton's poems. 다음 밀턴의 시에서 발췌한 것을 읽어보아라.

Her _____ stare disturbed him. 그녀의 무례한 응시가 그를 불편하게 했다.

Most teenage romances are _____. 대부분 십대들의 연애는 일시적이다.

I learned a worthwhile _____ from the movie. 나는 그 영화에서 가치 있는 교훈을 배웠다.

She knows what _____ is. 그녀는 고독이 무엇인지를 안다.

It is not easy for her to _____ the facts alone. 그녀 혼자 그 사실을 확인하는 것은 쉽지 않다.

His linguistic skills are _____. 그의 언어 능력은 놀랍다.

The working conditions are not _____ to productivity. 업무 환경이 생산성을 내는 데 좋지 않다.

He sued them for _____. 그는 명예훼손으로 그들을 고소했다.

The reporters _____ him as he tried to leave the hotel.
그가 호텔을 떠나려 할 때 기자들이 그를 가로막았다.

Her noisy neighbors made her _____ in Paris unpleasant.
그녀의 시끄러운 이웃은 그녀의 파리에서의 체류를 불쾌하게 만들었다.

DAY 12

441	**nominal** [námənl]	형 명목상의	윤 honorary
		the nominal president 명목상의 사장	
442	**dubiety** [djuːbáiəti]	명 의심스러운 것	
443	**glee** [gliː]	명 환희, 큰 기쁨	윤 joy
444	**circumference** [sərkʌ́mfərəns]	명 원주, 원둘레	형 circumferential 원주의
		a point on the circumference 원주 위의 한 점	
445	**impetuous** [impétʃuəs]	형 성급한, 극성스러운	부 impetuously 성급하게 윤 rash
		an impetuous decision 성급한 결정	
446	**delude** [dilúːd]	동 속이다, 착각하게 하다	명 delusion 현혹, 기만
		delude oneself 착각하다	
447	**proclaim** [proukléim]	동 선언하다, 분명히 나타내다	명 proclamation 선언 윤 announce
		proclaim war 선전포고하다	
448	**resilient** [rizíljənt]	형 탄력 있는, 복원력 있는	
		resilient objects 탄력 있는 물체	
449	**sullen** [sʌ́lən]	형 시무룩한, 음울한	명 sullenness 음울함 윤 sulky
		a sullen mood 음울한 분위기	
450	**meddlesome** [médlsəm]	형 간섭하기 좋아하는	윤 interfering
		a meddlesome woman 간섭하기 좋아하는 여자	
451	**rim** [rim]	명 테두리, 가장자리	
		the Pacific Rim 환태평양 지역	
452	**radiant** [réidiənt]	형 빛을 내는	명 radiance 광채
		a radiant smile 환한 미소	
453	**dishonorable** [disánərəbl|-ɔ́n-]	형 불명예스러운, 창피한	명 dishonorableness 불명예 윤 disgraceful
		dishonorable conduct 불명예스러운 행위	
454	**synonym** [sínənìm]	명 동의어, 유의어	반 antonym 반의어
		become a synonym 유의어가 되다	
455	**antiseptic** [æ̀ntəséptik]	형 방부성의, 살균의	
		apply antiseptic treatment 방부 처리를 하다	
456	**wane** [wein]	동 쇠퇴하다, 이지러지다 명 쇠퇴	윤 decline
		the waning moon 하현달	
457	**terrestrial** [təréstriəl]	형 지구상의	윤 earthly
		terrestrial magnetism 지구 자기장	
458	**unbridled** [ʌnbráidld]	형 구속되지 않는, 억제되지 않는	동 unbridle 해방하다 윤 unrestrained
		unbridled passion 억제되지 않는 열정	
459	**mural** [mjúərəl]	명 벽화 형 벽에 그린	
		paint a mural 벽화를 그리다	
460	**homogeneous** [hòumədʒíːniəs|hʌ̀m-]	형 동종의	부 homogeneously 동종으로
		a homogeneous nation 단일 민족 국가	

✦ 주어진 우리말 문장에 맞도록 알맞은 단어를 넣어 문장을 완성하시오. 정답 p.199

Mr. Green is still the _____ president of the company, but his son actually runs it.
그린 씨가 아직 회사의 명목상 사장이지만 사실 그의 아들이 경영한다.

I've seen lots of _____ in my life. 나는 인생에서 의심스러운 것들을 많이 봤다.

She received the present with _____. 그녀는 환희에 차서 선물을 받았다.

It is said that the _____ of the Earth is almost 25,000 miles.
지구의 원주는 거의 25,000마일이라고 한다.

His mom seems to be an _____ person. 그의 엄마는 극성스러운 사람인 것 같다.

It is easy for most people to be _____ by a shaman's predictions.
대부분의 사람들은 무당의 예언에 속기 쉽다.

His accent _____ him a southerner. 그의 사투리는 그가 남부 사람임을 나타냈다.

Rubber is more _____ than wood. 고무는 나무보다 더 탄력이 있다.

His depression kept him _____ for some time. 우울증이 한동안 그를 시무룩하게 만들었다.

Mrs. Jones is such a _____ person that she wants to tell everybody in town what to do.
존스 부인은 너무나 참견하기 좋아해서 마을의 모든 사람들에게 이래라 저래라 말하고 싶어한다.

Japan is one of the countries located on the Pacific _____.
일본은 환태평양 지역에 위치한 나라들 중 하나다.

She showed her _____ smile. 그녀는 환한 미소를 보였다.

It is unbelievable that she engaged in such _____ conduct.
그녀가 그런 불명예스러운 행위에 연루됐다니 믿을 수 없다.

His name has become a _____ for lazybones. 그의 이름은 게으름뱅이와 같은 말이 되어버렸다.

It is not healthy food because _____ treatment was applied to it.
그것은 방부 처리가 되어 있었기 때문에 건강에 좋은 음식이 아니다.

His fame was on the _____. 그의 명성은 쇠퇴하고 있었다.

Scientists study _____ phenomena. 과학자들은 지구상의 현상을 연구한다.

His father noticed his _____ passion for football.
그의 아버지는 축구를 향한 그의 억제되지 않는 열정을 알아챘다.

_____ from tombs of the Goguryeo Dynasty show how people lived during that time.
고구려 시대의 고분 벽화는 그 당시 사람들이 어떻게 살았는지를 보여준다.

The group is _____ in age. 그 그룹은 나이가 동질적이다.

DAY 12

461	**adjacent** [ədʒéisnt]	형 가까이 있는, 근접한	명 adjacency 인접 반 faraway 멀리 있는
		an adjacent building 가까이 있는 건물	
462	**indigenous** [indídʒənəs]	형 고유한, 토착의	부 indigenously 고유하게 유 native
		animals indigenous to Africa 아프리카 고유 동물	
463	**uncivil** [ʌnsívəl]	형 예의에 벗어난	부 uncivilly 예의에 벗어나게
464	**feud** [fjuːd]	명 (가족·종족간의) 불화, 싸움	유 hostility
		a long feud between two families 두 집안 간의 오래된 불화	
465	**agony** [ǽgəni]	명 심한 고통	동 agonize 고뇌하다 유 suffering
		the agony of arthritis 관절염의 극심한 통증	
466	**treachery** [trétʃəri]	명 배반	형 treacherous 배반하는
		an act of treachery 배반행위	
467	**lordly** [lɔ́ːrdli]	형 귀족다운, 당당한	유 noble
		a lordly air 귀족다운 태도	
468	**witchcraft** [wítʃkræft│-krɑ̀ːft]	명 주술, 마술	
		a book of witchcraft 주술 책	
469	**apathy** [ǽpəθi]	명 무관심, 무감정	
		political apathy 정치적 무관심	
470	**verify** [vérəfài]	동 입증하다	명 verification 입증 유 prove
		verify rumors 루머들을 입증하다	
471	**soporific** [sàpərífik│sòup-]	형 최면의, 졸리는 명 수면제	유 sleepy
		soporific music 졸음이 오는 음악	
472	**beneficial** [bènəfíʃəl]	형 유익한	부 beneficially 유익하게
		beneficial influence 유익한 영향	
473	**grudge** [grʌdʒ]	명 악의, 앙심, 원한	유 resentment
		bear a grudge 원한을 품다	
474	**lust** [lʌst]	명 강한 욕망, 정욕	형 lustful 호색적인 유 desire
		a lust for gold 황금욕	
475	**digress** [digrés│dai-]	동 빗나가다	
		digress from the point 중심에서 빗나가다	
476	**sarcastic** [sɑːrkǽstik]	형 빈정거리는, 풍자적인	명 sarcasm 비평 유 scornful
		a sarcastic comment 빈정거리는 논평	
477	**omniscient** [amníʃənt│ɔm-]	형 무엇이든지 알고 있는	유 omnipotent 전능한 부 omnisciently 박식하게
		the omniscient and omnipotent God 전지전능한 신	
478	**metabolism** [mətǽbəlìzəm]	명 신진대사, 대사 작용	
479	**traverse** [trəvə́ːrs]	동 가로지르다	형 traversable 횡단할 수 있는
		traverse a city 도시를 가로지르다	
480	**endemic** [endémik]	형 어떤 지방 특유의 명 풍토병	
		an endemic disease 풍토병	

✦ 주어진 우리말 문장에 맞도록 알맞은 단어를 넣어 문장을 완성하시오. 정답 p.199

She told me the store was _____ to the building. 그녀는 나에게 가게가 건물 근처에 있었다고 말했다.

Kangaroos _____ to Australia should adjust to our new environment.
호주의 고유 동물인 캥거루들은 우리의 새로운 환경에 적응해야 한다.

His _____ remarks made her very angry. 그의 예의에 벗어난 언행이 그녀를 매우 화나게 했다.

It is not the time for us to have a _____. 우리가 반목할 때가 아닙니다.

His last _____ was over. 그의 마지막 통증은 지나갔다.

Secretly giving supplies to the enemy is _____. 비밀리에 적군에게 물자를 공급하는 것은 배반이다.

His _____ air overwhelmed other people. 그의 귀족다운 태도가 다른 사람들을 압도했다.

Mythological witches were believed to practice _____. 신화 속의 마녀들은 주술을 부린다고 믿어졌다.

Lots of citizens feel _____ toward politics. 많은 시민들은 정치에 무관심하다.

She wants to have a chance to _____ the rumors related to her.
그녀는 그녀와 관련된 루머들을 입증할 기회를 갖길 원한다.

Listening to _____ music while driving can be dangerous.
운전하는 동안 졸음이 오는 음악을 듣는 것은 위험할 수 있다.

His work experience would be very _____ to our company.
그의 근무 경력이 우리 회사에 매우 유익할 거예요.

It is obvious that he bears a _____ toward me. 그가 나에게 원한을 품은 것이 확실하다.

His _____ for power is frightening. 그의 권력에 대한 강한 욕망이 두렵다.

She always _____ when telling a story. 그녀는 이야기할 때 항상 삼천포로 빠진다.

His _____ comments angered her. 그의 빈정거리는 논평이 그녀를 화나게 했다.

The primitive island natives considered him an _____ being from an outside world.
그 섬의 토착 원시인들은 그를 외부에서 온 무엇이든지 알고 있는 존재로 생각했다.

_____ is closely related to our health. 신진대사는 우리의 건강과 밀접한 관련이 있다.

She was the first woman to _____ the Atlantic Ocean by airplane alone.
그녀는 혼자서 비행기로 대서양을 횡단한 첫 번째 여자였다.

Malaria is an _____ disease in many hot countries. 말라리아는 여러 더운 지방의 풍토병이다.

A 우리말과 같은 뜻이 되도록 빈칸에 들어갈 알맞은 단어를 적으시오.

① paint a _____ (벽화를 그리다)

② bear a _____ (원한을 품다)

③ _____ music (졸음이 오는 음악)

④ a _____ mood (음울한 분위기)

⑤ a public _____ (세상의 골칫거리)

⑥ a _____ observer (냉정한 관찰자)

⑦ _____ the people (민심을 교란시키다)

⑧ _____ one's wishes (소망을 확인하다)

⑨ apply _____ treatment (방부 처리를 하다)

⑩ government-imposed _____ (정부가 부과한 통행금지)

B 다음 괄호 안의 지시대로 주어진 단어를 변형시키고 그 뜻을 적으시오.

	변형	뜻
① agony (동사형으로) →	_____	_____
② meticulous (부사형으로) →	_____	_____
③ divine (명사형으로) →	_____	_____
④ hostile (명사형으로) →	_____	_____
⑤ precept (형용사형으로) →	_____	_____
⑥ solitude (형용사형으로) →	_____	_____
⑦ circumference (형용사형으로) →	_____	_____
⑧ delude (명사형으로) →	_____	_____
⑨ treachery (형용사형으로) →	_____	_____
⑩ lust (형용사형으로) →	_____	_____

C 다음 영영풀이에 해당하는 단어를 보기에서 골라 적으시오.

보기	impetuous	deride	beneficial	plausible	ordeal
	marvelous	unbridled	capricious	dubiety	glee

❶ any extremely severe or trying test, experience, or trial ➡ _____

❷ to laugh at in scorn or contempt ➡ _____

❸ producing good results; advantageous; helpful ➡ _____

❹ subject to, led by, or indicative of whim; erratic ➡ _____

❺ a strong feeling of happiness ➡ _____

❻ superb; excellent; great; astonishing ➡ _____

❼ doubtfulness; doubt; uncertainty ➡ _____

❽ of, pertaining to, or characterized by sudden or rash action, emotion ➡ _____

❾ not controlled or restrained ➡ _____

❿ having an appearance of truth or reason; seemingly worthy of approval or acceptance
➡ _____

D 우리말과 같은 뜻이 되도록 주어진 문장의 빈칸을 완성하시오.

❶ 확신의 정도를 측정한다는 것은 거의 불가능하다.
➡ It is almost impossible to measure the degree of _____.

❷ 대부분 십대들의 연애는 일시적이다.
➡ Most teenage romances are _____.

❸ 그가 호텔을 떠나려 할 때 기자들이 그를 가로 막았다.
➡ The reporters _____ him as he tried to leave the hotel.

❹ 그의 사투리는 그가 남부 사람임을 나타냈다.
➡ His accent _____ him a southerner.

❺ 존스 부인은 너무나 참견하기 좋아해서 마을의 모든 사람들에게 이래라 저래라 말하고 싶어한다.
➡ Mrs. Jones is such a _____ person that she wants to tell everybody in town what to do.

⑥ 호주의 고유 동물인 캥거루들은 우리의 새로운 환경에 적응해야 한다.

➡ Kangaroos _____ to Australia should adjust to our new environment.

⑦ 많은 시민들은 정치에 무관심하다. ➡ Lots of citizens feel _____ toward politics.

⑧ 그녀는 이야기할 때 항상 삼천포로 빠진다.

➡ She always _____ when telling a story.

⑨ 그녀는 혼자 비행기로 대서양을 횡단한 첫 번째 여자였다.

➡ She was the first woman to _____ the Atlantic Ocean by airplane alone.

⑩ 그의 임무는 사람들을 선동하는 것이 아니라 회유하는 것이었다.

➡ His duty was not to provoke people but to _____ them.

E 문장의 밑줄 친 부분에 해당하는 유의어 혹은 반의어를 보기에서 골라 적으시오.

보기	tolerant	explicit	continuous	prove	antonym
	earthly	tendency	slow	faraway	impolite

① He was pretty <u>intolerant</u> of others' mistakes. 반의어 ↔ _____

② Mary was a <u>precocious</u> high school student. 반의어 ↔ _____

③ It can be seen as <u>implicit</u> consent. 반의어 ↔ _____

④ Her <u>insolent</u> stare disturbed him. 유의어 = _____

⑤ His name has become a <u>synonym</u> for a lazybones. 반의어 ↔ _____

⑥ Scientists study <u>terrestrial</u> phenomena. 유의어 = _____

⑦ She told me the store was <u>adjacent</u> to the building. 반의어 ↔ _____

⑧ Instruction manuals that break down jobs into a number of <u>discrete</u> steps help me a lot. 반의어 ↔ _____

⑨ It is important to follow your own <u>inclination</u> when making a decision.

유의어 = _____

⑩ She wants to have a chance to <u>verify</u> the rumors related to her.

유의어 = _____

F 영어발음을 듣고 영어단어를 적은 후, 우리말 뜻을 적으시오.

	영어	우리말			영어	우리말
❶	_____	_____	❽		_____	_____
❷	_____	_____	❾		_____	_____
❸	_____	_____	❿		_____	_____
❹	_____	_____	⓫		_____	_____
❺	_____	_____	⓬		_____	_____
❻	_____	_____	⓭		_____	_____
❼	_____	_____	⓮		_____	_____

G 영어문장을 듣고 빈칸에 들어갈 단어를 채워 문장을 완성하시오.

❶ Our society has to make more investment in its _____.

❷ It is _____ to believe what she told him.

❸ Read the following _____ from one of Milton's poems.

❹ Her noisy neighbors made her _____ in Paris unpleasant.

❺ His depression kept him _____ for some time.

❻ It is unbelievable that she engaged in such _____ conduct.

❼ His _____ comments angered her.

❽ His last _____ was over.

❾ She is considered a _____ person.

❿ His family seems to have _____ feelings toward me.

⓫ She knows what _____ is.

⓬ It is said that the _____ of the Earth is almost 25,000 miles.

⓭ It is easy for most people to be _____ by a shaman's predictions.

⓮ Secretly giving supplies to the enemy is _____.

⓯ It was the worst _____ of my life.

⓰ Her story sounded perfectly _____.

481	**occult** [əkʌ́lt	ákʌlt]	혱 초자연적인, 불가사의한 몡 주술 ㈜ supernatural the occult arts 비술, 마술
482	**predicament** [pridíkəmənt]	몡 곤경, 궁지 ㈜ difficulty be in a predicament 곤경에 처해 있다
483	**obstruct** [əbstrʌ́kt]	동 막다, 차단하다 몡 obstruction 방해, 방해물 ㈜ block obstruct traffic 통행을 막다
484	**aberrant** [əbérənt]	혱 정도에서 벗어난, 변종의 aberrant behavior 탈선 행위
485	**troublesome** [trʌ́blsəm]	혱 골치 아픈, 성가신 ㈜ bothersome a troublesome issue 골치 아픈 쟁점
486	**pivotal** [pívətl]	혱 중추적인, 요긴한 ㈜ critical a pivotal role 중추적인 역할
487	**electorate** [iléktərət]	몡 유권자 동 elect 뽑다 ㈜ voter
488	**incessant** [insésnt]	혱 끊임없는, 그칠 새 없는 몡 incessantness 끊임없음 an incessant activity 끊임없는 활동
489	**maltreat** [mæltríːt]	동 학대하다, 거칠게 다루다 몡 maltreatment 학대 maltreat prisoners 죄수를 학대하다
490	**hypocrite** [hípəkrit]	몡 위선자, 위선 혱 위선의 play the hypocrite 위선을 부리다
491	**lofty** [lɔ́(ː)fti]	혱 우뚝 솟은, 매우 높은 부 loftily 매우 높이 lofty mountains 우뚝 솟은 산
492	**volition** [voulíʃən]	몡 의지, 결단 of one's own volition 자기의 자유 의지로
493	**delve** [delv]	동 파고들다, 철저히 조사하다, 뒤지다 delve into the past 과거를 파고들다
494	**distend** [disténd]	동 팽창하다[시키다] 몡 distention 팽창 ㈜ swell a distended belly 부풀어 오른 배
495	**tenet** [ténit	tíːn-]	몡 주의, 교리 ㈜ doctrine a fundamental tenet 근본적인 주의
496	**discursive** [diskə́ːrsiv]	혱 산만한, 종잡을 수 없는 ㈜ desultory
497	**hoarse** [hɔːrs]	혱 목쉰, 허스키한 동 hoarsen 목쉬게 하다 ㈜ husky make oneself hoarse 목이 쉬다
498	**judicial** [dʒuːdíʃəl]	혱 사법의, 재판의 부 judicially 사법적으로 ㈜ legal judicial police 사법 경찰
499	**wily** [wáili]	혱 꾀가 많은, 교활한 부 wilily 약삭빠르게 a wily ambition 교활한 야망
500	**permissible** [pəːrmísəbl]	혱 허용할 수 있는 the maximum permissible dose 약의 최대 복용량

✦ 주어진 우리말 문장에 맞도록 알맞은 단어를 넣어 문장을 완성하시오. 정답 p.199

I am interested in the _____. 나는 주술에 관심이 있다.

It is obvious that they are in a _____. 그들이 곤경에 처해 있는 것은 분명하다.

His policy was _____ by the minority. 그의 정책은 소수파에 의해 막혔다.

She could not find any _____ RNA in that cell. 그녀는 그 세포에서 어떤 변종 RNA도 찾지 못했다.

His _____ back sometimes causes him pain. 그의 골칫거리인 등이 그를 가끔 아프게 한다.

Nelson Mandela played a _____ role for black people in his country getting equal rights.
넬슨 만델라는 고국에서 흑인들이 평등권을 가질 수 있도록 중추적인 역할을 했다.

More than 30 percent of the _____ opposes the candidate's policy.
30퍼센트 이상의 유권자들이 후보자의 정책을 반대한다.

She was tired of the _____ activity. 그녀는 끊임없는 활동에 지쳐 있었다.

Many people blamed him for _____ the children. 많은 사람들이 그가 아이들을 학대한 것에 대해 비난했다.

I am sure he plays the _____. 그가 위선을 부린다는 것을 확신한다.

It is sometimes necessary to have _____ but unrealistic goals.
때로는 원대하지만 비현실적인 목표를 갖는 것이 필요하다.

His strong _____ made everything possible. 그의 강한 의지는 모든 것을 가능케 했다.

She _____ into her handbag for a pen. 그녀는 펜을 찾기 위해 핸드백을 샅샅이 뒤졌다.

Habitually eating at night _____ his stomach. 밤에 습관적으로 식사를 한 것이 그의 위를 팽창시켰다.

Nonviolence was the fundamental _____ of Gandhi's philosophy.
비폭력이 간디 철학의 근본적인 주의였다.

Most children show _____ behavior. 대다수의 어린이들은 산만한 행동을 보인다.

She'll make herself _____ if she keeps screaming like that.
계속 저렇게 소리지르면 그녀는 목이 쉴 것이다.

Many people gathered and criticized the biased _____ system.
많은 사람들이 모여 편향된 사법 제도를 비판했다.

I am sure that he has planned to use the _____ trick. 나는 그가 약삭빠른 책략을 계획해 왔다고 확신한다.

It reduces emissions to one half of the _____ level.
그것은 배기 가스의 배출을 허용 기준치의 절반으로 줄인다.

DAY 13

501	**legacy** [légəsi]	명 유산, 유물 legacy tax 유증세	윤 bequest

502 deport [dipɔ́ːrt]
동 국외로 추방하다, (~ oneself) 처신하다, 행동하다
deport the criminals 범죄자를 국외로 추방하다

503 amoral [eimɔ́ːrəl]
형 도덕관념이 없는　반 moral 도덕적인　윤 immoral
an amoral approach to politics 정치에 대한 도덕관념이 없는 접근

504 authorize [ɔ́ːθəràiz]
동 허가하다, 인가하다　명 authorization 위임, 권한부여　윤 empower
authorized by usage 관례로 인가된

505 compulsory [kəmpʌ́lsəri]
형 강제적인, 의무적인　동 compel 강요하다
compulsory education 의무교육

506 connoisseur [kànəsə́ːr | kɔ̀nisə́ː-]
명 전문가, 감식가　윤 expert

507 abbreviate [əbríːvièit]
동 단축하다　명 abbreviation 줄임 윤 shorten
abbreviate "New York" to "NY" 'New York'을 'NY'로 줄이다

508 momentous [mouméntəs]
형 중대한　부 momentously 중대하게
a momentous decision 중대한 결정

509 jettison [dʒétəsn | -zn]
동 내던지다, 버리다　윤 abandon
jettison the plan 그 계획을 하지 않기로 하다

510 inadvertent [ìnədvə́ːrtnt]
형 우연의, 부주의한　명 inadvertence 부주의
an inadvertent mistake 무심코 저지른 실수

511 acquisition [æ̀kwəzíʃən]
명 획득, 습득　동 acquire 얻다 윤 gaining
the acquisition of rights 권리 획득

512 diatomic [dàiətámik | -tɔ́m-]
형 2원자의, 이원자의
diatomic molecules 2원자를 가진 분자

513 flattery [flǽtəri]
명 아첨, 아부　윤 compliment
phony flattery 엉터리 아첨

514 binoculars [bainákjulərs | bə-]
명 쌍안경

515 pliable [pláiəbl]
형 유연한　부 pliably 유연하게
a pliable way 유연한 방법

516 dilate [dailéit | di-]
동 넓어지다, 팽창하다　형 dilative 팽창하는 윤 expand
dilate with ~로 팽창하다

517 tardy [táːrdi]
형 더딘, 굼뜬
be tardy for school 학업에 뒤쳐지다

518 pneumonia [njuːmóunjə]
명 폐렴
chronic pneumonia 만성 폐렴

519 amorphous [əmɔ́ːrfəs]
형 일정한 모양이 없는, 애매한　윤 formless
an amorphous organization 비정형 조직체

520 falter [fɔ́ːltər]
동 비틀거리다, 말을 더듬다
falter over 더듬더듬 읽다

◆ 주어진 우리말 문장에 맞도록 알맞은 단어를 넣어 문장을 완성하시오. 정답 p.200

His uncle left him a _____ of $50,000. 그의 삼촌은 그에게 5만 달러의 유산을 남겼다.

She _____ herself like a lady. 그녀는 숙녀처럼 행동한다.

I disagree with an _____ approach to politics. 나는 도덕적 관념이 없는 정치적 접근법에 반대한다.

Only the president can _____ the use of atomic bombs.
오직 대통령만이 원자폭탄의 사용을 허가할 수 있다.

Most countries are applying _____ education until high school.
대다수의 나라들은 고등학교까지 의무교육을 적용하고 있다.

She's no _____ in that field. 그녀는 그 분야에서 전문가가 아니다.

Most people prefer to call Los Angeles LA, which is its _____ form.
대부분의 사람들은 로스앤젤레스를 줄인 형태인 LA로 부르기를 선호한다.

I am sure that it will be a _____ change for our company.
나는 그것이 우리 회사에 중대한 변화가 될 것이라고 확신한다.

It seems that government has _____ the plan. 정부가 그 계획을 하지 않기로 한 것으로 보인다.

With an _____ gesture, she swept the vase off the table and onto the floor.
그녀는 부주의한 동작으로 책상 위의 꽃병을 넘어뜨려 바닥에 떨어뜨렸다.

She devotes her time to the _____ of knowledge. 그녀는 지식 습득에 시간을 쏟았다.

If there are two atoms in the molecule, it is a _____ molecule.
한 분자 안에 두 개의 원자가 있으면 그것은 이원자 분자이다.

Our boss is extremely susceptible to _____. 우리 상사는 아첨에 매우 약하다.

My brother bought some expensive _____. 내 남동생은 비싼 쌍안경을 샀다.

Solve your problems in a _____ way. 유연한 방법으로 문제점들을 해결해라.

My eyes _____ with fear when I saw something moving in the dark.
어둠 속에서 움직이는 무언가를 보았을 때 내 눈은 두려움으로 커졌다.

I cannot believe that he is _____ for school. 나는 그가 학업에 뒤쳐진다는 사실을 믿을 수가 없다.

It seems that you have symptoms of _____. 당신에게 폐렴 증세가 있는 것처럼 보인다.

I can't understand his _____ plans. 나는 그의 모호한 계획을 이해할 수 없다.

She _____ toward the door in the dark. 그녀는 어둠 속에서 문을 향해 비틀거리며 갔다.

521	**theorize** [θí(ː)əràiz]	통 이론화하다	명 theorization 이론화
		theorize on people's behavior 사람들의 행동양식을 이론화하다	
522	**overt** [ouvə́ːrt]	형 명백한, 공공연한	분 overtly 명백하게 반 covert 은밀한 유 obvious
		an overt message 명백한 전언	
523	**autograph** [ɔ́ːtəgræf]	명 서명	형 autographic 자필의 유 signature
524	**omen** [óumən｜-men]	명 전조, 징조	형 ominous 불길한, 조짐이 나쁜
		be of good omen 조짐이 좋다	
525	**peruse** [pərúːz]	통 읽다, 통독하다	명 perusal 통독 유 read
		peruse the report 보고서를 읽다	
526	**lavatory** [lǽvətɔ̀ːri]	명 화장실	유 toilet
		a public lavatory 공중화장실	
527	**maturation** [mæ̀tʃuréiʃən]	명 원숙, 성숙	형 maturational 성숙기의
		maturation of self 자아의 성숙	
528	**snort** [snɔːrt]	통 콧김을 내뿜다, 콧방귀 뀌다 명 거센 콧김	
		give a snort of laughter 코웃음을 치다	
529	**submissive** [səbmísiv]	형 복종하는, 순종하는, 온순한 유 obedient	
		be submissive to advice 충고에 순종하다	
530	**congenial** [kəndʒíːnjəl]	형 마음이 맞는, 쾌적한	분 congenially 쾌적하게
		a congenial downtown area 쾌적한 도심 지역	
531	**diabetes** [dàiəbíːtis｜-tiːz]	명 당뇨병	
		the American Diabetes Association 미국 당뇨병 협회	
532	**supervise** [súːpərvàiz]	통 감독하다, 관리하다	명 supervision 감독 유 control
		supervise criminals 범죄자를 감독하다	
533	**combative** [kəmbǽtiv｜kʌ́mbət-｜kʌ́m-]	형 투쟁적인, 호전적인	명 combat 전투
		a combative attitude 투쟁적인 태도	
534	**tacit** [tǽsit]	형 무언의, 암묵의	분 tacitly 암묵적으로 유 implicit
		tacit support 무언의 지지	
535	**impudent** [ímpjudnt]	형 뻔뻔스러운, 염치없는	유 cheeky
		an impudent child 건방진 아이	
536	**formidable** [fɔ́ːrmidəbl]	형 만만치 않은, 무서운	
		a formidable enemy 만만치 않은 적	
537	**heterodox** [hétərədàks｜-dɔ̀ks]	형 이교의, 이단의	반 orthodox 정설의
		a heterodox opinion 이견	
538	**inextricable** [inékstrikəbl]	형 탈출할 수 없는, 풀리지 않는	반 extricable 구출할 수 있는
		an inextricable maze 빠져나갈 수 없는 미로	
539	**aggrandize** [əgrǽndaiz｜ǽgrəndàiz]	통 과장하다, 확장하다	명 aggrandizement 과장, 확장 유 elevate
		aggrandize oneself 자화자찬하다	
540	**extempore** [ikstémpəri]	분 그 자리에서, 즉흥으로	유 offhand
		speak extempore 즉흥적으로 연설하다	

✦ 주어진 우리말 문장에 맞도록 알맞은 단어를 넣어 문장을 완성하시오. 정답 p.200

If you observe people's behavior, you can _____ what's going on in their minds.
사람들의 행동양식을 관찰하면 그들이 머릿속으로 무슨 생각을 하는지 이론화 할 수 있다.

People in the village showed _____ hostility to the strangers.
마을 사람들은 그 낯선 사람들에게 명백한 적대감을 보였다.

My daughter tried to get the _____ of some famous singer.
내 딸은 어느 유명 가수의 사인을 받으려고 했다.

Some birds are thought to be good _____. 어떤 새들은 좋은 징조로 여겨 진다.

My father _____ the newspaper as he drinks tea every morning.
우리 아빠는 매일 아침 차를 마시면서 신문을 읽으신다.

I can't find any sign indicating a _____. 화장실 표시를 찾을 수가 없어요.

It surely is a turning point in the political _____ of our country.
그것은 분명히 우리나라의 정치적 성숙을 보여줄 수 있는 전환점이다.

I could hear the _____ and stamping of a horse.
나는 말이 콧김을 내뿜는 소리와 발구르는 소리를 들을 수 있었다.

She followed him like a _____ child. 그녀는 온순한 아이처럼 그를 따랐다.

In most big cities, there is a _____ downtown place for people to congregate.
대부분의 대도시에는 사람들이 모이기 좋아하는 쾌적한 도심 지역이 있다.

People with _____ produce insufficient insulin. 당뇨병 환자들은 불충분한 인슐린을 생성한다.

My duty is to _____ criminals. 나의 임무는 범죄자들을 감독하는 것이다.

Some people have a _____ attitude towards his policy.
어떤 사람들은 그의 정책에 호전적인 태도를 보인다.

My father's _____ support gave me strength that I could finish my studies.
아버지의 무언의 지지는 내게 공부를 마칠 수 있는 힘을 주었다.

I couldn't accept her _____ behavior. 나는 그녀의 뻔뻔스러운 행위를 받아들일 수 없었다.

It turned out to be a _____ task. 그것은 만만치 않은 일로 판명났다.

Her theology took a distinctly _____ form. 그녀의 신학은 명백히 이단적인 형태를 띠었다.

The gum in her hair caused an _____ knot which had to be cut out.
그녀의 머리에 붙은 껌이 잘라야만 하는 풀리지 않는 매듭을 초래했다.

In the speech, he _____ his achievements. 연설에서 그는 자신의 업적을 과장했다.

The participants will have to speak _____ for two minutes.
참가자들은 2분 동안 즉흥적으로 연설을 해야 할 것이다.

DAY 14

541	**diurnal** [daiə́:rnl]	형 매일의, 낮의 diurnal work 매일 하는 일	부 diurnally 날마다 반 nocturnal 야간의 유 daily
542	**prevalence** [prévələns]	명 유행, 널리 퍼짐	동 prevail 유행하다
543	**resemblance** [rizémbləns]	명 유사, 닮음 bear some resemblance to ~을 약간 닮다	동 resemble 닮다 유 likeness
544	**oath** [ouθ]	명 맹세, 선서 an oath of office 취임 선서	유 promise
545	**arbitrary** [á:rbətrèri ǀ -trəri]	형 임의의, 멋대로인 an arbitrary decision 임의의 결정	유 random
546	**exhort** [igzɔ́:rt]	동 간곡히 타이르다 exhort a person to repent ~에게 회개하도록 간곡히 타이르다	명 exhortation 간곡한 권고
547	**banal** [bənǽl ǀ bəná:l]	형 진부한, 평범한 a banal thought 진부한 생각	유 commonplace
548	**treason** [trí:zn]	명 배반, 반역(죄) high treason 대역죄	유 betrayal
549	**impartial** [impá:rʃəl]	형 치우치지 않은, 공정한 impartial judgment 공정한 판결	부 impartially 공정하게 반 partial 불공평한
550	**piety** [páiəti]	명 경건 live in piety 경건하게 살다	형 pious 경건한
551	**mutation** [mju:téiʃən]	명 돌연변이	동 mutate 돌연변이하다
552	**infectious** [infékʃəs]	형 전염병의, 전염성의 an infectious disease 전염병	명 infectiousness 전염성
553	**irresolute** [irézəlù:t]	형 결단력이 없는, 우유부단한 be irresolute 결심하지 못하고 있다	
554	**adornment** [ədɔ́:rnmənt]	명 꾸미기, 장식 personal adornments 장신구	유 decoration
555	**periodical** [pìəriádikəl ǀ -ɔ́d-]	형 정기간행의 명 정기간행물 periodical publications 정기출판물	명 period 기간
556	**uptight** [ʌ́ptáit]	형 초조해하는, 긴장한 uptight about ~에 대해 초조해하는	
557	**enlightenment** [inláitnmənt ǀ en-]	명 계발, 계몽 spiritual enlightenment 정신적 계몽	유 illumination
558	**playwright** [pléiràit]	명 극작가 a famous playwright 유명한 극작가	
559	**indignant** [indígnənt]	형 분개한, 성난 be indignant with ~에 분개하다	명 indignation 분개 유 angry
560	**cryptic** [kríptik]	형 숨은, 수수께끼 같은 cryptic words 숨은 의미를 가진 단어	부 cryptically 비밀로 유 hidden

◆ 주어진 우리말 문장에 맞도록 알맞은 단어를 넣어 문장을 완성하시오. 정답 p.200

My father is tired of _____ work. 우리 아빠는 매일 하는 일에 지치셨다.

She was surprised by the _____ of pessimism about the future.
그녀는 미래에 대한 비관론이 확산된 것에 놀랐다.

My friends say that I bear little _____ to my parents. 친구들은 내가 부모님을 거의 닮지 않았다고 말한다.

Before giving evidence, witnesses in court have to take the _____.
증거를 대기 전에 법정에서 증인은 선서를 해야 한다.

It was an _____ decision to choose red instead of blue.
파란색 대신 빨간색을 고른 것은 그녀 멋대로의 결정이었다.

I _____ him to finish his studies. 나는 그가 공부를 끝내도록 간곡히 타일렀다.

She found her life very _____ and ordinary.
그녀는 자신의 삶이 매우 진부하고 평범하다는 것을 발견했다.

In trust is _____. 《속담》 믿는 도끼에 발등 찍힌다.

Reporters should put great importance on _____ reporting.
기자들은 공정한 보도에 중점을 두어야 한다.

My father lived in _____. 내 아버지는 경건하게 사셨다.

Some scholars say that _____ have been the key to survival.
어떤 학자들은 돌연변이가 생존의 열쇠였다고 말한다.

One stranger spread an _____ disease in town, so hundreds of people died from it.
한 낯선이가 전염병을 마을에 퍼뜨렸으며 수백 명의 사람들이 그로 인해 사망했다.

I don't like being _____. 나는 우유부단한 것이 싫다.

It was a room without any _____. 그곳은 장식이 전혀 없는 방이었다.

I expect _____ reports from you. 나는 너의 정기적인 보고서를 기대한다.

She got _____ about her exams. 그녀는 시험 때문에 초조해졌다.

In world history class, they learned about the European _____.
세계사 시간에 그들은 유럽 계몽운동에 대해 배웠다.

Shakespeare was a great _____. 셰익스피어는 위대한 극작가였다.

My mom is _____ with me because I didn't clean up my room.
엄마는 내가 방을 청소하지 않아서 화가 나셨다.

Some words can have _____ meanings. 어떤 단어들은 숨은 의미가 있을 수 있다.

A 우리말과 같은 뜻이 되도록 빈칸에 들어갈 알맞은 단어를 적으시오.

❶ _____ over (더듬더듬 읽다)

❷ an _____ disease (전염병)

❸ an _____ of office (취임 선서)

❹ personal _____ (장신구)

❺ a public _____ (공중화장실)

❻ a fundamental _____ (근본적인 주의)

❼ _____ by usage (관례로 인가된)

❽ give a _____ of laughter (코웃음을 치다)

❾ spiritual _____ (정신적 계몽)

❿ a famous _____ (유명한 극작가)

B 다음 괄호 안의 지시대로 주어진 단어를 변형시키고 그 뜻을 적으시오.

	변형	뜻
❶ hoarse (동사형으로) →	_____	_____
❷ compulsory (동사형으로) →	_____	_____
❸ acquisition (동사형으로) →	_____	_____
❹ dilate (형용사형으로) →	_____	_____
❺ omen (형용사형으로) →	_____	_____
❻ peruse (명사형으로) →	_____	_____
❼ combative (명사형으로) →	_____	_____
❽ resemblance (동사형으로) →	_____	_____
❾ piety (형용사형으로) →	_____	_____
❿ indignant (명사형으로) →	_____	_____

C　다음 영영풀이에 해당하는 단어를 보기에서 골라 적으시오.

보기	abbreviate	arbitrary	tardy	irresolute	banal
	submissive	permissible	flattery	aberrant	pliable

① that can be permitted; allowable ➡ _____

② excessive praise; the act of the flattering ➡ _____

③ easily bent; flexible ➡ _____

④ late; behind time; not on time ➡ _____

⑤ inclined or ready to comfort to the authority ➡ _____

⑥ subject to individual will or judgment without restriction ➡ _____

⑦ devoid of freshness or originality; hackneyed ➡ _____

⑧ not resolute; doubtful; infirm of purpose ➡ _____

⑨ deviating from the ordinary, usual, or normal type; exceptional; abnormal

➡ _____

⑩ to shorten a word or phrase by omitting letters, substituting shorter forms, etc.

➡ _____

D　우리말과 같은 뜻이 되도록 주어진 문장의 빈칸을 완성하시오.

① 그녀는 끊임없는 활동에 지쳐 있었다. ➡ She was tired of the _____ activity.

② 때로는 원대하지만 비현실적인 목표를 갖는 것이 필요하다.

➡ It is sometimes necessary to have _____ but unrealistic goals.

③ 많은 사람들이 모여 편향된 사법 제도를 비판했다.

➡ Many people gathered and criticized the biased _____ system.

④ 그녀는 숙녀처럼 행동한다. ➡ She _____ herself like a lady.

⑤ 그녀는 부주의한 동작으로 책상 위의 꽃병을 넘어뜨려 바닥에 떨어뜨렸다.

➡ With an _____ gesture, she swept the vase off the table and onto the

floor.

⑥ 내 남동생은 비싼 쌍안경을 샀다. → My brother bought some expensive _____ .

⑦ 그것은 분명히 우리나라의 정치적 성숙을 보여줄 수 있는 전환점이다.

→ It surely is a turning point in the political _____ of our country.

⑧ 당뇨병 환자들은 불충분한 인슐린을 생성한다.

→ People with _____ produce insufficient insulin.

⑨ 참가자들은 2분 동안 즉흥적으로 연설을 해야 할 것이다.

→ The participants will have to speak _____ for two minutes.

⑩ 나는 너의 정기적인 보고서를 기대한다.

→ I expect _____ reports from you.

E 문장의 밑줄 친 부분에 해당하는 유의어 혹은 반의어를 보기에서 골라 적으시오.

보기	critical	moral	hidden	uncongenial	blocked
	daily	obvious	partial	orthodox	voter

❶ His policy was <u>obstructed</u> by the minority. 유의어 = _____

❷ I disagree with an <u>amoral</u> approach to politics. 반의어 ↔ _____

❸ People in the village showed <u>overt</u> hostility to the strangers.

유의어 = _____

❹ I don't know the definition of a <u>heterodox</u> church. 반의어 ↔ _____

❺ My father is tired of <u>diurnal</u> work. 유의어 = _____

❻ Reporters should put great importance on <u>impartial</u> reporting.

반의어 ↔ _____

❼ Some words can have <u>cryptic</u> meanings. 유의어 = _____

❽ Nelson Mandela played a <u>pivotal</u> role for black people in his country getting equal

rights. 유의어 = _____

❾ More than 30 percent of the <u>electorate</u> opposes the candidate's policy.

유의어 = _____

❿ In most big cities, there is a <u>congenial</u> downtown place for people to congregate.

반의어 ↔ _____

F 영어발음을 듣고 영어단어를 적은 후, 우리말 뜻을 적으시오.

	영어	우리말		영어	우리말
❶	_____	_____	❽	_____	_____
❷	_____	_____	❾	_____	_____
❸	_____	_____	❿	_____	_____
❹	_____	_____	⓫	_____	_____
❺	_____	_____	⓬	_____	_____
❻	_____	_____	⓭	_____	_____
❼	_____	_____	⓮	_____	_____

G 영어문장을 듣고 빈칸에 들어갈 단어를 채워 문장을 완성하시오.

❶ His _____ back sometimes causes him pain.

❷ I am sure he plays the _____.

❸ She _____ into her handbag for a pen.

❹ I am sure that it will be a _____ change for our company.

❺ My father's _____ support gave me strength that I could finish my studies.

❻ It turned out to be a _____ task.

❼ One stranger spread an _____ disease in town, so hundreds of people died from it.

❽ She found her hair in an _____ tangle.

❾ Most countries are applying _____ education until high school.

❿ She devotes her time to the _____ of knowledge.

⓫ Some birds are thought to be good _____.

⓬ My father _____ the newspaper as he drinks tea every morning.

⓭ My friends say that I bear little _____ to my parents.

⓮ My mom is _____ with me because I didn't clean up my room.

⓯ She could not find any _____ RNA in that cell.

⓰ It reduces emissions to one half of the _____ level.

DAY 15

DAY 15
표제어 듣기

561	**temperate** [témpərət]	형 도를 넘지 않는, 절제하는 be temperate in ~을 절제하다	명 temperance 절제 유 moderate
562	**void** [vɔid]	형 텅 빈, 공허한 a void space 공간	유 empty
563	**habituate** [həbítʃuèit|-tju-]	동 길들이다 habituate oneself to ~에 익숙해지다	명 habit 습관
564	**pensive** [pénsiv]	형 생각에 잠긴 look pensive 생각에 잠긴 듯이 보이다	유 thoughtful
565	**hypocritical** [hìpəkrítikəl]	형 위선적인 a hypocritical person 위선적인 사람	부 hypocritically 위선적으로
566	**chromosome** [króuməsòum]	명 염색체 X chromosome X 염색체	형 chromosomal 염색체의
567	**propaganda** [prὰpəgǽndə|prɔ̀p-]	명 선전 make propaganda for ~을 선전하다	
568	**fervent** [fə́:rvənt]	형 열렬한 fervent love 열렬한 사랑	명 fervor 열렬
569	**ambient** [ǽmbiənt]	형 주위의, 포위하는 an ambient air 대기	
570	**novelty** [nάvəlti|nɔ́v-]	명 진기함, 신기함	형 novel 신기한
571	**nocturnal** [nɑktə́:rnl|nɔk-]	형 야행성의, 밤의 a nocturnal animal 야행성 동물	반 diurnal 주간에 활동하는, 낮의
572	**exacerbate** [igzǽsərbèit|eksǽs-]	동 악화시키다 exacerbate the tension 긴장을 악화시키다	유 worsen
573	**visage** [vízidʒ]	명 얼굴, 외관 a stern visage 엄한 얼굴	
574	**coarse** [kɔ:rs]	형 거친, 조잡한 coarse cloth 거친 옷감	부 coarsely 조잡하게 유 crude
575	**strenuous** [strénjuəs]	형 분투를 요하는, 격렬한 a strenuous effort 엄청난 노력	부 strenuously 맹렬하게
576	**demonic** [di:mάnik|-mɔ́n-]	형 악마의 demonic powers 악마의 힘	명 demon 악마 유 devilish
577	**decent** [dí:snt]	형 괜찮은, 점잖은 a decent life 남부럽지 않은 삶	반 unsatisfactory 불만족스러운, indecent 단정하지 못한
578	**fiery** [fáiəri]	형 불타는 fiery desert sands 사막의 불타는 모래	유 burning
579	**detest** [ditést]	동 몹시 싫어하다 detest being photographed 사진 찍히는 것을 몹시 싫어하다	유 loathe
580	**pacify** [pǽsəfài]	동 진정시키다 pacify an angry person 화난 사람을 진정시키다	명 pacification 화해

◆ 주어진 우리말 문장에 맞도록 알맞은 단어를 넣어 문장을 완성하시오. 정답 p.201

One thing he has to do to lose weight is to be _____ when he eats.
그가 살을 빼기 위해 해야 하는 한 가지는 먹는 것을 절제하는 것이다.

It was a story _____ of meaning. 그것은 의미 없는 이야기였다.

She _____ herself to the cold climate. 그녀는 찬 기후에 익숙해졌다.

She cast a _____ glance toward her house. 그녀는 자신의 집을 생각에 잠긴 눈으로 흘긋 보았다.

Sometimes her behavior makes me wonder whether she is a _____ person or not.
때때로 그녀의 행동이 나로 하여금 그녀가 위선적인 사람인지 아닌지를 궁금하게 만든다.

Male bodies contain both X and Y _____. 남자의 몸은 X 와 Y 염색체 둘 다 가지고 있다.

It will have a tremendous _____ effect. 그것은 대단한 선전 효과를 가질 것이다.

He has a _____ desire to win. 그는 승리에 대한 열망이 있다.

He could hear the _____ sounds of children over the phone.
그는 전화를 통해서 주위의 아이들 소리를 들을 수 있었다.

It was fun working there at first but the _____ soon wore off.
처음에 그곳에서 일하는 것이 즐거웠지만 신기함은 곧 사라졌다.

Owls are _____ since they are active at night. 부엉이들은 밤에 활동하기 때문에 야행성이다.

It would just _____ the situation. 그것은 상황을 단지 악화시킬 것이다.

He has a smiling _____. 그는 웃는 얼굴을 하고 있다.

She couldn't tolerate the workers' _____ jokes. 그녀는 일꾼들의 거친 농담을 참을 수 없었다.

The _____ effort made by them will be remembered by everybody.
그들의 엄청난 노력은 모든 사람들에 의해 기억될 것이다.

People called it _____ possession since he behaved strangely.
그가 이상하게 행동했기 때문에 사람들은 그것을 악마의 소유물이라고 불렀다.

It has been a long time since I saw a _____ Hollywood comedy.
괜찮은 할리우드 코미디를 본 게 정말 오랜만이다.

Jane has _____ red hair. 제인은 불타는 붉은 머리카락을 가지고 있다.

She _____ talking to strangers at parties. 그녀는 파티에서 낯선 사람들과 이야기하는 것을 몹시 싫어한다.

That woman is good at _____ angry people. 그녀는 화난 사람을 진정시키는 것을 잘한다.

DAY 15

581	**oracle** [ɔ́(:)rəkl│άr-]	명 신탁소 the oracle at Delphi 델피에 있는 신탁소	형 oracular 신탁의
582	**mangle** [mæŋgl]	동 망가뜨리다 get mangled 엉망이 되다	유 spoil
583	**zenith** [zíːniθ│zén-]	명 정점, 천정 at the zenith of ~의 정점에	
584	**awe** [ɔː]	명 경외 in awe 경외하면서	형 awesome 경외케 하는, 멋진 유 reverence
585	**probation** [proubéiʃən│prə-]	명 집행유예 be put on probation for 1 year 1년의 집행유예를 선고받다	형 probationary 집행유예의
586	**zest** [zest]	명 열정, 흥미 zest for life 삶에 대한 열정	형 zestful 열정적인 유 enthusiasm
587	**ferment** [fə́ːrment]	동 발효시키다 fermented drinks 발효 음료	
588	**shrewd** [ʃruːd]	형 예리한, 빈틈없는 a shrewd politician 빈틈없는 정치인	유 astute
589	**rebellious** [ribéljəs]	형 반항적인 a rebellious teenager 반항적인 십대	명 rebellion 반항, 반역 유 defiant
590	**assault** [əsɔ́ːlt]	명 습격 make an assault on ~을 강습하다	형 assaultable 공격할 수 있는 유 attack
591	**sanitation** [sæ̀nətéiʃən]	명 공중 위생, 위생 설비 poor sanitation 형편없는 위생 설비	
592	**inflect** [inflékt]	동 어미를 변화시키다, 굴절시키다 inflect a noun 명사의 어미를 변화시키다	
593	**eligible** [élidʒəbl]	형 적격의, 적임의 be eligible to ~할 자격이 있다	유 entitled
594	**undergraduate** [ʌ̀ndərgrǽdʒuət│-èit]	명 대학생 형 대학(생)의 a biology undergraduate 생물학 학부생	
595	**approximate** [əprάksəmèit│-rɔ́k-]	형 대략의 an approximate number 대략의 수	부 approximately 대략
596	**shudder** [ʃʌ́dər]	동 떨다, 오싹하다 명 오싹함 shudder with cold 추위로 몸을 떨다	유 shake
597	**deference** [défərəns]	명 복종, 경의 blind deference 맹종	
598	**requisite** [rékwəzit]	형 필요한, 필수의, 불가결한 the skills requisite for a job 직무에 필요한 기능	동 require 필요로 하다
599	**profound** [prəfáund]	형 깊은, 심원한 profound knowledge 박식	부 profoundly 깊이 유 deep
600	**ratify** [rǽtəfài]	동 비준하다, 승인하다 ratify an agreement 합의를 비준하다	명 ratification 비준 유 approve

◆ 주어진 우리말 문장에 맞도록 알맞은 단어를 넣어 문장을 완성하시오. 정답 p.201

People go to the _____ to ask the gods for advice about the future.
사람들은 미래에 대한 조언을 신에게 물어보기 위해 신탁소에 간다.

Its body was _____ beyond recognition. 그것의 본체는 알아차릴 수 없을 정도로 망가졌다.

She has passed her _____. 그녀는 정점을 넘겼다.

She gazed in _____ at the great monument. 그녀는 위대한 기념비를 경외하면서 바라보았다.

The accused was put on _____ for 1 year. 그 피고인은 집행유예 1년을 선고받았다.

People thought of him as a person who had a great _____ for life.
사람들은 그를 삶에 대단한 열정을 지닌 사람으로 여겼다.

Kimchi is the best _____ food of all. 김치는 최고의 발효 식품이다.

She is a _____ judge of character. 그녀는 성격을 판단하는 데 예리하다.

She has a hard time dealing with her _____ teenage daughter.
그녀는 반항적인 십대의 딸을 다루는 데 애를 먹고 있다.

The allies made an _____ on the enemy. 연합군이 적군을 강습했다.

Poor _____ is the cause of the disease prevalent in this town.
형편 없는 위생 설비가 이 마을에 널리 퍼진 질병의 원인이다.

Korean is quite an _____ language. 한국어는 어미가 상당히 굴절되는 언어다.

She is _____ for that post. 그녀는 그 직책에 적임자이다.

She is an _____ majoring in history. 그녀는 역사를 전공하는 학부생이다.

The _____ number of captives was unknown. 인질들의 대략적인 수는 알려지지 않았다.

Remembering the car accident I saw this morning makes me _____.
오늘 아침에 보았던 자동차 사고의 기억은 나를 오싹하게 한다.

Korean people bow down to show _____ to their elders.
한국 사람들은 윗사람들에게 경의를 표하기 위해 고개를 숙여 인사한다.

She lacks the _____ experience for the job. 그녀는 그 일을 하는 데 필요한 경험이 부족하다.

She lamented the death of her only son with _____ grief.
그녀는 깊은 슬픔에 젖어 하나밖에 없는 아들의 죽음을 슬퍼했다.

The assembly _____ the agreement. 국회가 합의를 비준했다.

DAY 16
표제어 듣기

| 601 | **saliva** [səláivə] | 圓 침, 타액 | 웹 salivary 타액의 윤 spit |
| | | helpful saliva 도움이 되는 침 | |

| 602 | **contemptuous** [kəntémptʃuəs] | 웹 남을 얕잡아보는 | 圓 contempt 멸시 |
| | | be contemptuous of ~를 멸시하다 | |

| 603 | **dictum** [díktəm] | 圓 (전문가의) 의견, 격언 | |
| | | the remarkable dictum of Adam Smith 아담 스미스의 유명한 격언 | |

| 604 | **incense** [ínsens] | 圓 향 | |
| | | burn incense 향을 피우다 | |

| 605 | **gulp** [gʌlp] | 圄 꿀꺽꿀꺽 마시다 | 團 gulpingly 꿀꺽꿀꺽 윤 swallow |
| | | gulp down water 물을 꿀꺽꿀꺽 마시다 | |

| 606 | **scripture** [skríptʃər] | 圓 성전, 경전 | 웹 scriptural 성서의 |
| | | Islamic scripture 회교의 성전 | |

| 607 | **detract** [ditrǽkt] | 圄 떨어뜨리다, 손상시키다 | |
| | | detract from the value 가치를 손상시키다 | |

| 608 | **muffle** [mʌfl] | 圄 싸다, 덮다 | |
| | | muffle one's neck with a scarf 스카프로 목을 감싸다 | |

| 609 | **photogenic** [fòutədʒénik] | 웹 사진촬영에 적합한, 사진이 잘 받는 | |
| | | a photogenic person 사진이 잘 받는 사람 | |

| 610 | **placid** [plǽsid] | 웹 평온한, 잔잔한 | 圓 placidity 평온 윤 serene |

| 611 | **vile** [vail] | 웹 몹시 불쾌한 | 윤 foul |
| | | a vile smell 몹시 불쾌한 냄새 | |

| 612 | **wretched** [rétʃid] | 웹 비참한, 불쌍한 | 團 wretchedly 비참하게 |
| | | a wretched life 처참한 생활 | |

| 613 | **outdo** [àutdú:] | 圄 ~보다 낫다, 능가하다 | |
| | | outdo a competitor 경쟁자를 물리치다 | |

| 614 | **conceit** [kənsí:t] | 圓 자부심, 자만 | 団 humility 겸손 |
| | | be full of conceit 한껏 자만에 빠져 있다 | |

| 615 | **subjugation** [sʌbdʒugéiʃən] | 圓 정복, 예속 | 圄 subjugate 예속시키다 윤 conquer |

| 616 | **harass** [hǽrəs | hərǽs] | 圄 괴롭히다 | 圓 harassment 괴롭힘 윤 bother |
| | | be harassed by debts 빚에 시달리다 | |

| 617 | **malicious** [məlíʃəs] | 웹 악의 있는 | 団 benevolent 자비로운, 선의의 |
| | | a malicious rumor 악의 있는 소문 | |

| 618 | **cogent** [kóudʒənt] | 웹 사람을 납득시키는 | 圓 cogency 타당성 |
| | | a cogent argument 납득할 만한 주장 | |

| 619 | **feeble** [fí:bl] | 웹 나약한 | 團 feebly 약하게 윤 weak |
| | | a feeble attempt 미약한 시도 | |

| 620 | **benign** [bináin] | 웹 인자한, 상냥한 | 團 benignly 친절하게 윤 nice |
| | | a benign smile 인자한 미소 | |

✦ 주어진 우리말 문장에 맞도록 알맞은 단어를 넣어 문장을 완성하시오. 정답 p.201

_____ is continuing to run down the baby's chin.
침이 멈추지 않고 아기의 턱 아래로 흘러내리고 있다.

Let's not be _____ of people of color. 유색인종을 멸시하지 말자.

They made an official _____ on the changes in government policy.
그들은 정부 정책의 변경에 대해 공식적인 의견을 표했다.

She lit some _____ and prayed in the temple. 그녀는 향을 피우고 절에서 기도를 했다.

The athlete _____ down the water. 그 선수는 물을 꿀꺽꿀꺽 마셨다.

_____ serves as a tool for people to lead their lives. 성전은 사람들의 삶을 이끄는 도구 역할을 한다.

Let's not _____ from the message of his speech. 그의 연설 메시지를 격하시키지 말자.

She _____ the child up in a blanket. 그녀는 아이를 담요로 쌌다.

She looks so pretty in pictures. She is so _____. 그녀는 사진에서 참 예뻐 보인다. 그녀는 사진이 잘 받는다.

The atmosphere seemed _____. 분위기는 평온한 것 같았다.

Serving the food with a _____ taste degraded the restaurant's reputation.
몹시 불쾌한 맛의 음식을 제공한 것이 그 식당의 명성을 떨어뜨렸다.

Looking back on his _____ past, he cried. 그는 비참했던 과거를 돌아보며 울었다.

She _____ all her classmates. 그녀는 모든 학우들을 앞질렀다.

She thought he was full of _____. 그녀는 그가 한껏 자만에 빠졌다고 생각했다.

The barbarians' _____ continued for several hundred years.
그 야만인들의 정복은 수백 년간 지속되었다.

She confesses that she has been _____ by anxiety lately.
그녀는 최근에 근심에 시달려 왔다고 고백한다.

_____ program makers will be prosecuted for the first time in Korea.
한국에서는 처음으로 악성 프로그램 제작자가 기소될 것이다.

She put forward some _____ reasons for abandoning the plan.
그녀는 계획을 취소하는 데 납득할 만한 이유들을 내놓았다.

She said that he was old and _____. 그녀는 그가 늙고 나약하다고 말했다.

Her _____ smile warmed the hearts of the nervous soldiers.
그녀의 인자한 미소가 긴장한 군인들의 마음을 따뜻하게 했다.

DAY 16

621	**figurative** [fígjurətiv]	혱 비유적인, 은유의 a figurative expression 비유적 표현	
622	**calamity** [kəlǽməti]	명 큰 재난 a miserable calamity 처참한 재난	유 misfortune
623	**tuition** [tju:íʃən]	명 교습, 수업료 tuition fees 수업료	혱 tuitional 교수의 유 training
624	**contrite** [kəntráit│kántrait│kɔ́n-]	혱 뉘우치는, 참회의 contrite tears 참회의 눈물	명 contriteness 참회 유 repentant
625	**implementation** [ìmpləməntéiʃən]	명 이행, 수행	동 implement 이행하다
626	**absolution** [æ̀bsəlú:ʃən]	명 면죄, 방면, 용서 give absolution 용서하다	동 absolve 면제하다 유 forgiveness
627	**acclaim** [əkléim]	동 갈채하다, 환호하다 명 갈채, 환호 in a position of acclaim 박수받을 자리에	유 celebrate
628	**sprinkle** [spríŋkl]	동 흩뿌리다 sprinkle some salt 소금을 뿌리다	유 scatter
629	**preempt** [pri(:)émpt]	동 미연에 방지하다 preempt pain by taking a painkiller 진통제를 먹어 통증을 미연에 방지하다	명 preemption 선취
630	**specious** [spí:ʃəs]	혱 그럴듯한, 외양만 좋은 a specious excuse 그럴듯한 핑계	부 speciously 그럴듯하게
631	**embroidery** [imbrɔ́idəri│em-]	명 수놓기, 자수 a piece of embroidery 자수품	동 embroider 수놓다
632	**homage** [hámidʒ│hɔ́m-]	명 경의, 존경 pay homage 경의를 표하다	유 respect
633	**swindle** [swíndl]	동 사기쳐서 빼앗다 swindle someone out of money ~를 사기쳐서 돈을 빼앗다	
634	**exorbitant** [igzɔ́:rbətənt]	혱 터무니 없는, 과도한 exorbitant prices 터무니 없는 가격	부 exorbitantly 터무니 없이 유 excessive
635	**defraud** [difrɔ́:d]	동 횡령하다, 속여서 빼앗다	명 defraudation 사취
636	**ecstasy** [ékstəsi]	명 무아의 경지, 황홀경 in an ecstasy of joy 미칠 듯이 기뻐하여	혱 ecstatic 무아지경의 유 rapture
637	**inept** [inépt]	혱 서투른 be inept 서투르다	부 ineptly 서투르게 반 skillful
638	**reagent** [ri:éidʒənt]	명 시약, 반응물 a reagent bottle 시약병	
639	**delegate** 명[déligət] 동[déligèit]	명 대표자 동 (대표로) 파견하다 유 representative appoint a delegate 대표자를 임명하다	
640	**impediment** [impédəmənt]	명 장애, 방해 a major impediment 큰 장애	동 impede 방해하다 유 obstacle

◆ 주어진 우리말 문장에 맞도록 알맞은 단어를 넣어 문장을 완성하시오. 정답 p.201

She described me as a princess in a _____ expression. 그녀는 은유적인 표현으로 나를 공주로 묘사했다.

Many Asian countries were hit by a series of _____ such as the SARS epidemic.
많은 아시아 국가들이 사스와 같은 전염병의 큰 재난의 연속으로 타격을 입었다.

She received private _____ in French. 그녀는 프랑스어 개인 교습을 받았다.

She tried to look _____. 그녀는 뉘우치는 것처럼 보이려고 애썼다.

The boss checked on the _____ of the project. 사장이 그 프로젝트의 이행을 점검했다.

She gave him _____ for his sin of deceiving her. 그녀는 그녀를 속인 그의 죄를 용서했다.

Many people _____ him king. 많은 사람들이 환호 속에 그를 왕으로 맞이하였다.

She _____ water on the flowers. 그녀는 꽃에 물을 흩뿌렸다.

She tried to _____ a headache with a painkiller at the first warning sign.
그녀는 두통의 조짐이 처음 보이자 진통제로 두통을 미연에 방지하려고 노력했다.

The boy gave _____ excuses to his teacher to avoid punishment.
그 소년은 벌을 피하기 위해 선생님에게 그럴듯한 핑계를 댔다.

She gave me a beautiful piece of _____ as a present. 그녀는 나에게 아름다운 자수품을 선물로 주었다.

Many people pay _____ to the genius of Mozart. 많은 사람들이 모차르트의 천재성에 경의를 표한다.

She _____ the customers who trusted her. 그녀는 자신을 믿었던 고객들에게 사기를 쳐서 돈을 빼앗았다.

She wanted to buy a pretty dress for her prom, but the price was _____.
그녀는 무도회를 위해 예쁜 드레스를 사고 싶었지만 가격이 터무니 없었다.

The burglar _____ the boy out of his money. 강도가 소년에게서 돈을 속여 빼앗아갔다.

She screamed in an _____ of joy. 그녀는 너무나 기뻐서 비명을 질렀다.

Many people think he is _____ and lacks the intelligence to govern.
많은 사람들은 그가 통치하기에는 서투르고 지력이 부족하다고 생각한다.

She used it as a chemical _____. 그녀는 그것을 화학 시약으로 사용했다.

She was appointed as Korea's _____ to the UN. 그녀는 유엔에 한국 대표로 임명되었다.

The case is becoming a major _____ to the relationship between the two nations.
그 사건은 두 나라 간의 관계에 큰 장애가 되고 있다.

A 우리말과 같은 뜻이 되도록 빈칸에 들어갈 알맞은 단어를 적으시오.

① _____ cloth (거친 옷감)

② burn _____ (향을 피우다)

③ _____ drinks (발효 음료)

④ at the _____ of (~의 정점에)

⑤ a _____ politician (빈틈없는 정치인)

⑥ a biology _____ (생물학 학부생)

⑦ _____ with cold (추위로 몸을 떨다)

⑧ _____ down water (물을 꿀꺽꿀꺽 마시다)

⑨ _____ a delegate (대표자를 임명하다)

⑩ _____ from the value (가치를 손상시키다)

B 다음 괄호 안의 지시대로 주어진 단어를 변형시키고 그 뜻을 적으시오.

	변형	뜻
① temperate (명사형으로) →	_____	_____
② fervent (명사형으로) →	_____	_____
③ novelty (형용사형으로) →	_____	_____
④ strenuous (부사형으로) →	_____	_____
⑤ pacify (명사형으로) →	_____	_____
⑥ requisite (동사형으로) →	_____	_____
⑦ contemptuous (명사형으로) →	_____	_____
⑧ absolution (동사형으로) →	_____	_____
⑨ ecstasy (형용사형으로) →	_____	_____
⑩ impediment (동사형으로) →	_____	_____

C 다음 영영풀이에 해당하는 단어를 보기에서 골라 적으시오.

보기	zest	ratify	harass	acclaim	ambient
	outdo	benign	profound	dictum	cogent

❶ of the surrounding area or environment ➜ _____

❷ keen relish; hearty enjoyment ➜ _____

❸ having deep insight or understanding ➜ _____

❹ to confirm by expressing consent, approval, or formal sanction ➜ _____

❺ an authoritative pronouncement; a maxim ➜ _____

❻ to surpass in execution or performance ➜ _____

❼ to disturb persistently; torment, as with troubles or cares ➜ _____

❽ having a kindly disposition; gracious ➜ _____

❾ convincing or believable due to its clarity ➜ _____

❿ to welcome or salute with shouts or sounds of joy and approval; applaud
➜ _____

D 우리말과 같은 뜻이 되도록 주어진 문장의 빈칸을 완성하시오.

❶ 그녀는 자신의 집을 생각에 잠긴 눈으로 흘긋 보았다.
➜ She cast a _____ glance toward her house.

❷ 그가 이상하게 행동했기 때문에 사람들은 그것을 악마의 소유물이라고 불렀다.
➜ People called it _____ possession since he behaved strangely.

❸ 형편없는 위생 설비가 이 마을에 널리 퍼진 질병의 원인이다.
➜ Poor _____ is the cause of the disease prevalent in this town.

❹ 인질들의 대략적인 수는 알려지지 않았다.
➜ The _____ number of captives was unknown.

❺ 그녀는 그가 늙고 나약하다고 말했다.
➜ She said that he was old and _____.

❻ 그녀는 두통의 조짐이 처음 보이자 진통제로 두통을 미연에 방지하려고 노력했다.

➡ She tried to _____ a headache with a painkiller at the first warning sign.

❼ 그녀는 무도회를 위해 예쁜 드레스를 사고 싶었지만 가격이 터무니 없었다.

➡ She wanted to buy a pretty dress for her prom, but the price was _____.

❽ 그것은 상황을 단지 악화시킬 것이다. ➡ It would just _____ the situation.

❾ 연합군이 적군을 강습했다.

➡ The allies made an _____ on the enemy.

❿ 때때로 그녀의 행동이 그녀가 위선적인 사람인지 아닌지를 궁금하게 만든다.

➡ Sometimes her behavior makes me wonder whether she is a _____ person or not.

E 문장의 밑줄 친 부분에 해당하는 유의어 혹은 반의어를 보기에서 골라 적으시오.

보기	humility	entitled	unsatisfactory	repentant	defiant
	serene	diurnal	benevolent	loathe	skillful

❶ Owls are <u>nocturnal</u> since they are active at night. 반의어 ↔ _____

❷ It's been a long time since I saw a <u>decent</u> Hollywood comedy.

반의어 ↔ _____

❸ She <u>detests</u> talking to strangers at parties. 유의어 = _____

❹ She is <u>eligible</u> for that post. 유의어 = _____

❺ The atmosphere seemed <u>placid</u>. 유의어 = _____

❻ She thought he was full of <u>conceit</u>. 반의어 ↔ _____

❼ She tried to look <u>contrite</u>. 유의어 = _____

❽ She has a hard time dealing with her <u>rebellious</u> teenage daughter.

유의어 = _____

❾ <u>Malicious</u> program makers will be prosecuted for the first time in Korea.

반의어 ↔ _____

❿ Many people think he is <u>inept</u> and lacks the intelligence to govern.

반의어 ↔ _____

F 영어발음을 듣고 영어단어를 적은 후, 우리말 뜻을 적으시오.

	영어	우리말		영어	우리말
❶			❽		
❷			❾		
❸			❿		
❹			⓫		
❺			⓬		
❻			⓭		
❼			⓮		

G 영어문장을 듣고 빈칸에 들어갈 단어를 채워 문장을 완성하시오.

❶ She _____ herself to the cold climate.

❷ It will have a tremendous _____ effect.

❸ Its body was _____ beyond recognition.

❹ She gazed in _____ at the great monument.

❺ Looking back on his _____ past, he cried.

❻ She described me as a princess in a _____ expression.

❼ Many Asian countries were hit by a series of _____ such as the SARS epidemic.

❽ Many people pay _____ to the genius of Mozart.

❾ He has a _____ desire to win.

❿ The _____ effort made by them will be remembered by everybody.

⓫ She lacks the _____ experience for the job.

⓬ Let's not be _____ of people of color.

⓭ She gave him _____ for his sin of deceiving her.

⓮ The case is becoming a major _____ to the relationship between the two nations.

⓯ He could hear the _____ sounds of children over the phone.

⓰ People thought of him as a person who had a great _____ for life.

641	**pious** [páiəs]	형 경건한, 신앙심이 깊은 명 piety 경건함 유 religious pious acts 경건한 행동
642	**dismay** [disméi]	동 당황케 하다, 놀라게 하다 명 당황 be dismayed 당황하다
643	**beset** [bisét]	동 괴롭히다, 에워싸다 be beset by enemies 적에게 포위당하다 *beset-beset-beset*
644	**endow** [indáu|en-]	동 주다, 부여하다 be endowed with ~을 가지고 태어나다, ~을 타고 나다
645	**convene** [kənví:n]	동 모으다, 소집하다 유 assemble convene a meeting 회합하다
646	**incongruous** [inkáŋgruəs]	형 부적당한, 어울리지 않는 부 incongruously 부적절하게 반 appropriate 적절한 incongruous manners 온당치 못한 태도
647	**literacy** [lítərəsi]	명 읽고 쓸 줄 아는 능력 반 illiteracy 문맹, 무식 the literacy rate 식자율(글을 아는 사람의 비율)
648	**complaisant** [kəmpléisnt|-znt|kámpləz`ænt]	형 순종적인, 고분고분한 명 complaisance 고분고분함 a complaisant child 순종적인 아이
649	**chronic** [kránik|krɔ́n-]	형 만성의, 상습적인 부 chronically 만성적으로 유 inveterate a chronic disease 만성질환
650	**vague** [veig]	형 막연한, 애매한 명 vagueness 막연함 유 obscure a vague regulation 애매모호한 규정
651	**dejected** [didʒéktid]	형 낙심한, 낙담한 부 dejectedly 낙심하게 유 sad look dejected 낙담해 보이다
652	**dictatorship** [díkteitərʃìp]	명 절대권, 독재 a personal dictatorship 개인 독재권
653	**articulate** [ɑːrtíkjulət]	형 (발음이) 또렷한 동 또렷하게 발음하다 명 articulation 또렷한 발음 유 clear articulate pronunciation 또렷한 발음
654	**bombastic** [bʌmbǽstik|bəm-]	형 과장된, 허풍떠는 부 bombastically 과장하여 유 pompous a bombastic style 과장된 방식
655	**lavish** [lǽviʃ]	동 후하게 주다 형 아주 후한 명 lavishness 낭비 lavish food on the refugees 난민들에게 아낌없이 식량을 주다
656	**misgiving** [misgíviŋ]	명 불안, 걱정 have misgivings about ~에 불안을 느끼다
657	**insomnia** [insámniə]	명 불면증 suffer from insomnia 불면증을 앓다
658	**acrid** [ǽkrid]	형 매우 쓴, 신랄한 in acrid tones 신랄한 어조로
659	**reprisal** [ripráizəl]	명 보복, 앙갚음 유 retaliation in reprisal 보복으로
660	**fastidious** [fæstídiəs|fəs-]	형 까다로운 명 fastidiousness 까다로움 fastidious tastes 까다로운 입맛

✦ 주어진 우리말 문장에 맞도록 알맞은 단어를 넣어 문장을 완성하시오. 정답 p.202

She goes to church every Sunday to prove she is _____.
그녀는 신앙심이 깊다는 것을 증명하기 위해 매주 일요일에 교회를 간다.

Many people were _____ by the sight. 많은 사람들이 그 광경에 놀랐다.

She was _____ by doubts. 그녀는 의심에 시달렸다.

She was _____ with wealth, health, and beauty. 그녀는 부유하고 건강하고 아름답게 태어났다.

The chairperson wants to _____ a meeting. 의장은 회합을 하길 원한다.

She looked _____ in her expensive coat. 그녀는 그녀의 비싼 코트가 어울리지 않아 보였다.

Many schools are starting to teach information _____.
많은 학교들이 정보 활용 능력을 가르치기 시작하고 있다.

The _____ student eagerly followed the teacher's instructions.
순종적인 학생은 선생님의 지시를 열심히 따랐다.

She was suffering from _____ back pain. 그녀는 만성적인 요통으로 고통받고 있었다.

Chaos resulted from the _____ regulation. 애매모호한 규정 때문에 혼란이 발생했다.

She looked so _____ when she failed the test that her teacher gave her a second chance.
그녀가 시험에 통과하지 못해 너무 낙담한 것 같아서 그녀의 선생님은 그녀에게 두 번째 기회를 주었다.

Many things were forbidden during the _____. 독재 기간에는 많은 것들이 금지되었다.

She's a little deaf, so _____ carefully. 그녀는 귀가 약간 잘 안 들리니 신경써서 또렷하게 발음해라.

She was vain and _____. 그녀는 허영심이 많고 과장을 많이 했다.

The charity _____ food on the refugees. 그 자선단체는 난민들에게 아낌없이 식량을 줬다.

She made a decision to go on with the trip despite her _____.
그녀는 불안감에도 불구하고 그 여행을 가기로 결심했다.

My father used to suffer from _____. 우리 아버지는 예전에 불면증을 앓으셨다.

Smoke feels _____ in your mouth and nose. 연기는 입과 코 안에서 매우 쓰게 느껴진다.

She wouldn't testify in court because she was afraid of _____.
그녀는 보복이 두려워서 법정에서 증언하려고 하지 않았다.

The chef has the most _____ tastes in this restaurant.
그 요리사는 이 음식점에서 가장 까다로운 입맛을 가지고 있다.

DAY 17

661	**subsidize** [sʌ́bsədàiz]	图 보조금을 지급하다	
662	**extrovert** [ékstrəvə̀ːrt ǀ -trou-]	톙 외향적인 an extrovert(ed) personality 외향적인 성격	凹 introvert(ed) 내성적인
663	**introspective** [ìntrəspéktiv]	톙 내성적인, 자기 성찰적인 an introspective nature 내성적 기질	
664	**slay** [slei]	图 살해하다 slay an animal 동물을 살해하다	윤 slaughter *slay-slew-slain*
665	**fortitude** [fɔ́ːrtətjùːd]	몡 용기, 꿋꿋함 show fortitude 용기를 보여주다	윤 bravery
666	**affectation** [æ̀fektéiʃən]	몡 가장, (…인) 체함 without affectation 가식 없이, 솔직히	
667	**rebuff** [ribʌ́f]	图 거절하다 rebuff a suggestion 제안을 거절하다	윤 refuse
668	**stringent** [stríndʒənt]	톙 엄격한 stringent laws 엄한 법률	윤 strict
669	**pastoral** [pǽstərəl ǀ páːs-]	톙 목가적인, 전원의 pastoral scenery 목가적인 풍경	윤 rural
670	**autonomy** [ɔːtánəmi]	몡 자치권 give autonomy 자치권을 주다	톙 autonomous 자치권이 있는
671	**quantum** [kwántəm ǀ kwɔ́n-]	몡 몫, 양 the least quantum of evidence 최소한의 증거	
672	**sublime** [səbláim]	톙 장엄한 sublime scenery 장엄한 경치	
673	**derogatory** [dirágətɔ̀ːri ǀ -rɔ́gətəri]	톙 (명예를) 손상하는, 경멸적인 derogatory remarks 경멸적인 말	
674	**depreciate** [dipríːʃièit]	图 평가절하하다 depreciate oneself 자신을 비하하다	몡 depreciation 평가절하
675	**withstand** [wiθstǽnd ǀ wið-]	图 저항하다 withstand a dictatorship 독재에 저항하다	윤 resist
676	**divulge** [divʌ́ldʒ ǀ dai-]	图 누설하다 divulge the identity of 신분을 누설하다	몡 divulgence 누설 윤 reveal
677	**reproach** [ripróutʃ]	图 비난하다 몡 비난 beyond reproach 나무랄 데 없는	톙 reproachable 나무랄만한
678	**demean** [dimíːn]	图 (품위를) 떨어뜨리다 demean oneself 품격을 떨어뜨리다	
679	**forgo** [fɔːrgóu]	图 ~ 없이 지내다 forgo holidays 휴일 없이 지내다	윤 do without
680	**camouflage** [kǽməflàːʒ]	몡 위장	톙 camouflagic 위장의 윤 disguise

◆ 주어진 우리말 문장에 맞도록 알맞은 단어를 넣어 문장을 완성하시오. 정답 p.202

They are _____ by the government. 그들은 정부로부터 보조금을 받는다.

My mom has an _____ personality. 우리 엄마는 외향적인 성격을 지녔다.

Some children are _____. 어떤 아이들은 내성적이다.

Shrek was dispatched to _____ the dragon. 용을 죽이기 위해 슈렉이 파병되었다.

The child showed _____ during the competition. 그 아이는 대회에서 용기를 보여줬다.

She opened her eyes widely in an _____ of surprise when she heard the news.
그녀는 그 소식을 들었을 때 놀라는 척하며 눈을 크게 떴다.

My proposal has been _____ by him many times. 내 제안은 그에 의해 여러 번 거절당했다.

_____ measures should be used to enforce discipline in our school.
학교에서 규율을 집행하기 위해서는 엄한 방식이 사용되어야 한다.

The sidewalks around Central Park show a _____ side of the city.
센트럴파크 주변의 보도는 도시의 목가적인 면을 보여준다.

The Chinese government gave _____ to Hong Kong. 중국 정부는 홍콩에 자치권을 줬다.

She doesn't have to show even the least _____ of evidence.
그녀는 최소한의 증거도 보여 줄 필요가 없다.

My spirit seems to have been purified after looking at the _____ scenery.
장엄한 경치를 보고나면 내 마음은 정화되는 것 같다.

He used some _____ language to refer to the employee.
그는 고용인에게 지시하기 위해 경멸적인 말을 했다.

Since inflation is rising rapidly, the won has _____. 물가가 빠르게 증가하여 원화가 평가절하되었다.

The citizens _____ the dictatorship to fight for freedom. 시민들이 자유를 위해 독재에 저항했다.

She refused to _____ the reason why she left her school.
그녀는 왜 학교를 떠났는지 이유를 누설하기를 거부했다.

No one _____ himself. 아무도 자신을 비난하지 않았다.

Such images _____ women. 그런 이미지들은 여성들의 품위를 떨어뜨린다.

Ski maniacs happily _____ their summer vacations to go skiing in winter.
스키를 좋아하는 사람들은 겨울에 스키를 타러 가기 위해 즐겁게 여름 휴가 없이 지낸다.

The clothes provide _____ from the wearer's enemies.
그 옷들은 착용한 사람의 적으로부터 위장 수단을 제공한다.

681	**sulky** [sʌ́lki]	형 골이 난, 뚱한, 부루퉁한	통 sulk 골이 나다 유 sullen
		a sulky child 골이 난 아이	
682	**impede** [impíːd]	통 방해하다	명 impediment 방해 유 hinder
		be impeded by ~로 인해 방해받다	
683	**converge** [kənvə́ːrdʒ]	통 한 점에 모이다, 수렴하다	반 diverge 발산하다
		converge on a place 장소에 모이다	
684	**obnoxious** [əbnɑ́kʃəs|-nɔ́k-]	형 불쾌한, 밉살스러운	부 obnoxiously 불쾌하게 유 offensive
		obnoxious behavior 아주 불쾌한 행동	
685	**coalition** [kòuəlíʃən]	명 연합	유 union
686	**vulgar** [vʌ́lgər]	형 천한, 품위 없는	부 vulgarly 상스럽게 반 decent 품위 있는
		vulgar words 상스러운 말	
687	**brittle** [brítl]	형 깨지기 쉬운	유 fragile
		a brittle glass 깨지기 쉬운 유리잔	
688	**keystone** [kíːstòun]	명 쐐기돌, 기초석	
		the keystone of faith 믿음의 기초석	
689	**dehydration** [dìːhaidréiʃən]	명 탈수증	
		diarrheal dehydration 설사성 탈수증	
690	**abstention** [æbsténʃən|əb-]	명 기권	통 abstain 기권하다 유 renunciation
691	**eclectic** [ekléktik]	형 취사선택하는, 절충적인	부 eclectically 절충적으로 유 selective
		an eclectic method 절충적인 방법	
692	**decry** [dikrái]	통 비난하다, 헐뜯다	유 denounce
		decry a campaign 캠페인을 비난하다	
693	**autopsy** [ɔ́ːtɑpsi|-təp-]	명 검시, 부검	
		make an autopsy 부검하다	
694	**intermission** [ìntərmíʃən]	명 휴식 시간	유 interval
		the intermission of the musical 뮤지컬 중간의 휴식 시간	
695	**sanction** [sǽŋkʃən]	명 제재	형 sanctionative 허가 가능한 유 restraint
		ease sanctions 제재를 완화하다	
696	**bewilder** [biwíldər]	통 당황하게 하다	유 embarrass
		be bewildered by ~에 의해 당황하다	
697	**belittle** [bilítl]	통 과소평가하다	유 downplay
		belittle oneself 자기를 낮추다	
698	**malady** [mǽlədi]	명 (만성적인) 병, 병폐	유 disease
		a social malady 사회적 병폐	
699	**aggravate** [ǽgrəvèit]	통 악화시키다, 성나게 하다	명 aggravation 악화 반 alleviate 경감시키다
		aggravate the situation 사태를 악화시키다	
700	**terminate** [tə́ːrmənèit]	통 끝내다	명 termination 종료
		terminate a plan 계획을 철회하다	

✦ 주어진 우리말 문장에 맞도록 알맞은 단어를 넣어 문장을 완성하시오. 정답 p.202

She revealed her feelings with a _____ face after hearing his advice.
그녀는 그의 충고를 들은 후 골이 난 얼굴로 그녀의 감정을 드러냈다.

Noise from the construction site _____ our work. 공사현장의 소음이 우리의 일을 방해했다.

The avenues _____ at a central square. 도로들은 중앙 광장에서 모인다.

Lately, she has been showing some rude and _____ behavior.
최근 그녀는 무례하고 불쾌한 행동을 보이고 있다.

The _____ fought against the dictatorship. 그 연합은 독재에 맞서 싸웠다.

She thought his laughter and noisy talk were rather _____.
그녀는 그의 웃음 소리와 시끄러운 말이 다소 품위 없다고 생각했다.

One of the drawbacks of using tungsten is that it is _____.
텅스텐을 사용하는 것의 단점 중의 하나는 그것이 깨지기 쉽다는 것이다.

The big, white stone in the center is the _____ of the monument.
중심에 있는 커다란 하얀 돌이 비석의 쐐기돌이다.

Some passengers on board suffered from upset stomachs and _____.
배에 탄 몇몇 승객들은 메스꺼움과 탈수증으로 고통 받았다.

The committee announced there were 5 _____. 그 위원회는 5명이 기권했다고 발표했다.

She has an _____ approach to teaching. 그녀는 교수법을 취사선택하는 접근법을 사용한다.

People _____ the government since its policy was against the national consensus.
사람들은 그 정책이 국민적인 여론에 반하기 때문에 정부를 비난했다.

The bodies will be sent to have _____ performed on them. 시체들은 부검하기 위해 보내질 것이다.

The staff set up the stage during the _____. 직원들이 휴식 시간 동안에 무대를 고쳤다.

The committee decided to ease the _____. 그 위원회는 제재를 완화하기로 결정했다.

She was _____ by his questions about her private life.
그녀의 사생활에 대한 그의 질문에 그녀는 당황했다.

People tend to _____ other people's success. 사람들은 다른 사람의 성공을 과소평가하는 경향이 있다.

The boy is suffering from some strange _____. 그 소년은 어떤 이상한 병으로 고통받고 있다.

Stress and a lack of sleep _____ her illness. 스트레스와 수면부족이 그녀의 병을 악화시켰다.

The company decided to _____ its original plan. 그 회사는 그들의 원래 계획을 철회하기로 결정했다.

DAY 18

701	**serene** [səríːn]	형 차분한, 침착한 serene weather 고요한 날씨	부 serenely 침착하게 유 calm
702	**residential** [rèzədénʃəl]	형 주거의 a residential district 주거지	부 residentially 거주 지역에 관해
703	**transfusion** [trænsfjúːʒən]	명 수혈 an apparatus for blood transfusions 수혈 도구	
704	**obligatory** [əblígətɔːri]	형 필수의, 의무적인 an obligatory course 필수 과목	부 obligatorily 의무적으로 유 compulsory
705	**integrate** [íntəgrèit]	동 통합하다 integrate management 경영을 통합하다	명 integration 통합 유 unite
706	**vent** [vent]	명 구멍, 배출구 동 발산하다 an air vent 공기 구멍	유 outlet
707	**morbid** [mɔ́ːrbid]	형 병적인 a morbid interest 병적인 흥미	부 morbidly 병적으로
708	**expedite** [ékspədàit]	동 신속히 처리하다 expedite the claiming process 청구건을 신속히 진행하다	
709	**squander** [skwɑ́ndər]	동 낭비하다 squander money 돈을 낭비하다	유 waste
710	**deluge** [déljuːdʒ]	명 쇄도 receive a deluge of phone calls 전화가 쇄도하다	
711	**genesis** [dʒénəsis]	명 기원, 발생 the genesis of life 생명의 기원	유 origin
712	**agile** [ǽdʒəl｜-ail]	형 민첩한 an agile movement 민첩한 움직임	명 agileness 민첩성, 기민성
713	**clumsy** [klʌ́mzi]	형 어설픈, 서투른 a clumsy lie 서투른 거짓말	유 awkward
714	**erratic** [irǽtik]	형 변덕스러운 erratic behavior 변덕스러운 행동	부 erratically 변덕스럽게 유 unpredictable
715	**courier** [kə́ːriər｜kúr-]	명 안내원	유 tour guide
716	**repress** [riprés]	동 억누르다 repress a smile 웃음을 참다	명 repression 억압 유 restrain
717	**obsession** [əbséʃən]	명 강박관념, 집념 an obsession with one's child ~의 아이에 대한 집착	형 obsessive 강박관념의
718	**concurrent** [kənkə́ːrənt]	형 동시발생의 a concurrent connection 동시연결	명 concurrence 동시발생
719	**alienation** [èiljənéiʃən｜-liən-]	명 소원, 이간, 소외 the alienation of members 회원들 사이의 소원함	동 alienate 멀리하다
720	**lure** [luər]	동 유혹하다 lure customers 고객을 끌어들이다	

✦ 주어진 우리말 문장에 맞도록 알맞은 단어를 넣어 문장을 완성하시오. 정답 p.202

She was _____ even after she went through a very difficult situation.
그녀는 심지어 아주 힘든 상황을 겪은 후에도 침착했다.

Please keep from making loud noises in _____ areas. 주거지에서 큰 소리를 내는 것은 자제해 주세요.

The boy was given a blood _____. 소년은 수혈을 받았다.

Students must take _____ courses to get their degrees.
학생들은 학위를 따기 위해 필수 과목을 들어야만 한다.

The company is planning to _____ management. 그 회사는 경영을 통합할 계획이다.

Smoke was released through the air _____ at the top of the tent.
연기는 텐트 꼭대기에 있는 공기 구멍을 통해 나갔다.

She has a _____ fear of snakes. 그녀는 뱀들에 대해 병적인 두려움이 있다.

The builders promised to _____ the repairs. 건축주는 신속히 고쳐주기로 약속했다.

Susan is frugal and never _____ money on unnecessary things.
수잔은 알뜰해서 불필요한 것에 절대 돈을 낭비하지 않는다.

The company is receiving a _____ of phone calls. 그 회사는 전화가 쇄도하고 있다.

The social problems have their _____ in the economic crisis. 사회 문제는 경제적 위기에서 기원한다.

She has _____ movements. 그녀의 움직임은 민첩하다.

The _____ boy bumped into the table. 그 어설픈 소년은 탁자에 부딪혔다.

Susan's _____ behavior worried Peter a lot. 수잔의 변덕스러운 행동이 피터를 많이 걱정시켰다.

The company sent a _____ to get the tourists. 회사가 관광객을 유치하기 위해 안내원을 보냈다.

Some students claim that wearing school uniforms tends to _____ individuality.
일부 학생들은 교복을 입는 것이 개성을 억압하는 경향이 있다고 주장한다.

She has an _____ with her beauty. 그녀는 자신의 미에 강박관념을 가진다.

The company had some 40,000 _____ users during its peak.
그 회사는 정점일 때 약 4만명의 동시 사용자를 가졌다.

Teenage _____ is a big problem in modern families.
십대의 소외감은 현대 가정의 큰 문제이다.

The company's new product will _____ lots of customers to the store.
그 회사의 새로운 제품이 많은 고객을 가게로 끌어드릴 것이다.

A 우리말과 같은 뜻이 되도록 빈칸에 들어갈 알맞은 단어를 적으시오.

❶ in _____ (보복으로)

❷ give _____ (자치권을 주다)

❸ a _____ lie (서투른 거짓말)

❹ _____ weather (고요한 날씨)

❺ a _____ district (주거지)

❻ a _____ glass (깨지기 쉬운 유리잔)

❼ _____ oneself (품격을 떨어뜨리다)

❽ _____ management (경영을 통합하다)

❾ _____ a dictatorship (독재에 저항하다)

❿ the _____ of the musical (뮤지컬 중간의 휴식 시간)

B 다음 괄호 안의 지시대로 주어진 단어를 변형시키고 그 뜻을 적으시오.

		변형	뜻
❶	chronic (부사형으로)	→ _____	_____
❷	divulge (명사형으로)	→ _____	_____
❸	camouflage (형용사형으로)	→ _____	_____
❹	sulky (동사형으로)	→ _____	_____
❺	impede (명사형으로)	→ _____	_____
❻	abstention (동사형으로)	→ _____	_____
❼	sanction (형용사형으로)	→ _____	_____
❽	terminate (명사형으로)	→ _____	_____
❾	obsession (형용사형으로)	→ _____	_____
❿	alienation (동사형으로)	→ _____	_____

C 다음 영영풀이에 해당하는 단어를 보기에서 골라 적으시오.

보기	pastoral	depreciate	belittle	introspective	acrid
	endow	concurrent	pious	keystone	agile

❶ having or expressing reverence for a god; religious ➜ _____

❷ to provide with a permanent fund or source of income ➜ _____

❸ sharp or biting in taste or smell; bitterly pungent ➜ _____

❹ considering one's own internal state or feelings ➜ _____

❺ to reduce the purchasing value of (money) ➜ _____

❻ a large stone at the top of an arch that locks the other stones in place ➜ _____

❼ quick and well-coordinated in movement ➜ _____

❽ occurring or existing simultaneously or side by side ➜ _____

❾ having the simplicity, charm, serenity, or other characteristics generally attributed to rural areas ➜ _____

❿ to regard or portray as less impressive or important than appearances indicate; depreciate ➜ _____

D 우리말과 같은 뜻이 되도록 주어진 문장의 빈칸을 완성하시오.

❶ 그녀가 시험에 통과하지 못해 너무 낙담한 것 같아서 그녀의 선생님은 그녀에게 두 번째 기회를 주었다.
➜ She looked so _____ when she failed the test that her teacher gave her a second chance.

❷ 우리 아버지는 예전에 불면증을 앓으셨다.
➜ My father used to suffer from _____.

❸ 그들은 정부로부터 보조금을 받는다.
➜ They are _____ by the government.

❹ 학교에서 규율을 집행하기 위해서는 엄한 방식이 사용되어야 한다.
➜ _____ measures should be used to enforce discipline in our school.

⑤ 아무도 자신을 비난하지 않았다. ➡ No one _____ himself.

⑥ 스키를 좋아하는 사람들은 겨울에 스키를 타러 가기 위해 즐겁게 여름 휴가 없이 지낸다.

➡ Ski maniacs happily _____ their summer vacations to go skiing in winter.

⑦ 건축주는 신속히 고쳐주기로 약속했다.

➡ The builders promised to _____ the repairs.

⑧ 수잔은 알뜰해서 불필요한 것에 절대 돈을 낭비하지 않는다.

➡ Susan is frugal and never _____ money on unnecessary things.

⑨ 사회 문제는 경제적 위기에서 기원한다.

➡ The social problems have their _____ in the economic crisis.

⑩ 장엄한 경치를 보고 나면 내 마음은 정화되는 것 같다.

➡ My spirit seems to have been purified after looking at the _____ scenery.

E 문장의 밑줄 친 부분에 해당하는 유의어 혹은 반의어를 보기에서 골라 적으시오.

보기				
alleviate	appropriate	introverted	decent	diverge
compulsory	illiteracy	denounce	offensive	obscure

① She looked incongruous in her expensive coat. 반의어 ↔ _____

② Many schools are starting to teach information literacy. 반의어 ↔ _____

③ Chaos resulted from the vague regulation. 유의어 = _____

④ My mom has an extroverted personality. 반의어 ↔ _____

⑤ The avenues converge at a central square. 반의어 ↔ _____

⑥ Some chemicals produce obnoxious fumes when burning. 유의어 = _____

⑦ She thought his laughter and noisy talk were rather vulgar.

반의어 ↔ _____

⑧ Stress and a lack of sleep aggravated her illness. 반의어 ↔ _____

⑨ Students must take obligatory courses to get their degrees. 유의어 = _____

⑩ People decried the government since its policy was against the national consensus.

유의어 = _____

F 영어발음을 듣고 영어단어를 적은 후, 우리말 뜻을 적으시오.

	영어	우리말		영어	우리말
❶	_____	_____	❽	_____	_____
❷	_____	_____	❾	_____	_____
❸	_____	_____	❿	_____	_____
❹	_____	_____	⓫	_____	_____
❺	_____	_____	⓬	_____	_____
❻	_____	_____	⓭	_____	_____
❼	_____	_____	⓮	_____	_____

G 영어문장을 듣고 빈칸에 들어갈 단어를 채워 문장을 완성하시오.

❶ She opened her eyes widely in an _____ of surprise when she heard the news.

❷ She was _____ by his questions about her private life.

❸ The _____ boy bumped into the table.

❹ Susan's _____ behavior worried Peter a lot.

❺ The company's new product will _____ lots of customers to the store.

❻ She made a decision to go on with the trip despite her _____.

❼ She was suffering from _____ back pain.

❽ The clothes provide _____ from the wearer's enemies.

❾ She revealed her feelings with a _____ face after hearing his advice.

❿ Noise from the construction site _____ our work.

⓫ The committee announced there were 5 _____.

⓬ The company decided to _____ its original plan.

⓭ She has an _____ with her beauty.

⓮ She goes to church every Sunday to prove she is _____.

⓯ She was _____ with wealth, health, and beauty.

⓰ Smoke feels _____ in your mouth and nose.

| 721 | **debase**
[dibéis] | 동 품위를 떨어뜨리다
debase by cheating 사기로 품위를 떨어뜨리다 | 명 debasement 품위 저하 |

| 722 | **disregard**
[disrigá:rd] | 동 무시하다, 경시하다
have a complete disregard for ~을 완전히 무시하다 | 유 neglect |

| 723 | **contour**
[kántuər|kɔ́n-] | 명 윤곽
the contour of one's face 얼굴의 윤곽 | |

| 724 | **prompt**
[prɑmpt|prɔ-] | 형 신속한
a prompt reply 신속한 답변 | 부 promptly 신속하게 유 quick |

| 725 | **confederate**
[kənfédərət] | 형 동맹한, 연합한 | 명 confederation 동맹 유 alliance |

| 726 | **heed**
[hi:d] | 명 주의, 조심 동 주의하다
pay heed to ~에 주의하다 | 형 heedful 주의하는 유 attention |

| 727 | **utmost**
[ʌ́tmòust] | 형 최대한
with utmost effort 최대한의 노력으로 | 유 extreme |

| 728 | **unruly**
[ʌnrú:li] | 형 휘어잡을 수 없는, 제멋대로 하는
unruly teenagers 제멋대로인 십대 | |

| 729 | **infinity**
[infínəti] | 명 무한대
to infinity 무한히 | 유 eternity |

| 730 | **prodigious**
[prədídʒəs] | 형 거대한, 놀라운
a prodigious scale 거대한 규모 | 명 prodigy 천재 유 huge |

| 731 | **culpable**
[kʌ́lpəbl] | 형 비난할 만한
culpable negligence 태만죄 | 부 culpably 괘씸하게도 |

| 732 | **amiable**
[éimiəbl] | 형 상냥한, 붙임성 있는
make oneself amiable to ~에게 붙임성 있게 잘다 | 부 amiably 상냥하게 유 friendly |

| 733 | **incontrovertible**
[ìnkɑntrəvə́:rtəbl|ìnkɑ̀n-] | 형 논쟁의 여지가 없는, 명백한
incontrovertible proof 논쟁의 여지가 없는 증거 | 유 indisputable |

| 734 | **auspicious**
[ɔ:spíʃəs] | 형 길한, 행운의
an auspicious start 길한 시작 | 반 inauspicious 불길한 |

| 735 | **contention**
[kənténʃən] | 명 논쟁 | 동 contend 논쟁하다 유 argument |

| 736 | **oppress**
[əprés] | 동 압박을 가하다
be oppressed by ~에 의해 억압 당하다 | 명 oppression 억압 유 persecute |

| 737 | **inquisitive**
[inkwízətiv] | 형 질문을 좋아하는
be inquisitive about ~에 대하여 알고 싶어하다 | 동 inquire 묻다 유 curious |

| 738 | **dissolution**
[dìsəlú:ʃən] | 명 해산, 분해
the dissolution of a marriage 이혼 | 동 dissolve 해산하다, 용해하다 |

| 739 | **punitive**
[pjú:nətiv] | 형 징벌의
punitive damages 징계적 손해배상금 | 유 penal |

| 740 | **deploy**
[diplɔ́i] | 동 배치하다
deploy troops 병력을 배치하다 | 명 deployment 배치 유 arrange |

✦ 주어진 우리말 문장에 맞도록 알맞은 단어를 넣어 문장을 완성하시오. 정답 p.203

Some teachers are _____ by receiving money from parents.
일부 선생님들은 학부모들로부터 돈을 받아 품위가 실추된다.

She has _____ my advice over the past few days. 그녀는 며칠 동안 나의 충고를 무시했다.

The _____ of the coastline is very irregular. 그 해안선의 윤곽은 매우 불규칙하다.

Thank you for your _____ reply. 신속한 답변에 감사드립니다.

The _____ system is not useful to us. 연방제는 우리에게 유용하지 않다.

The accident happened since nobody paid _____ to the warning signs.
그 사고는 아무도 경고 표시에 주의를 기울이지 않아 일어났다.

The school encourages students to reach their _____ potential.
그 학교는 학생들이 그들의 최대 잠재력에 도달할 수 있도록 격려한다.

The cowboy broke the _____ horse. 그 카우보이는 제멋대로 날뛰는 말을 길들였다.

The astronomers wondered about how the universe stretched to _____ .
그 천문학자들은 어떻게 우주가 무한대로 뻗어나가는지에 대에 궁금해했다.

The construction site was _____ . 그 건축현장은 거대했다.

The accident was the result of his _____ negligence. 그 사고는 그의 태만죄의 결과였다.

She is an _____ girl and gets along with everyone. 그녀는 상냥한 소녀이며 모두와 잘 지낸다.

The defendant was confronted with _____ evidence of his guilt.
피고인은 명백한 유죄 증거에 직면했다.

The _____ adornment dangles from the gatepost. 행운의 장식물이 문기둥에 달려 있다.

_____ over the death penalty is a hot issue nowadays. 사형에 대한 논쟁이 요즘 뜨거운 쟁점이다.

The army _____ people in the country it had conquered.
군대는 정복한 나라의 국민들을 억압했다.

She is _____ about everything. 그녀는 무엇이든지 알고 싶어한다.

The _____ of the empire was remarkably swift. 제국의 해체는 정말 순식간이었다.

The authorities wavered over what _____ action to take against the participants in the
street demonstration. 당국은 가두 시위의 참가자들에 대한 징계 조치에 대해 우왕좌왕했다.

The country decided to _____ troops. 그 나라는 병력을 배치하기로 결정했다.

DAY 19

741	**orbital** [ɔ́ːrbitl]	형 궤도의 an orbital period 궤도 주기		
742	**prudish** [prúːdiʃ]	형 고상한 체하는 be prudish 고상한 체하다	유 priggish	
743	**vigilant** [vídʒələnt]	형 자지 않고 지키는, 방심하지 않는 vigilant soldiers 불침번 병사	명 vigil 철야	반 careless
744	**tangible** [tǽndʒəbl]	형 만져서 알 수 있는, 명백한 tangible evidence 명백한 증거	명 tangibility 명백함	유 concrete
745	**recompense** [rékəmpèns]	동 보답하다 	형 recompensable 보답할 수 있는	
746	**desolate** [désələt	déz-]	형 황량한, 황폐한 a desolate land 황폐한 땅	유 barren	
747	**equivocal** [ikwívəkəl]	형 확실치 않은, 모호한, 다의성의 give an equivocal answer 아리송한 대답을 하다		
748	**hoax** [houks]	명 골탕먹임, 짓궂은 장난, 속이기 play a hoax on a person ~을 감쪽같이 속이다		
749	**adjoin** [ədʒɔ́in]	동 인접하다 the two adjoining houses 인접한 두 집	형 adjoining 서로 접한	
750	**reign** [rein]	명 통치, 지배 under the reign of ~의 통치 하에	유 rule	
751	**equilibrium** [ìːkwəlíbriəm]	명 평형, 균형 political equilibrium 정치적 균형	유 balance	
752	**accentuate** [æksénʃuèit]	동 강조하다, 역설하다 accentuate the positive 긍정적인 면을 강조하다	명 accentuation 강조	유 accent
753	**catastrophe** [kətǽstrəfi]	명 대참사, 대재앙, 파국 cause a catastrophe 대참사를 일으키다	형 catastrophic 대재앙의	유 disaster
754	**traduce** [trədjúːs]	동 비방하다 traduce a rival's reputation 경쟁자의 명성을 비방하다		
755	**reprove** [riprúːv]	동 나무라다, 꾸짖다 reprove the employee 직원을 나무라다		
756	**carnal** [káːrnl]	형 세속의 carnal ambitions 세속적인 야심	부 carnally 세속적으로	
757	**abstemious** [əbstíːmiəs]	형 절제하는, 금욕적인 an abstemious diet 절제된 식사		
758	**plight** [plait]	명 곤경, 곤란 the plight of the homeless 집 없는 사람의 곤경	유 predicament	
759	**unanimity** [jùːnəníməti]	명 만장일치 unanimity on an issue 쟁점에 대한 만장일치	형 unanimous 만장일치의	유 consensus
760	**proscribe** [prouskráib]	동 금지하다, 박탈하다 proscribe freedom of speech 발언의 자유를 금지하다	명 proscription 금지	유 prohibit

◆ 주어진 우리말 문장에 맞도록 알맞은 단어를 넣어 문장을 완성하시오. 정답 p.203

Astronomers use this equipment to observe _____ motion on a regular basis.
천문학자는 정기적으로 궤도의 운행을 관측하기 위해 이 장비를 사용한다.

She is _____ all the time. 그녀는 항상 고상한 체한다.

The dog kept a _____ guard over the house. 개는 자지 않고 집을 지켰다.

The board of directors demanded a _____ outcome from the new project.
이사회는 새로운 프로젝트의 명백한 결과를 요구했다.

The country _____ him for his duty. 나라가 그의 임무에 대해 보상했다.

The bleak and _____ landscape makes her feel more depressed.
황량하고 황폐한 경치가 그녀를 더 우울하게 한다.

He keeps taking an _____ attitude on the issue. 그는 그 사안에 대해서 계속 애매모호한 태도를 취하고 있다.

The emergency call turned out to be a _____. 비상소집은 장난으로 밝혀졌다.

The boy was hiding in the narrow space between the two _____ buildings.
그 소년은 인접한 두 건물 사이의 좁은 틈새에 숨어 있었다.

The country was under the _____ of the king for many years.
그 나라는 오랫동안 왕의 통치 하에 있었다.

The body's state of _____ can be disturbed by stress. 스트레스에 의해 몸의 균형상태가 깨질 수 있다.

She likes to wear clothes which _____ her curvaceous body.
그녀는 곡선미를 강조한 옷을 입기를 좋아한다.

The flood in Venice was a major _____. 베니스의 홍수는 커다란 재해였다.

The candidate was _____ as a racist. 그 후보는 인종차별주의자로 비방을 당했다.

The teacher _____ the student for talking during the test.
그 선생님은 시험 중에 말한 그 학생을 꾸짖으셨다.

_____ desires eventually ruined his life. 세속적인 야망은 결국 그의 삶을 망쳤다.

She lives quite an _____ life. 그녀는 꽤 금욕적인 삶을 산다.

The flood increased the _____ of poor people. 홍수는 가난한 사람들의 곤란을 증대시켰다.

The case is so important that it requires they reach _____ in agreement.
그 안건은 매우 중대해서 만장일치의 동의가 요구된다.

The dictator _____ freedom of speech. 그 독재자는 발언의 자유를 금했다.

DAY 20
표제어 듣기

761	**forfeit** [fɔ́ːrfit	-fət]	통 잃다, 몰수당하다 명 벌금	반 retain 보유하다
		forfeit one's right 권리를 박탈당하다	
762	**reassurance** [rìːəʃúərəns]	명 안심, 안도감	
		some stronger reassurance 더 강한 안도감	
763	**fracture** [fræktʃər]	명 골절 통 부러뜨리다	형 fractural 골절의 유 break
		a compound fracture 복합 골절	
764	**preside** [prizáid]	통 주관하다	
		preside over a meeting 회의를 주관하다	
765	**deviate** [díːvièit]	통 빗나가다, 벗어나다	형 deviatory 벗어난
		deviate from ~에서 벗어나다	
766	**potent** [póutnt]	형 강력한, 힘센	명 potency 강력함 유 powerful
		a potent weapon 강력한 무기	
767	**hideous** [hídiəs]	형 오싹한	유 ghastly
		a hideous monster 오싹한 괴물	
768	**con** [kan	kɔn]	부 반대하여 명 반대 투표	
		argue the pros and cons of a matter 문제의 찬반을 논하다	
769	**bleak** [bliːk]	형 황폐한, 쓸쓸한	부 bleakly 황폐하게 유 desolate
		bleak scenery 황폐한 전경	
770	**antecedent** [æntəsíːdnt]	형 앞서는	부 antecedently 그 전에 유 previous
771	**cursory** [kə́ːrsəri]	형 서두르는, 대강의	부 cursorily 대강대강
		a cursory inspection 대강하는 검열	
772	**flimsy** [flímzi]	형 (근거 등이) 빈약한, 속 보이는	유 weak
		a flimsy excuse 빈약한 변명	
773	**becoming** [bikʌ́miŋ]	형 어울리는, 적당한	유 appropriate
		a becoming hairstyle 어울리는 머리 모양	
774	**biannual** [bàiǽnjuəl]	형 연 2회의, 반년마다의	부 biannually 연 2회로 유 half-yearly
		a biannual ordinary meeting 연 2회의 정기 총회	
775	**impound** [impáund]	통 압수하다, 가두다	형 impoundable 감금할 수 있는
		impound an animal 동물을 가두다	
776	**default** [difɔ́ːlt]	명 태만, 채무 불이행 통 이행하지 않다	
		in default 채무 불이행으로	
777	**drudgery** [drʌ́dʒəri]	명 천역, 고역	
		be injured to drudgery 거친 일에 부상당하다	
778	**stifle** [stáifl]	통 숨을 막다, 진압하다	유 suffocate
		stifle a rebellion 반란을 진압하다	
779	**relinquish** [rilíŋkwiʃ]	통 포기하다	명 relinquishment 포기, 양도 유 abandon
		relinquish power 권력을 포기하다	
780	**flutter** [flʌ́tər]	통 펄럭이다	형 fluttery 펄럭이는
		flutter in the wind 바람에 나부끼다	

◆ 주어진 우리말 문장에 맞도록 알맞은 단어를 넣어 문장을 완성하시오. 정답 p.203

The company _____ benefits during the strike period. 그 회사는 파업기간 동안 이득을 잃었다.

She needs _____ that she will belong to some groups.
그녀는 자신이 어느 그룹에 속할 것이라는 안도감이 필요하다.

The _____ in his left leg is very serious. 그의 왼쪽다리 골절은 매우 심하다.

The chairman will _____ over the meeting tonight. 의장이 오늘 저녁 회의를 주관할 것이다.

The direction of the government's policy _____ from its original purpose.
정부 정책의 방향이 원래 의도에서 벗어났다.

The country has reinforced its _____ weapons against the enemy's attack.
그 나라는 적의 공격에 대비해 강력한 무기를 증강해왔다.

She screamed after she saw a _____ face in the window.
그녀는 창가에 있는 오싹한 얼굴을 보고 나서 소리를 질렀다.

The group was divided into pros and _____ . 그 그룹은 찬반양론으로 나누어졌다.

The city has only _____ rows of concrete apartment buildings.
그 도시는 황폐한 콘크리트로 지은 아파트만이 줄지어 있다.

It was an _____ event to the Vietnam War. 그것은 베트남전보다 이전의 일이었다.

The _____ inspection gave an opportunity to the man who attempted to bomb the building. 대강 이루어진 검열이 건물에 폭탄을 투하하려 했던 남자에게 기회를 제공했다.

She thinks that what he showed her was nothing but _____ evidence.
그녀는 그가 보여준 것이 빈약한 증거에 불과하다고 생각한다.

The hat looks very _____ on you. 그 모자는 너에게 꽤 어울려 보인다.

The company has _____ meetings with its stockholders.
그 회사는 주주들과 일 년에 두 번 회의를 갖는다.

The police arrested her and _____ the cocaine. 경찰은 그녀를 체포하고 코카인을 압수했다.

The _____ on the loan led to the collapse of the company in the end.
대출을 갚지 못한 것이 결국 그 회사를 붕괴에 이르게 했다.

She wanted to get away from the _____ of their everyday lives.
그녀는 일상생활의 고역스런 일에서 벗어나고 싶었다.

The heavy smokes _____ the firemen. 짙은 연기가 소방수들을 숨막히게 했다.

The cruel dictator refused to _____ political power. 그 잔인한 독재자는 정치적 힘을 포기하기를 거부했다.

The flag _____ in the wind. 깃발이 바람에 나부꼈다.

DAY 20

781	**ellipse** [ilíps]	몡 타원 orbit in an ellipse 타원형으로 돌다
782	**ambivalent** [æmbívələnt]	혱 양면 가치의, 양면적인　　　유 uncertain be ambivalent about ~을 원하는지 확실치 않다
783	**tedious** [tí:diəs|-dʒəs]	혱 지루한　　　몡 tedium 권태 유 boring a tedious discourse 따분한 이야기
784	**acrimonious** [æ̀krəmóuniəs]	혱 매서운, 신랄한　　　뮈 acrimoniously 신랄하게 유 bitter acrimonious criticism 신랄한 비판
785	**prophesy** [práfəsài|prɔ́f-]	통 예언하다　　　몡 prophecy 예언 유 predict
786	**abdicate** [ǽbdəkèit]	통 사임하다, 포기하다　　　몡 abdication 사임, 포기 유 resign an abdicated queen 퇴위한 여왕
787	**immerse** [imə́:rs]	통 담그다　　　몡 immersion 담금 be immersed in ~에 몰두하다
788	**retard** [ritá:rd]	통 속력을 늦추다, 지연시키다 retard growth 성장 속도를 늦추다
789	**unravel** [ʌnrǽvl]	통 풀다, 끝까지 밝히다 unravel a mystery 미결 사건을 풀다
790	**amplify** [ǽmpləfài]	통 증폭시키다, 확대하다　　　몡 amplification 확대 유 extend amplify feelings of sadness 슬픔의 감정을 증폭시키다
791	**implement** [ímpləmənt]	통 이행하다　　　몡 implementation 이행 implement a contract 계약을 이행하다
792	**stab** [stæb]	통 찌르다 stab in the back 칼로 등을 찌르다
793	**ripple** [rípl]	통 잔물결이 일다 몡 잔물결 raise a ripple of applause 박수가 잔물결처럼 퍼지다
794	**dietary** [dáiətèri|-təri]	혱 식사의 a dietary cure 식이요법
795	**deface** [diféis]	통 손상시키다　　　몡 defacement 손상 유 damage deface a car 차의 외관을 손상시키다
796	**barracks** [bǽrəks]	몡 막사, 병영 an army barracks 군대 막사
797	**incompatible** [ìnkəmpǽtəbl]	혱 양립할 수 없는　　　반 compatible 양립할 수 있는 be incompatible 양립할 수 없다
798	**devoid** [divɔ́id]	혱 결여된　　　유 void a person devoid of humor 유머가 없는 사람
799	**bar** [ba:r]	통 방해하다, 길을 막다　　　유 block be barred from ~로부터 금지되다 *bar-barred-barred*
800	**vanguard** [vǽngà:rd]	몡 선봉, 선두 stand in the vanguard 선봉에 서다

✦ 주어진 우리말 문장에 맞도록 알맞은 단어를 넣어 문장을 완성하시오. 정답 p.203

The Earth orbits the Sun in an _____. 지구는 타원형으로 태양을 돈다.

She was _____ about her marriage. 그녀는 자신의 결혼에 대해 상반된 감정을 가지고 있었다.

The journey soon became _____. 여행은 곧 지루해졌다.

The debate was really _____. 그 논쟁은 정말로 신랄했다.

The foreteller _____ that I will succeed in two years. 그 예언자는 내가 2년 안에 성공할 것이라고 예언했다.

The employees forced her to _____ the presidency. 직원들은 그녀가 사장 자리를 사임하도록 강요했다.

She was _____ in her studies. 그녀는 공부에 몰두했다.

The lack of a rail link _____ the town's development. 철로 노선의 부족은 마을의 발전 속도를 늦추었다.

The detective _____ the old mystery. 탐정은 오래된 미결 사건을 풀었다.

Funerals can _____ people's feelings of sadness. 장례식은 슬픔의 감정을 증폭시킬 수 있다.

The fund will cover the cost of _____ the new school policies.
그 기금은 새 학교 정책을 이행하는 데 드는 비용을 충당할 것이다.

She was _____ in the back by her enemy. 그녀는 적에게 등을 칼로 찔렸다.

The lake _____ gently. 호수는 고요하게 잔물결이 일었다.

The doctor studied the _____ habits of obese people. 의사는 비만인 사람들의 식습관을 연구했다.

The gangster _____ his rival's car. 갱 단원은 자신의 적수의 차를 손상시켰다.

The general ordered the troops back to their _____. 장군은 군대가 막사로 돌아가도록 명령했다.

Socialism is _____ with capitalism. 사회주의와 자본주의는 양립할 수 없다.

The letter was _____ of warmth and feeling. 그 편지는 따뜻함과 감정이 결여되어 있었다.

The door was _____. 문은 막혀 있었다.

The general stood in the _____ to lead the soldiers. 장군은 군사들을 이끌기 위해 선봉에 섰다.

A 우리말과 같은 뜻이 되도록 빈칸에 들어갈 알맞은 단어를 적으시오.

① an _____ period (궤도 주기)

② a _____ excuse (빈약한 변명)

③ _____ a rebellion (반란을 진압하다)

④ _____ power (권력을 포기하다)

⑤ be _____ from (~로부터 금지되다)

⑥ _____ a contract (계약을 이행하다)

⑦ play a _____ on a person (~을 감쪽같이 속이다)

⑧ the two _____ houses (인접한 두 집)

⑨ _____ over a meeting (회의를 주관하다)

⑩ the _____ of one's face (얼굴의 윤곽)

B 다음 괄호 안의 지시대로 주어진 단어를 변형시키고 그 뜻을 적으시오.

	변형	뜻
① heed (형용사형으로) →	_____	_____
② prodigious (명사형으로) →	_____	_____
③ contention (동사형으로) →	_____	_____
④ inquisitive (동사형으로) →	_____	_____
⑤ catastrophe (형용사형으로) →	_____	_____
⑥ fracture (형용사형으로) →	_____	_____
⑦ deviate (형용사형으로) →	_____	_____
⑧ flutter (형용사형으로) →	_____	_____
⑨ tedious (명사형으로) →	_____	_____
⑩ abdicate (명사형으로) →	_____	_____

C 다음 영영풀이에 해당하는 단어를 보기에서 골라 적으시오.

보기	amplify	amiable	debase	hideous	utmost
	tangible	prompt	culpable	becoming	punitive

❶ to reduce in quality or value; degrade → _____

❷ quick or alert; performed without delay → _____

❸ of the highest degree, quantity; most extreme; greatest → _____

❹ deserving blame or censure; blameworthy → _____

❺ having or showing pleasant, good-natured personal qualities; affable

  → _____

❻ serving for, concerned with, or inflicting punishment → _____

❼ capable of being touched; discernible by the touch → _____

❽ horrible or frightful to the senses; repulsive → _____

❾ suitable; appropriate; proper → _____

❿ to make larger, greater, or stronger; enlarge → _____

D 우리말과 같은 뜻이 되도록 주어진 문장의 빈칸을 완성하시오.

❶ 그 천문학자들은 어떻게 우주가 무한대로 뻗어나가는지에 대해 궁금해했다.

  → The astronomers wondered about how the universe stretched to _____.

❷ 그 나라는 병력을 배치하기로 결정했다. → The country decided to _____ troops.

❸ 그녀는 곡선미를 강조한 옷을 입는 것을 좋아한다.

  → She likes to wear clothes which _____ her curvaceous body.

❹ 그 후보는 인종차별주의자로 비방을 당했다.

  → The candidate was _____ as a racist.

❺ 홍수는 가난한 사람들의 곤란을 증대시켰다.

  → The flood increased the _____ of poor people.

❻ 그 그룹은 찬반양론으로 나누어졌다. → The group was divided into pros and _____.

❼ 대강 이루어진 검열이 건물에 폭탄을 투하하려 했던 남자에게 기회를 제공했다.
→ The _____ inspection gave an opportunity to the man who attempted to bomb the building.

❽ 철로 노선의 부족은 마을의 발전 속도를 늦추었다.
→ The lack of a rail link _____ the town's development.

❾ 그 편지는 따뜻함과 감정이 결여되어 있었다.
→ The letter was _____ of warmth and feeling.

❿ 그 나라는 적의 공격에 대비해 강력한 무기를 증강해왔다.
→ The country has reinforced its _____ weapons against the enemy's attack.

E 문장의 밑줄 친 부분에 해당하는 유의어 혹은 반의어를 보기에서 골라 적으시오.

보기	predict	careless	consensus	compatible	rule
	retain	desolate	persecute	inauspicious	boring

❶ The auspicious adornment dangles from the gatepost. 반의어 ↔ _____

❷ The army oppressed people in the country it had conquered.
유의어 = _____

❸ The dog kept a vigilant guard over the house. 반의어 ↔ _____

❹ The country was under the reign of the king for many years.
유의어 = _____

❺ The company forfeited benefits during the strike period. 반의어 ↔ _____

❻ The city has only bleak rows of concrete apartment buildings.
유의어 = _____

❼ The foreteller prophesied that I will succeed in two years. 유의어 = _____

❽ Socialism is incompatible with capitalism. 반의어 ↔ _____

❾ The journey soon became tedious. 유의어 = _____

❿ The case is so important that it requires they reach unanimity in agreement.
유의어 = _____

F 영어발음을 듣고 영어단어를 적은 후, 우리말 뜻을 적으시오.

	영어	우리말		영어	우리말
❶	_____	_____	❽	_____	_____
❷	_____	_____	❾	_____	_____
❸	_____	_____	❿	_____	_____
❹	_____	_____	⓫	_____	_____
❺	_____	_____	⓬	_____	_____
❻	_____	_____	⓭	_____	_____
❼	_____	_____	⓮	_____	_____

G 영어문장을 듣고 빈칸에 들어갈 단어를 채워 문장을 완성하시오.

영어문장
듣고 쓰기

❶ She has _____ my advice over the past few days.

❷ The defendant was confronted with _____ evidence of his guilt.

❸ The chairman will _____ over the meeting tonight.

❹ The _____ on the loan led to the collapse of the company in the end.

❺ She was _____ about her marriage.

❻ The detective _____ the old mystery.

❼ The doctor studied the _____ habits of obese people.

❽ The debate was really _____.

❾ _____ over the death penalty is a hot issue nowadays.

❿ The flood in Venice was a major _____.

⓫ The _____ in his left leg is very serious.

⓬ Thank you for your _____ reply.

⓭ The flag _____ in the wind.

⓮ The employees forced her to _____ the presidency.

⓯ Some teachers are _____ by receiving money from parents.

⓰ The direction of the government's policy _____ from its original purpose.

801	**incarnate** [inkáːrneit]	형 사람의 모습을 한, 화신의 동 구체화하다 the devil incarnate 악마의 화신
802	**ingenuous** [indʒénjuːəs]	형 솔직담백한, 순진한 부 ingenuously 순진하게 an ingenuous smile 천진난만한 미소
803	**oblique** [əblíːk|oub-]	형 비스듬한, 완곡한, 부정한 명 obliquity 경사, 경사진 것 oblique hints 완곡한 암시
804	**drawback** [drɔ́ːbæ̀k]	명 결점 유 disadvantage the drawback of the countryside 시골의 결점
805	**proliferate** [prəlífərèit]	동 번식하다, 증식하다 형 proliferative 번식하는 유 breed
806	**foe** [fou]	명 적 유 enemy external foes 외부의 적
807	**symmetrical** [simétrikəl]	형 대칭적인, 균형이 잡힌 명 symmetry 대칭 반 asymmetrical 균형 잡히지 않은 a symmetrical pattern 대칭적인 무늬
808	**speck** [spek]	명 작은 얼룩, 오점 a speck of paint 페인트 얼룩
809	**villain** [vílən]	명 악당 반 hero 영웅 a screen villain 영화 속의 악당
810	**submerge** [səbmə́ːrdʒ]	동 물에 잠그다, 가라앉다 명 submergence 잠수 submerge into the sea 바다 안에 가라앉다
811	**fiscal** [fískəl]	형 재정상의 부 fiscally 재정상으로 유 financial fiscal policies 재정 정책
812	**junction** [dʒʌ́ŋkʃən]	명 접합, 합류점 참 conjunction 결합 a junction station 갈아타는 역
813	**painstaking** [péinztèikiŋ|péins-]	형 노고를 아끼지 않는 painstaking research 힘든 연구
814	**edifice** [édəfis]	명 건축물 유 construction a holy edifice 대사원
815	**aggregate** 형[ǽgrigət] 동[ǽgrigèit]	형 집합적인, 총계의 동 모으다 부 aggregately 모두 합하여
816	**redundant** [ridʌ́ndənt]	형 풍부한, 장황한 부 redundantly 풍부하게 유 plentiful redundant detail 장황한 설명
817	**incur** [inkə́ːr]	동 (손해 등을) 초래하다 명 incurrence 초래 유 sustain incur huge debts 막대한 빚을 지다
818	**conspiracy** [kənspírəsi]	명 음모, 불법 공모 유 plot be party to a conspiracy 음모에 가담하다
819	**compliant** [kəmpláiənt]	형 고분고분한, 순응하는 부 compliantly 고분고분하게 유 docile a compliant workforce 순응하는 인력
820	**residual** [rizídʒuəl|-djuəl]	형 남은 부 residually 나머지로서 residual oil 잔류 석유

✦ 주어진 우리말 문장에 맞도록 알맞은 단어를 넣어 문장을 완성하시오. 정답 p.204

The girl looked at the man as if he were the devil _____.
그 여자아이는 마치 그가 악마의 화신인 것처럼 그 남자를 쳐다보았다.

Straightforward people tend to be _____. 직설적인 사람은 순진한 경향이 있다.

The line on the road is _____. 길에 있는 그 선은 비스듬하다.

The _____ of sugar is that it contains too many calories. 설탕의 결점은 칼로리가 너무 높다는 것이다.

Germs tend to _____ in humid conditions. 세균은 습한 상황에서 번식하는 경향이 있다.

The government should protect people against the external _____.
정부는 외부의 적들에 맞서 사람들을 보호해 줘야 한다.

The sides of the room are not _____. 그 방의 양쪽은 대칭을 이루지 않는다.

Jennifer cleaned the _____ off the carpet. 제니퍼는 카페트의 작은 얼룩을 깨끗이 했다.

The previous _____ later turned into a hero to save the Earth.
이전의 악당은 나중에 지구를 구하는 영웅이 되었다.

The ghost ship _____ into the sea. 그 유령선은 바다 안으로 가라앉았다.

The government's _____ policies helped it overcome the economic crisis.
정부의 재정 정책은 경제 위기를 극복하는 것을 도와주었다.

The city is at the _____ of two rivers. 그 도시는 두 강의 합류 지점에 있다.

The mastery of a language requires _____ effort. 언어 정복은 각고의 노력을 필요로 한다.

The Eiffel Tower is a great _____ of France. 에펠탑은 프랑스의 위대한 건축물이다.

The _____ total of the gold collected was 3 tons. 수집된 금의 총합은 3톤이었다.

The harvest of rice in some areas has become _____ over the past five years.
지난 5년에 걸쳐 일부 지역에서의 쌀 수확이 풍부해졌다.

The company _____ a heavy loss due to his mistake. 그의 실수로 회사는 큰 손실을 입었다.

The men were guilty of _____. 남자들은 불법 공모로 유죄였다.

The employees were fed up with being _____. 종업원들은 시키는 대로 하는 것에 지쳤다.

The government has to decide what to do with the _____ oil.
정부는 잔류 석유를 어떻게 할지를 결정해야 한다.

DAY 21

821 **buoyancy** [bɔ́iənsi | bú:jən-]	명 부력	형 buoyant 부력의 유 lift
	saltwater's buoyancy 소금물의 부력	
822 **consensus** [kənsénsəs]	명 일치, 합의, 여론	
	a national consensus 국민적 합의	
823 **monetary** [mánətèri | mʌ́n-]	형 화폐의	명 money 돈
	the monetary system 화폐 제도	
824 **effusive** [efjú:siv]	형 열렬한, 감정이 넘쳐 흐르는	부 effusively 열렬하게 유 hearty
	an effusive welcome 열렬한 환영	
825 **exponent** [ikspóunənt]	명 (음악) 연주자, 해설자	형 exponential 해설자의
	the world's leading exponent 세계 최고의 연주자	
826 **imprint** [ímprint]	동 강하게 인상지우다, 새기다 명 흔적, 자국	유 engrave
	imprint A on B A를 B에 새기다	
827 **approximation** [əpràksəméiʃən | -rɔ̀k-]	명 근사치	부 approximately 근사치로
	an approximation of the truth 진실에 가까운 것	
828 **prolific** [prəlífik]	형 다산의, 풍부한	유 productive
	a prolific year 풍년	
829 **belie** [bilái]	동 거짓됨을 나타내다, 속여 전하다	유 disprove
	Spring belies its name. 봄이라지만 이름뿐이다.	
830 **ebb** [eb]	명 썰물	반 flow 밀물
	the ebb tide 썰물	
831 **ammunition** [æ̀mjuníʃən]	명 공격 수단, 탄약	
	ammunition for legal action 합법적 행위에 대한 공격 수단	
832 **accomplice** [əkʌ́mplis | əkɔ́m-]	명 공범자	
	an accomplice to murder 살해사건의 공범자	
833 **defame** [diféim]	동 명예[명성]을 훼손하다	
	defame an honest man 정직한 사람의 명예를 훼손하다	
834 **adore** [ədɔ́:r]	동 매우 좋아하다, 찬미하다	명 adoration 숭배, 찬미 유 praise
	adore one's parents ~의 부모님을 매우 좋아하다	
835 **affiliate** [əfílièit]	명 계열사	
	the company's affiliate 회사의 계열사	
836 **stingy** [stíndʒi]	형 인색한, 금전을 아끼는	명 stinginess 인색함
	be stingy with ~에 인색하다	
837 **lethal** [lí:θəl]	형 치명적인, 죽음을 초래하는	유 deadly
	a lethal dose (약의) 치사량	
838 **decipherable** [disáifərəbl]	형 판독할 수 있는	반 indecipherable 판독할 수 없는
	a decipherable code 판독할 수 있는 암호	
839 **verdict** [və́:rdikt]	명 평결	유 judgment
	a guilty verdict 유죄 평결	
840 **impetus** [ímpətəs]	명 자극	유 stimulus
	give an impetus to ~에 자극을 주다	

◆ 주어진 우리말 문장에 맞도록 알맞은 단어를 넣어 문장을 완성하시오. 정답 p.204

The high level of _____ in the Dead Sea makes people float.
사해의 높은 부력은 사람들을 뜨게 한다.

The _____ is against revision. 여론은 개정에 반대한다.

The _____ unit of Japan is the yen. 일본의 화폐 단위는 엔이다.

The ex-president knew better than to expect an _____ welcome from the citizens.
전 대통령은 시민들로부터 열렬한 환영을 기대해서는 안 된다는 것을 더 잘 알고 있었다.

The group is regarded as the world's leading _____ of guitar.
그 그룹은 세계 최고의 기타 연주자로 간주된다.

The horrific scenes from the movie were _____ on my mind.
그 영화의 무서운 장면들이 마음에 남았다.

The data was just a rough _____. 그 데이터는 단지 대략의 근사치이다.

The mountainous area is _____ in valuable minerals. 산악 지대에는 값비싼 광물이 풍부하다.

The facts of the situation _____ his claim. 그 당시의 사실은 그의 주장이 거짓임을 나타냈다.

The group tried to arrive at the beach during the _____ tide.
그 그룹은 썰물일 때 바닷가에 도착하려고 했다.

The information you gave me will be strong _____.
네가 나에게 주었던 정보는 강력한 공격 수단이 될 것이다.

The detective was sure that there was an _____. 형사는 공범자가 있었다고 확신했다.

The newspaper denies any intention to _____ the senator's reputation.
그 신문은 상원위원의 명성을 훼손할 의도가 있었음을 부인한다.

Greg _____ his daughter and would do anything for her.
그렉은 딸을 매우 좋아하여 그녀를 위해서라면 무엇이든 하려고 했다.

The company's _____ are going to make an important announcement.
그 회사의 계열사들이 중요한 발표를 할 예정이다.

The lady living next door is so _____ that people don't like her.
옆집에 사는 여자는 너무 인색해서 사람들이 좋아하지 않는다.

The disclosure will be _____ to his reputation. 그 폭로는 그의 명성에 치명적일 것이다.

The old book is not _____. 그 오래된 책은 판독할 수 없다.

The former _____ was overturned by new evidence. 이전 평결은 새로운 증거에 의해 뒤집혔다.

The incident gave an _____ to lots of people. 그 사건은 많은 사람들에게 자극을 주었다.

841	**preclude** [priklú:d]	통 방해하다, 가로막다 preclude all means 모든 수단을 막다	명 preclusion 배제, 제외 윤 prevent
842	**atypical** [eitípikəl]	형 전형적이 아닌 an atypical example 비전형적인 사례	부 atypically 전형적이지 않게 반 typical 전형적인
843	**eccentric** [ikséntrik | ek-]	형 별난 eccentric behavior 별난 행동	명 eccentricity 남다름 윤 odd
844	**cede** [si:d]	통 권리를 양도하다 cede power 권력을 양도하다	윤 concede
845	**intrinsic** [intrínsik]	형 본질적인 an intrinsic value 본질적인 가치	부 intrinsically 본질적으로
846	**luster** [lʌ́stər]	명 광택 통 광택을 내다 a diamond's luster 다이아몬드 광택	형 lustrous 번쩍이는
847	**assail** [əséil]	통 맹렬히 공격하다 assail with questions 질문을 퍼붓다	형 assailable 공격할 수 있는
848	**append** [əpénd]	통 추가하다 append notes 주석을 달다	명 appendix 부가물, 부록
849	**subdue** [səbdʒúː]	통 진압하다 subdue rebels 반란군을 진압하다	윤 suppress
850	**aggrieve** [əgrí:v]	통 괴롭히다 be aggrieved by ~에 불만을 느끼다	명 aggrievement 괴롭힘 윤 torment
851	**morale** [mərǽl | mɔrá:l]	명 사기, 의욕	
852	**assuage** [əswéidʒ]	통 완화하다, (식욕 등을) 채우다 명 assuagement 완화, 진정 assuage the ill feelings of ~에 대한 반감을 누그러뜨리다	
853	**whip** [hwip]	명 채찍 통 채찍질하다 whip with a switch 회초리로 때리다	윤 lash
854	**coherent** [kouhíərənt | -hér-]	형 일관성 있는 coherent strategy 일관성 있는 전략	부 coherently 일관되게 반 incoherent 일관성 없는
855	**ruthless** [rúːθlis]	형 무자비한 ruthless leader 무자비한 지도자	부 ruthlessly 무자비하게
856	**municipal** [mjuːnísəpəl]	형 시의, 지방 자치의 municipal elections 시의회 의원 선거	명 municipality 지방 자치
857	**aggressive** [əgrésiv]	형 공격적인 aggressive behavior 공격적인 행동	통 aggress 공격하다
858	**carnage** [káːrnidʒ]	명 대량 학살, (전쟁터의) 시체 lead to carnage 대량 학살로 이어지다	윤 slaughter
859	**holocaust** [háləkɔ̀:st | hɔ́l-]	명 대학살, 홀로코스트 a nuclear holocaust 핵무기 대학살	
860	**levity** [lévəti]	명 경솔, 경거망동	

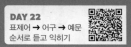

◆ 주어진 우리말 문장에 맞도록 알맞은 단어를 넣어 문장을 완성하시오. 정답 p.204

The law _____ him from running his company for three months.
그 법은 3개월 동안 그의 회사를 운영하지 못하게 했다.

This region's economy is quite _____. 이 지역의 경제는 꽤 전형적이지 않다.

The old lady has some _____ habits. 그 노부인은 다소 별난 습관을 가지고 있다.

The general promised to _____ power next month. 장군은 다음 달에 권력을 양도하겠다고 약속했다.

The _____ value of her diamond is priceless. 그녀의 다이아몬드의 본질적인 가치는 값을 매길 수 없다.

The diamond's _____ drew my attention. 다이아몬드의 광택이 내 주의를 끌었다.

The enemy _____ our fort this morning. 적군이 오늘 아침 우리 요새를 공격했다.

The old man _____ his signature. 그 노인은 사인을 추가했다.

The government announced that the rebel was _____. 정부는 반란군이 진압되었다고 발표했다.

The lady was _____ by his behavior. 여자는 그의 행동에 불만을 느꼈다.

The company needs to do something to boost _____. 그 회사는 사기를 북돋을 무언가를 해야 한다.

The kind woman _____ our hunger. 그 친절한 여성이 우리의 허기를 채워 주었다.

The old man seldom used his _____ on his horse. 노인은 말에게 채찍을 거의 사용하지 않았다.

The government policy was _____. 정부의 방침은 일관되었다.

The leader is considered a _____ person. 그 지도자는 무자비한 사람으로 간주된다.

The _____ authorities officially announced they would control land use.
시 당국은 공식적으로 토지 사용을 통제하겠다고 발표했다.

The lion is showing its _____ behavior. 사자는 공격적인 행동을 보이고 있다.

The old soldier could not forget the _____ of the First World War.
그 늙은 병사는 제1차 세계대전의 대량 학살을 잊을 수 없었다.

The _____ refers to the killing by the Nazis of millions of Jews during the Second World War. 홀로코스트는 제2차 세계대전 중 나치가 수백만 명의 유태인들을 살해한 것을 말한다.

The leader's _____ can loosen the organization. 지도자의 경솔함은 조직을 와해시킬 수 있다.

DAY 22

| 861 | **coalesce** [kòuəlés] | 통 연합하다, 합병하다 | 명 coalescence 연합, 합병 | 유 unite |
| | | coalesce into ~로 합병하다 | | |

| 862 | **bilateral** [bailǽtərəl] | 형 양자 간의 | 부 bilaterally 쌍방으로 | |
| | | bilateral talks 양자 회담 | | |

| 863 | **jeer** [dʒiər] | 통 야유하다 명 조롱 | | |
| | | with jeers and whistles 야유를 받으며 | | |

| 864 | **solidify** [səlídəfài] | 통 응고되다[시키다] | 명 solidification 단결, 응고 | 유 harden |
| | | the solidifying point 응고점 | | |

| 865 | **massacre** [mǽsəkər] | 명 대량 학살 통 대학살하다 | 유 genocide | |
| | | witness a massacre 대량 학살을 목격하다 | | |

| 866 | **nomadic** [noumǽdik] | 형 유목민의 | 명 nomad 유목민 | |
| | | nomadic tribes 유목 부족 | | |

| 867 | **abominate** [əbámənèit | əbɔ́m-] | 통 혐오하다, 증오하다 | 명 abomination 혐오, 증오 | 유 abhor |
| | | abominate idol worship 아이돌 숭배를 혐오하다 | | |

| 868 | **manifold** [mǽnəfòuld] | 형 다방면의, 많은 | | |
| | | manifold interests 다방면의 흥미 | | |

| 869 | **spacious** [spéiʃəs] | 형 넓은 | 명 spaciousness 넓음 반 cramped 비좁은 | |
| | | a spacious room 넓은 방 | | |

| 870 | **sinister** [sínəstər] | 형 사악한 | 부 sinisterly 사악하게 유 evil | |
| | | a sinister purpose 사악한 목적 | | |

| 871 | **oblivion** [əblíviən] | 명 망각 | 형 oblivious 망각의 | |
| | | fall into oblivion 망각 상태에 빠지다 | | |

| 872 | **encircle** [ínsə̀ːrkl] | 통 에워싸다 | 유 surround | |
| | | be encircled by ~로 둘러싸여 있다 | | |

| 873 | **inherent** [inhíərənt | -hér-] | 형 고유의, 타고난 | 명 inherence 타고남 | |
| | | an inherent talent 타고난 재능 | | |

| 874 | **edict** [íːdikt] | 명 칙령, 포고 | 유 decree | |
| | | issue an edict 칙령을 내리다 | | |

| 875 | **upright** [ʌ́pràit] | 형 똑바로 선 | | |
| | | stand upright 똑바로 서다 | | |

| 876 | **epidemic** [èpədémik] | 명 유행병 형 유행의 | | |
| | | a measles epidemic 널리 퍼진 홍역 | | |

| 877 | **adherent** [ædhíərənt | əd-] | 명 지지자 형 점착성의 | 통 adhere 들러붙다 | |
| | | adherents of the policy 그 정책의 지지자 | | |

| 878 | **dubious** [djúːbiəs] | 형 수상쩍은, 모호한 | 유 suspect | |
| | | a dubious character 수상쩍은 사람 | | |

| 879 | **opulent** [ápjulənt | ɔ́p-] | 형 화려한, 부유한 | 명 opulence 부유 반 shabby 초라한 유 affluent | |
| | | an opulent lifestyle 화려한 생활방식 | | |

| 880 | **motif** [moutíːf] | 명 주제 | 유 theme | |

✦ 주어진 우리말 문장에 맞도록 알맞은 단어를 넣어 문장을 완성하시오. 정답 p.204

The nation, which five colonies had ▨▨▨▨▨ into, made a new language.
다섯 개의 식민지를 합병한 그 나라는 새로운 언어를 만들었다.

The long dispute over Dokdo has strained ▨▨▨▨▨ relations between Korea and Japan.
독도 영유권에 관한 오랜 분쟁은 한일 양국의 관계를 긴장시켜 왔다.

The players were ▨▨▨▨▨ by the disappointed fans. 그 연기자들은 실망한 팬의 야유를 받았다.

The hot lava hasn't ▨▨▨▨▨ yet. 뜨거운 용암이 아직 응고되지 않았다.

The little girl witnessed a ▨▨▨▨▨ during the war. 그 작은 소녀는 전쟁 동안에 대량 학살을 목격했다.

The ▨▨▨▨▨ life of a foreign correspondent was reported during the special program.
한 외국 통신원의 유목 생활이 특별 프로그램에서 보도되었다.

The people ▨▨▨▨▨ him as a national traitor. 그 사람들은 그를 국가의 반역자로 취급하고 혐오했다.

The possibilities were ▨▨▨▨▨ . 가능성이 많았다.

The house has many ▨▨▨▨▨ rooms. 그 집에는 넓은 방들이 많다.

The man finally revealed his ▨▨▨▨▨ purpose. 그 사람은 마침내 사악한 목적을 드러냈다.

The grandfather closed his eyes and fell into ▨▨▨▨▨ . 할아버지는 눈을 감고 망각 상태에 빠졌다.

The police started to ▨▨▨▨▨ the demonstrators. 경찰이 시위대를 둘러싸기 시작했다.

The problems you mention are ▨▨▨▨▨ in the system. 당신이 언급한 문제는 시스템 고유의 것이다.

The king issued an ▨▨▨▨▨ that all books must be burned. 왕은 모든 책을 불살라버리도록 칙령을 내렸다.

The man was standing ▨▨▨▨▨ . 그 남자는 똑바로 서 있었다.

The outbreak of the ▨▨▨▨▨ has threatened the people in town.
유행병이 발생해 마을 사람들을 위협했다.

The proposal is gaining more ▨▨▨▨▨ . 그 제안은 지지자들을 점점 더 얻고 있다.

The result is still ▨▨▨▨▨ . 결과가 여전히 모호하다.

The king wore ▨▨▨▨▨ robes for his coronation. 왕은 대관식을 위해 화려한 예복을 입었다.

The ▨▨▨▨▨ of his paintings are peace and humanism. 그의 그림들의 주제는 평화와 인본주의다.

A 우리말과 같은 뜻이 되도록 빈칸에 들어갈 알맞은 단어를 적으시오.

① _____ talks (양자 회담)

② stand _____ (똑바로 서다)

③ a guilty _____ (유죄 평결)

④ _____ power (권력을 양도하다)

⑤ a _____ of paint (페인트 얼룩)

⑥ a screen _____ (영화 속의 악당)

⑦ _____ rebels (반란군을 진압하다)

⑧ a national _____ (국민적 합의)

⑨ a diamond's _____ (다이아몬드 광택)

⑩ be party to a _____ (음모에 가담하다)

B 다음 괄호 안의 지시대로 주어진 단어를 변형시키고 그 뜻을 적으시오.

		변형	뜻
①	proliferate (형용사형으로)	→ _____	_____
②	preclude (명사형으로)	→ _____	_____
③	assail (형용사형으로)	→ _____	_____
④	aggressive (동사형으로)	→ _____	_____
⑤	solidify (명사형으로)	→ _____	_____
⑥	nomadic (명사형으로)	→ _____	_____
⑦	oblivion (형용사형으로)	→ _____	_____
⑧	inherent (명사형으로)	→ _____	_____
⑨	adherent (동사형으로)	→ _____	_____
⑩	ruthless (부사형으로)	→ _____	_____

C 다음 영영풀이에 해당하는 단어를 보기에서 골라 적으시오.

보기	lethal	stingy	drawback	intrinsic	aggrieve
	eccentric	defame	assuage	append	adore

❶ a disadvantage; an undesirable or objectionable feature ➜ _____

❷ to attack the good name or reputation; slander or libel ➜ _____

❸ to regard with the utmost esteem, love, and respect; honor ➜ _____

❹ reluctant to give or spend; not generous ➜ _____

❺ of, pertaining to, or causing death; deadly; fatal ➜ _____

❻ deviating from the recognized or customary character, practice, etc.; erratic; peculiar; odd ➜ _____

❼ belonging to the essential nature of a thing ➜ _____

❽ to add as a supplement, accessory, or appendix; subjoin ➜ _____

❾ to oppress or wrong grievously; injure by injustice ➜ _____

❿ to make milder or less severe; relieve; ease ➜ _____

D 우리말과 같은 뜻이 되도록 주어진 문장의 빈칸을 완성하시오.

❶ 그 여자아이는 마치 그가 악마의 화신인 것처럼 그 남자를 쳐다보았다.

➜ The girl looked at the man as if he were the devil _____.

❷ 언어 정복은 각고의 노력을 필요로 한다.

➜ The mastery of a language requires _____ effort.

❸ 종업원들은 시키는 대로 하는 것에 지쳤다.

➜ The employees were fed up with being _____.

❹ 정부는 잔류 석유를 어떻게 할지를 결정해야 한다.

➜ The government has to decide what to do with the _____ oil.

❺ 전 대통령은 시민들로부터 열렬한 환영을 기대해서는 안 된다는 것을 더 잘 알고 있었다.

➜ The ex-president knew better than to expect an _____ welcome from the citizens.

⑥ 네가 나에게 주었던 정보는 강력한 공격 수단이 될 것이다.

   ➡ The information you gave me will be strong _____.

⑦ 시 당국은 공식적으로 토지 사용을 통제하겠다고 발표했다.

   ➡ The _____ authorities officially announced they would control land use.

⑧ 그 늙은 병사는 제1차 세계대전의 대량 학살을 잊을 수 없었다.

   ➡ The old soldier could not forget the _____ of the First World War.

⑨ 유행병이 발생해 마을 사람들을 위협했다.

   ➡ The outbreak of the _____ has threatened the people in town.

⑩ 그의 그림들의 주제는 평화와 인본주의다.

   ➡ The _____ of his paintings are peace and humanism.

E 문장의 밑줄 친 부분에 해당하는 유의어 혹은 반의어를 보기에서 골라 적으시오.

보기	indecipherable	incoherent	immoral	abhor	financial
	asymmetrical	surround	shabby	productive	typical

① The sides of the room are not symmetrical. 반의어 ↔ _____

② The mountainous area is prolific in valuable minerals. 유의어 = _____

③ The old book is not decipherable. 반의어 ↔ _____

④ This region's economy is quite atypical. 반의어 ↔ _____

⑤ The government policy was coherent. 반의어 ↔ _____

⑥ The people abominated him as a national traitor. 유의어 = _____

⑦ The police started to encircle the demonstrators. 유의어 = _____

⑧ The king wore opulent robes for his coronation. 반의어 ↔ _____

⑨ The government's fiscal policies helped it overcome the economic crisis.

   유의어 = _____

⑩ The magazine was full of articles associated with traditional moral values.

   반의어 ↔ _____

F 영어발음을 듣고 영어단어를 적은 후, 우리말 뜻을 적으시오.

	영어	우리말		영어	우리말
❶			❽		
❷			❾		
❸			❿		
❹			⓫		
❺			⓬		
❻			⓭		
❼			⓮		

G 영어문장을 듣고 빈칸에 들어갈 단어를 채워 문장을 완성하시오.

❶ The government should protect people against external _____.

❷ The ghost ship _____ into the sea.

❸ The company _____ a heavy loss due to his mistake.

❹ The horrific scenes from the movie were _____ on my mind.

❺ The former _____ was overturned by new evidence.

❻ The incident gave an _____ to lots of people.

❼ The nation, which five colonies had _____ into, made a new language.

❽ The house has many _____ rooms.

❾ Germs tend to _____ in humid conditions.

❿ The enemy _____ our fort this morning.

⓫ The hot lava hasn't _____ yet.

⓬ The _____ life of a foreign correspondent was reported during the special program.

⓭ His grandfather closed his eyes and fell into _____.

⓮ The problems you mention are _____ in the system.

⓯ The leader is considered a _____ person.

⓰ The _____ of sugar is that it contains too many calories.

881	**mar** [mɑ:r]	통 손상시키다, 망쳐놓다 명 결점	윤 spoil

mar a person's enjoyment 남의 즐거움을 망쳐놓다

882	**anomaly** [ənɑ́məli｜ənɔ́m-]	명 변칙, 예외	윤 exception

an anomaly in the tax system 세금 제도의 예외

883	**contaminate** [kəntǽmənèit]	통 오염시키다	윤 pollute

be easily contaminated 쉽게 오염되다

884	**sterile** [stéril｜-rail]	형 불모의	반 fertile 비옥한

a sterile land 불모의 땅

885	**concordance** [kɑnkɔ́:rdns｜kən-｜kɔn-]	명 일치, 조화	형 concordal 일치하는

in concordance with ~와 일치하여

886	**jeopardy** [dʒépərdi]	명 위험	윤 danger

be in jeopardy 위험에 빠지다

887	**overthrow** [òuvərθróu]	통 뒤엎다	윤 defeat

overthrow a government 정부를 전복하다

888	**salient** [séiliənt]	형 현저한, 두드러진	

salient features 가장 두드러진 특징

889	**elongate** [ilɔ́:ŋgeit]	통 연장하다, 길게 하다	윤 lengthen

elongate a word 단어를 길게 발음하다[늘이다]

890	**jurisdiction** [dʒùərisdíkʃən]	명 관할권	형 jurisdictional 관할상의

891	**plumage** [plú:midʒ]	명 깃, 깃털	

a peacock's plumage 공작 깃털

892	**counterfeit** [káuntərfit]	형 위조의	윤 forged

counterfeit dollar bills 위조 달러 지폐

893	**oblige** [əbláidʒ]	통 강요하다, 은혜를 베풀다	명 obligation 의무 윤 compel

be obliged to+동사원형 어쩔 수 없이 ~하게 되다

894	**abduct** [æbdʌ́kt]	통 유괴하다	명 abduction 유괴 윤 kidnap

abduct a child 아이를 유괴하다

895	**coerce** [kouə́:rs]	통 강요하다, 억압하다	명 coercer 강요하는 사람 윤 force

coerce someone to+동사원형 ~에게 ~하도록 강요하다

896	**peripheral** [pərífərəl]	형 주변의	부 peripherally 주변에 윤 secondary

peripheral information 주변 정보

897	**affluent** [ǽfluənt｜əflú:-]	형 풍부한, 풍족한	반 poor 빈약한 윤 wealthy

in affluent circumstances 유복하게

898	**indict** [indáit]	통 기소하다	명 indictment 기소

indict one for violence 폭행으로 기소하다

899	**dismal** [dízməl]	형 음산한, 비참한, 우울한	윤 gloomy

a dismal failure 비참한 실패

900	**collaboration** [kəlæbəréiʃən]	명 협동	통 collaborate 협동하다 윤 cooperation

in collaboration with ~와 협동하여

✦ 주어진 우리말 문장에 맞도록 알맞은 단어를 넣어 문장을 완성하시오. 정답 p.205

The party was _____ by violence between the drunk guests.
파티는 술에 취한 손님들 간의 폭력으로 망쳐졌다.

The reaction of the viewers was quite an _____ in Europe. 시청자들의 반응은 유럽에서 사뭇 남달랐다.

The river was _____ with sewage. 하수로 강이 오염되었다.

The land became _____ after the radiation accident. 이 땅은 방사능 사고 이후 불모의 땅이 되었다.

The number he has is in _____ with yours. 그가 가지고 있는 숫자가 너의 것과 일치한다.

The peace talks on nuclear weapons with North Korea were in _____.
북한과의 핵무기에 관한 평화 협상이 위험에 빠졌다.

The result from the recent study _____ an established theory. 최근 연구 결과는 정설을 뒤엎었다.

The _____ points of his plan are summed up in this report.
그의 계획에서 눈에 띄는 점들은 이 보고서에 요약되어 있다.

The light from the candle threw his _____ shadow on the wall.
촛불의 빛이 벽에 그의 길게 늘어진 그림자를 드리웠다.

The organization kept claiming that it has _____ in the area.
그 기관은 그 지역에 대한 관할권을 가지고 있다고 계속 주장했다.

The peacock's _____ covering its body is beautiful. 몸을 덮고 있는 공작의 깃털은 아름답다.

The signature was proven to be _____. 그 사인은 가짜로 판명났다.

The scandal _____ the minister to resign. 그 소문은 그 장관을 어쩔 수 없이 사퇴하게 했다.

The little girl may have been _____ by a stranger.
그 어린 여자아이는 낯선 사람에게 유괴되었을지도 모른다.

The organization may _____ her to do the work. 그 단체는 그녀에게 그 일을 하도록 강요할지도 모른다.

The _____ information she informed me of would not affect my decision.
그녀가 나에게 알려준 주변 정보는 내 결정에 영향을 미치지 않을 것이다.

The society we are living in now is quite _____. 우리가 살고 있는 사회는 상당히 풍족하다.

The senator was _____ for murder. 상원의원은 살인죄로 기소되었다.

The main part of the hospital is pretty _____. 그 병원의 주요 부분은 꽤 음산하다.

The police are investigating the case in _____ with the organization.
경찰은 조직과 협동하여 그 사건을 조사하고 있다.

901	**placebo** [pləsíːbou]	몡 속임약, 위약 the placebo effect 플라시보 효과[위약 효과]
902	**splendor** [spléndər]	몡 훌륭함, 화려함 the splendor of one's attire ~의 호화로운 의상
903	**immortal** [imɔ́ːrtl]	혱 불사의, 불멸의, 불후의　　몡 immortality 불멸　閬 mortal 필멸의 an immortal masterpiece 불후의 명작
904	**perjury** [pə́ːrdʒəri]	몡 위증(죄) commit perjury 위증죄를 범하다
905	**detain** [ditéin]	통 감금하다　　몡 detention 구치　윾 imprison detain a person 누군가를 감금하다
906	**constrain** [kənstréin]	통 강요하다, 속박하다　　몡 constraint 강요, 강제　윾 force feel constrained to+동사원형 ~을 해야 한다고 느끼다
907	**deplete** [diplíːt]	통 고갈시키다, 격감시키다　　혱 deplorable 고갈될 수 있는
908	**mingle** [míŋgl]	통 섞다, 섞이다　　윾 mix refuse to mingle with others 다른 사람들과 어울리는 것을 거부하다
909	**incubate** [ínkjəbèit|íŋ-]	통 품다, 부화하다　　몡 incubation 부화　윾 hatch incubate eggs 알을 품다
910	**malign** [məláin]	혱 해로운　　몡 malignance 악의 malign spirits 악한 정령들
911	**scrutiny** [skrúːtəni]	몡 면밀한 조사, 꼬치꼬치 따지기　　통 scrutinize 면밀히 조사하다 윾 examination make a scrutiny into ~을 면밀히 조사하다
912	**facile** [fǽsl|fǽsail]	혱 손쉬운, 힘들지 않은 a facile method 손쉬운 방법
913	**abate** [əbéit]	통 완화시키다, 잦아들다　　몡 abatement 감소　윾 moderate abate a tax 세금을 완화시키다
914	**deflect** [diflékt]	통 빗나가게 하다, 피하다　　몡 deflection 빗나감　윾 swerve deflect criticism 비난을 피하다
915	**interrogate** [intérəgèit]	통 심문하다　　몡 interrogation 심문 윾 inquiry interrogate a witness 증인을 심문하다
916	**bystander** [báistændər]	몡 구경꾼, 방관자　　윾 onlooker innocent bystanders 무고한 구경꾼
917	**deform** [difɔ́ːrm]	통 변형시키다, 기형으로 만들다　　윾 disfigure
918	**preposterous** [pripástərəs|-pɔ́s-]	혱 앞뒤가 바뀐, 터무니 없는 a preposterous demand 어림없는 요구
919	**innocuous** [inákjuːəs|inɔ́k-]	혱 무해한　　윾 harmless an innocuous snake 무해한 뱀
920	**overdue** [òuvərdjúː]	혱 기간이 지난, 늦은 an overdue loan 연체 대출

◆ 주어진 우리말 문장에 맞도록 알맞은 단어를 넣어 문장을 완성하시오. 정답 p.205

The _____ effect is the effect that makes patients feel better even if they take placeboes.
플라시보 효과는 환자들이 효과가 없는 약을 먹더라도 나아졌다고 느끼게 하는 효과이다.

The _____ of their attire caught everybody's attention. 그들의 호화로운 의상은 모든 이의 눈길을 끌었다.

The soul is _____. 영혼은 영원히 죽지 않는다.

The man was given a four-year sentence for _____. 그 남자는 위증죄로 4년형을 받았다.

The police _____ the protesters for the sake of other people's safety.
경찰은 다른 사람들의 안전을 위해 시위자를 감금했다.

I felt _____ to accept his suggestions. 나는 어쩔 수 없이 그의 제안들을 받아들여야 한다고 느꼈다.

The stock is expected to be _____ before the new supplies arrive.
새로운 물품이 도착하기 전에 재고가 고갈될 것으로 예상된다.

The sounds of laughter and singing _____ in the evening air.
웃음과 노랫소리가 저녁 하늘에 섞였다.

The mother bird came back to her nest and continued to _____ the eggs.
어미 새는 둥지로 돌아와서 계속해서 알을 품었다.

The priest kept on praying so he could expel the _____ spirits.
그 신부는 악한 정령들을 내쫓기 위해 계속해서 기도했다.

A _____ of election form is very necessary. 선거 방식의 면밀한 조사가 꼭 필요하다.

The subject is too complex for a _____ summarization.
그 주제는 너무 복잡해서 손쉬운 요약이 힘들다.

The storm _____. 폭풍이 잦아들었다.

The movie hero _____ bullets. 그 영화 주인공은 총알이 빗나가게 했다.

The prosecutor _____ the witness. 검사는 증인을 심문했다.

The police mistakenly killed an innocent _____ at the scene of the accident.
경찰은 실수로 사고 현장에 있던 무고한 구경꾼을 죽였다.

The tumor produced by an unknown disease caused the bones to enlarge and _____.
알려지지 않은 질병으로 인해 기인한 종양이 뼈를 크게 하고 변형시켰다.

The suggestion is _____. 그 제안은 터무니없다.

The mushrooms under the tree looked _____. 나무 아래에 있는 버섯은 무해한 것처럼 보였다.

The rate of _____ loans is increasing every year due to the economic crisis.
경제 위기 때문에 연체 대출률이 매년 증가하고 있다.

921	**address** [ədrés]	통 연설하다 명 연설	윤 make a speech
		address a meeting 회의에서 연설하다	
922	**chronicle** [kránikl l krón-]	명 연대기	
		a chronicle of the war 전쟁의 연대기	
923	**vanish** [væniʃ]	통 사라지다	반 appear 나타나다
		vanish like smoke 연기처럼 사라지다	
924	**abject** [æbdʒekt]	형 비참한, 절망적인	부 abjectly 비참하게 윤 miserable
		abject poverty 비참한 가난	
925	**trespass** [tréspəs l -pæs]	통 침입하다	
		No trespassing. 무단출입금지	
926	**immutable** [imjú:təbl]	형 불변의	명 immutability 불변 윤 unchangeable
		an immutable law 불변의 법칙	
927	**carcass** [ká:rkəs]	명 시체, 송장	
		save one's carcass 죽음을 면하다	
928	**amenity** [əménəti l əmí:n-]	명 쾌적함 pl. 편의 시설	윤 facility
		material amenities 물질적 편의	
929	**decree** [dikrí:]	명 법령	윤 order
		issue a decree 법령을 선포하다	
930	**intrigue** [intrí:g]	명 음모	명 intriguer 음모자 윤 conspiracy
		a political intrigue 정치적 음모	
931	**pungent** [pʌ́ndʒənt]	형 자극하는, 얼얼한	부 pungently 자극적으로 윤 strong
		a pungent smell 자극하는 냄새	
932	**seething** [sí:ðiŋ]	형 펄펄 끓는, 들끓는	통 seethe 부글거리다, 들끓다
		seething with anger 분해서 속이 부글부글 끓는	
933	**elude** [ilú:d]	통 벗어나다	명 elusion 도피 윤 evade
		elude the law 법망을 뚫다	
934	**pandemic** [pændémik]	형 (병이) 세계적으로 유행하는	윤 widespread
		an influenza pandemic 세계적으로 유행하는 독감	
935	**parasite** [pǽrəsàit]	명 기생충	형 parasitic 기생충의 윤 vermin
		parasite eggs 기생충 알	
936	**realm** [relm]	명 영역	윤 domain
		in the realm of science 과학의 영역에서	
937	**intoxicate** [intáksikèit l -tóks-]	통 취하게 하다	명 intoxication
		intoxicate A with B A를 B로 취하게 하다	
938	**recede** [risí:d]	통 물러가다, 희미해지다	윤 withdraw
		receding waves 물러가는 파도	
939	**repent** [ripént]	통 후회하다, 회개하다	명 repentance 회개 윤 regret
		repent one's sins 죄를 뉘우치다	
940	**jolt** [dʒoult]	통 심하게 흔들다	형 jolty 동요가 심한

✦ 주어진 우리말 문장에 맞도록 알맞은 단어를 넣어 문장을 완성하시오. 정답 p.206

The president of the organization _____ the members. 그 조직의 회장은 회원들에게 연설을 했다.

The vast _____ from the Napoleonic Era will be made into a movie.
나폴레옹 시절의 거대한 연대기가 영화로 만들어질 것이다.

The thief _____ into the crowd. 도둑은 군중 속으로 사라졌다.

The little old woman without any children was living in _____ poverty.
아이가 없는 왜소한 노부인은 비참한 가난 속에 살고 있었다.

She never lets anyone _____ on her rights. 그녀는 누구도 그녀의 권리를 침범하도록 내버려 두지 않는다.

The priority is to establish a precise and _____ set of rules.
우선 사항은 정확하고 변하지 않는 규칙들을 세우는 것이다.

The vulture went close to the _____ of the deer. 그 독수리는 사슴의 시체에 가까이 갔다.

The town offers _____ for children. 그 도시는 아이들에게 편의 시설을 제공한다.

The opposition denounced the _____ as undemocratic. 야당은 그 법령을 반민주적이라고 비난했다.

The reporter revealed the political _____ on live TV news.
기자가 생방송 TV 뉴스에서 정치적인 음모를 밝혔다.

The _____ smell of burning rubber made people feel unpleasant.
자극적인 고무타는 냄새는 사람들을 불쾌하게 했다.

The whole country is _____ over the question. 모든 나라가 그 문제로 떠들썩하고 있다.

The two men managed to _____ the police for six weeks. 두 사람은 6주 동안 간신히 경찰로부터 피했다.

The AIDS _____ has killed so many people.
전 세계적으로 유행하는 후천성 면역결핍증 때문에 많은 사람들이 죽었다.

The research found _____ eggs in soil. 그 연구는 토양에서 기생충 알을 발견했다.

He has devoted all his life to the _____ of science. 그는 과학 영역에 그의 일생을 바쳐왔다.

Wine _____ me very easily. 와인은 나를 매우 쉽게 취하게 한다.

The unhappy memories of her childhood _____ as she grew older.
그녀는 커가면서 어린 시절의 불행한 기억들이 희미해졌다.

The preacher told the Christians to _____ their sins. 목사는 기독교인들에게 죄를 회개하라고 말했다.

The residents in the city felt the earth _____. 그 도시에 있는 주민들은 땅이 심하게 흔들리는 것을 느꼈다.

DAY 24

941	**usher** [ʌ́ʃər]	동 안내하다 명 안내원	유 escort
		usher into a guest 손님을 안내하다	
942	**propriety** [prəpráiəti]	명 예의바름, 예의	
		with propriety 예의 바르게	
943	**artifice** [á:rtəfis]	명 기술, 책략	
		use every artifice 온갖 책략을 쓰다	
944	**assassinate** [əsǽsənèit]	동 암살하다	명 assassinator 암살자 유 murder
		the assassinated President Kennedy 암살 당한 케네디 대통령	
945	**diffuse** [difjú:z]	동 퍼뜨리다	명 diffusion 유포
946	**noxious** [nάkʃəs|nɔ́k-]	형 해로운, 유독한	명 noxiousness 해로움 유 poisonous
		noxious foods 유해 식품	
947	**solace** [sάləs]	명 위안 동 위안하다	
		find solace in ~을 위안으로 삼다	
948	**impel** [impél]	동 몰아대다, 추진하다	형 impellent 몰아대는
		an impelling force 추진력	
949	**implicate** [ímplikèit]	동 관련[연루]시키다	명 implication 관련 유 involve
		be implicated in (범죄에) 관련되다	
950	**inscription** [inskrípʃən]	명 비문	동 inscribe 새기다
951	**induct** [indʌ́kt]	동 이끌다, 인도하다	
		induct A into B A를 B로 이끌다	
952	**disseminate** [disémənèit]	동 (씨를) 흩뿌리다	
		disseminate false information 거짓 정보를 뿌리다	
953	**arduous** [á:rdʒuəs]	형 고된, 끈기있는	
		an arduous journey 고된 여행	
954	**provocative** [prəvάkətiv|-vɔ́k-]	형 자극적인, 도발적인	동 provoke 자극하다 유 inflammatory
		provocative remarks 도발적인 말	
955	**bellicose** [bélikòus]	형 호전적인	명 bellicoseness 호전적임
		a bellicose statement 호전적인 발언	
956	**inimical** [inímikəl]	형 해로운	부 inimically 해롭게 유 harmful
		be inimical to ~에 해롭다	
957	**epilogue** [épəlɔ̀:g|-làg]	명 끝맺음 말	반 prologue 서언, 머리말
		the epilogue of a song 노래의 마지막 부분	
958	**accretion** [əkrí:ʃən]	명 증가, 첨가(물)	
		the accretion of a population 인구 증가	
959	**subvert** [səbvə́:rt]	동 전복시키다	명 subversion 전복, 타도 유 overturn
		subvert the current sovereign 현 주권을 전복시키다	
960	**fertile** [fə́:rtl|-tail]	형 비옥한	동 fertilize 비옥하게 하다 유 rich
		fertile land 비옥한 땅	

◆ 주어진 우리말 문장에 맞도록 알맞은 단어를 넣어 문장을 완성하시오. 정답 p.206

The receptionist kindly _____ me into the meeting room.
그 접대원은 친절하게 나를 회의실로 안내했다.

Their sense of _____ is ruined. 그들은 예의를 잃었다.

The use of mirrors in a room is an _____ to make the room look larger.
방에 거울을 사용하는 것은 방을 더 크게 보이게 하는 기술이다

President Kennedy was _____ by Lee Harvey Oswald.
케네디 대통령은 리 하비 오스왈드에 의해 암살되었다.

The rumor was _____ from a small town in Nigeria.
그 소문은 나이지리아의 작은 마을에서부터 확산되었다.

The release of _____ fumes into the air has caused serious air pollution.
유해한 연기를 대기에 방출하는 것이 심각한 대기 오염을 야기시켰다.

There are many people who seek _____ in religion. 종교에서 위안을 찾는 사람들이 많다.

The wind _____ the boat toward the shore. 바람이 배를 물가로 몰아댔다.

The president was _____ in the scandal and was forced to resign.
대통령은 그 스캔들에 연루되어 어쩔 수 없이 사임해야 했다.

The sculptors engraved some _____ on the monument. 그 조각가는 기념비에 몇 가지 비문을 새겼다.

Literacy _____ him into a completely different world through books.
읽고 쓰는 능력은 그를 책을 통해서 완전히 다른 세상으로 이끌었다.

There are people who like to _____ false information. 거짓 정보를 뿌리길 좋아하는 사람들이 있다.

The work is very _____. 그 일은 매우 고되다.

The prime minister has made some _____ speeches recently.
최근 수상은 약간 도발적인 연설을 했다.

The senator warned his competitor with a _____ statement.
그 상원의원은 경쟁자에게 호전적인 발언으로 경고했다.

The smoke released from the factory is _____ to the environment.
그 공장에서 배출되는 연기는 환경에 유해하다.

There are also a synopsis of the movie and an _____ included in the book.
그 책에는 영화의 줄거리와 끝맺음 말까지도 포함되어 있다.

There are arguments for and against calcium _____. 칼슘 첨가물에 대한 찬반 논쟁이 있다.

The rebel schemed to _____ the current government. 반란군은 현 정부를 전복시키려고 계획했다.

The settlers tried to find some _____ land. 개척자들은 비옥한 땅을 찾으려 했다.

A 우리말과 같은 뜻이 되도록 빈칸에 들어갈 알맞은 단어를 적으시오.

❶ _____ eggs (알을 품다)

❷ an _____ loan (연체 대출)

❸ issue a _____ (법령을 선포하다)

❹ an _____ journey (고된 여행)

❺ use every _____ (온갖 책략을 쓰다)

❻ _____ a meeting (회의에서 연설하다)

❼ _____ into a guest (손님을 안내하다)

❽ a _____ of the war (전쟁의 연대기)

❾ make a _____ into (~을 면밀히 조사하다)

❿ in the _____ of science (과학의 영역에서)

B 다음 괄호 안의 지시대로 주어진 단어를 변형시키고 그 뜻을 적으시오.

	변형	뜻
❶ concordance (형용사형으로) →	_____	_____
❷ abduct (명사형으로) →	_____	_____
❸ indict (명사형으로) →	_____	_____
❹ collaboration (동사형으로) →	_____	_____
❺ malign (명사형으로) →	_____	_____
❻ elude (명사형으로) →	_____	_____
❼ parasite (형용사형으로) →	_____	_____
❽ inscription (동사형으로) →	_____	_____
❾ provocative (동사형으로) →	_____	_____
❿ fertile (동사형으로) →	_____	_____

C 다음 영영풀이에 해당하는 단어를 보기에서 골라 적으시오.

보기	diffuse	dismal	trespass	bellicose	abate
	inimical	detain	implicate	innocuous	oblige

① likely to cause damage; harmful ➡ _____

② causing gloom or dejection; gloomy; dreary ➡ _____

③ to hold or keep someone in a prison or some other place ➡ _____

④ to reduce in amount, degree, intensity, etc.; lessen; diminish ➡ _____

⑤ not harmful or injurious; harmless ➡ _____

⑥ to go with no permission; infringe ➡ _____

⑦ to spread or scatter widely or thinly; disseminate ➡ _____

⑧ to show to have a connection with a crime, etc.; involve ➡ _____

⑨ inclined or eager to fight; aggressively hostile; belligerent ➡ _____

⑩ to make someone legally or morally bound to do something ➡ _____

D 우리말과 같은 뜻이 되도록 주어진 문장의 빈칸을 완성하시오.

① 시청자들의 반응은 유럽에서 사뭇 남달랐다.

➡ The reaction of the viewers was quite an _____ in Europe.

② 그의 계획에서 눈에 띄는 점들은 이 보고서에 요약되어 있다.

➡ The _____ points of his plan are summed up in this report.

③ 그녀가 나에게 알려준 주변 정보는 내 결정에 영향을 미치지 않을 것이다.

➡ The _____ information she informed me of would not affect my decision.

④ 새로운 물품이 공급 되기 전에 재고가 고갈될 것으로 예상된다.

➡ The stock is expected to be _____ before the new supplies arrive.

⑤ 경찰은 실수로 사고 현장에 있던 무고한 구경꾼을 죽였다.

➡ The police mistakenly killed an innocent _____ at the scene of the accident.

⑥ 그 도시는 아이들에게 편의 시설을 제공한다.

➡ The town offers _____ for children.

⑦ 기자가 생방송 TV 뉴스에서 정치적인 음모를 밝혔다.

➡ The reporter revealed the political _____ on live TV news.

⑧ 그녀는 커가면서 어린시절의 불행한 기억들이 희미해졌다.

➡ The unhappy memories of her childhood _____ as she grew older.

⑨ 목사는 기독교인들에게 죄를 회개하라고 말했다.

➡ The preacher told the Christians to _____ their sins.

⑩ 케네디 대통령은 리 하비 오스왈드에 의해 암살되었다.

➡ President Kennedy was _____ by Lee Harvey Oswald.

E 문장의 밑줄 친 부분에 해당하는 유의어 혹은 반의어를 보기에서 골라 적으시오.

보기	poisonous	mortal	prologue	fertile	spoiled
	appear	miserable	polluted	danger	wealthy

❶ The party was marred by violence between the drunk guests.

유의어 = _____

❷ The river was contaminated with sewage. 유의어 = _____

❸ The land became sterile after the radiation accident. 반의어 ↔ _____

❹ The peace talks on nuclear weapons with North Korea were in jeopardy.

유의어 = _____

❺ The society we are living in now is quite affluent. 유의어 = _____

❻ The soul is immortal. 반의어 ↔ _____

❼ The thief vanished into the crowd. 반의어 ↔ _____

❽ The little old woman was living in abject poverty. 유의어 = _____

❾ The release of noxious fumes into the air has caused serious air pollution.

유의어 = _____

❿ There are also a synopsis of the movie and an epilogue included in the book.

반의어 ↔ _____

F 영어발음을 듣고 영어단어를 적은 후, 우리말 뜻을 적으시오.

	영어	우리말		영어	우리말
❶	____	____	❽	____	____
❷	____	____	❾	____	____
❸	____	____	❿	____	____
❹	____	____	⓫	____	____
❺	____	____	⓬	____	____
❻	____	____	⓭	____	____
❼	____	____	⓮	____	____

G 영어문장을 듣고 빈칸에 들어갈 단어를 채워 문장을 완성하시오.

❶ The organization may _____ her to do the work.

❷ The signature was proven to be _____.

❸ The man was given a four-year sentence for _____.

❹ The AIDS _____ has killed so many people.

❺ Wine _____ me very easily.

❻ Their sense of _____ is ruined.

❼ The wind _____ the boat toward the shore.

❽ The number he has is in _____ with yours.

❾ The little girl may have been _____ by a stranger.

❿ The senator was _____ for murder.

⓫ The priest kept on praying so he could expel the _____ spirits.

⓬ The president of the organization _____ the members.

⓭ The sculptors engraved some _____ on the monument.

⓮ The settlers tried to find some _____ land.

⓯ The scandal _____ the minister to resign.

⓰ The main part of the hospital is pretty _____.

961	**sober** [sóubər]	형 차분한, 냉정한, 술 취하지 않은　뷔 soberly 냉정하게 a sober assessment 냉정한 평가
962	**diminution** [dìmənjúːʃən]	명 감소, 감축　　　　　　　　통 diminish 감소하다 diminution in asset value 자산 가치의 감소
963	**affinity** [əfínəti]	명 좋아함, 공감, 관련성　　형 affinitive 밀접한 관계가 있는 윤 attraction have an affinity for ～에 매력을 느끼다
964	**lag** [læg]	통 뒤떨어지다 lag behind 뒤처지다
965	**cascade** [kæskéid]	명 인공폭포 be powered by a cascade 인공폭포로 발전을 하다
966	**stately** [stéitli]	형 웅대한, 장엄한　　　　　명 stateliness 당당함 윤 majestic a stately procession 장엄한 행렬
967	**suspicion** [səspíʃən]	명 혐의　　　　　　　　　통 suspect 의심하다 above suspicion 혐의가 없는
968	**disparity** [dispǽrəti]	명 불균형, 격차 wage disparities 임금 격차
969	**rouse** [rauz]	통 일으키다　　　　　　　윤 arouse rouse interest in ～에 흥미를 일으키다
970	**sporadic** [spərǽdik]	형 산발적인　　　　　　　뷔 sporadically 그럴듯하게 sporadic attacks 산발적인 공격
971	**unilateral** [jùːnəlǽtərəl]	형 일방적인　　　　　　　뷔 unilaterally 일방적으로 a unilateral decision 일방적인 결정
972	**intermittent** [ìntərmítnt]	형 때때로 중단되는, 간헐성의 an intermittent spring 간헐천
973	**fluctuation** [flʌ̀ktʃuéiʃən]	명 변동, 오르내림　　　　통 fluctuate 변동하다 a fluctuation in temperature 온도의 변동
974	**linger** [língər]	통 오래 머물다
975	**clasp** [klæsp｜klɑːsp]	통 꼭 쥐다　　　　　　　윤 grasp
976	**constituent** [kənstítʃuənt]	형 구성하는 명 구성 성분　명 constitution 구성 윤 component the constituent parts of bread 빵의 구성 성분
977	**relish** [réliʃ]	명 맛, 풍미　　　　　　　윤 taste, flavor with relish 음미하며
978	**dearth** [dəːrθ]	명 부족 a dearth of information 정보 부족
979	**ponderous** [pándərəs｜pɔ́n-]	형 묵직한, 육중한　　　　뷔 ponderously 육중하게 ponderous steps 묵직한 걸음
980	**alibi** [ǽləbài]	명 알리바이, 현장 부재 증명 have an alibi 알리바이가 있다

✦ 주어진 우리말 문장에 맞도록 알맞은 단어를 넣어 문장을 완성하시오. 정답 p.207

The _____ assessment of the plan will help him get better results.
계획에 대한 냉정한 평가는 그가 더 좋은 결과를 얻도록 도와줄 것이다.

There was a slight _____ in the stock's value. 주식의 가치에 약간의 감소가 있었다.

There is a close _____ between Italian and Spanish. 이탈리아어와 스페인어 사이에는 밀접한 관련이 있다.

The runner-up _____ 5 minutes behind the marathon champion.
2등 주자는 마라톤 우승자보다 5분 뒤처졌다.

The small town is powered by a _____ nearby. 그 작은 마을은 근처에 있는 인공폭포에서 전기를 얻는다.

The _____ procession that hundreds of soldiers participated in was very impressive.
수백 명의 군인들이 참여했던 장엄한 행렬은 아주 인상적이었다.

There was some _____ that they were involved in the murder case.
그들이 그 살인 사건에 연루되었다는 혐의가 존재했다.

There is a great _____ between mental labor and manual labor.
정신노동과 육체노동 사이에는 커다란 격차가 있다.

The scene involving the poor boy _____ a feeling of sympathy in her.
불쌍한 소년의 광경은 그녀에게 동정심을 불러 일으켰다.

The _____ attacks caused a lot of damage to the country. 산발적인 공격이 그 나라에 많은 피해를 입혔다.

The students complained that they are forced to obey the _____ decision of the school.
학생들은 학교의 일방적인 결정에 따르도록 강요받는다고 불평했다.

There will be _____ showers this afternoon. 오늘 오후 간헐적인 소나기가 내릴 것이다.

There is a wide _____ in the prices of commodities. 상품 가격에 큰 변동이 있다.

The scent of her perfume _____ in the room. 그녀의 향수 냄새가 방에 오래도록 남아 있었다.

The stranger _____ me by the hand. 낯선 사람이 나의 손을 꼭 쥐었다.

The students did the experiment to discover the _____ parts of bread in their science class. 학생들은 과학 시간에 빵의 구성 성분을 알아내는 실험을 했다.

These have to be eaten with _____. 이것들은 음미하며 먹어야 한다.

There was a _____ of reliable information on the subject.
그 주제에 대해서 신뢰할 만한 정보가 부족했다.

The soldiers' steps were heavy and _____. 군인들의 걸음은 매우 무겁고 묵직했다.

The suspicious person has an _____. 그 의심스러운 사람은 알리바이를 가지고 있다.

DAY 25

981	**prolong** [prəlɔ́ːŋǀ-láŋ]	통 연장하다 prolong a trial 재판을 연장하다	명 prolongment 연장 유 lengthen
982	**truce** [truːs]	명 휴전, 정전 a flag of truce 휴전의 백기	
983	**precipitation** [prisìpətéiʃən]	명 투하, 추락, 강수 amount of precipitation 강수량	형 precipitative 가속적인
984	**debris** [dəbríːǀdéibriːǀdébriː]	명 부스러기, 파편 the flying debris of bombs 날아다니는 폭탄 파편	
985	**scribble** [skríbl]	통 낙서하다 scribble on a wall 벽에 낙서하다	명 scribbler 악필가
986	**testimony** [téstəmòuniǀ-məni]	명 증언 false testimony 위증	형 testimonial 증언의 유 evidence
987	**indispensable** [ìndispénsəbl]	형 긴요한, 필요 불가결한 an indispensable member 긴요한 일원	반 dispensable 불필요한
988	**prophetic** [prəfétik]	형 예언자의 prophetic writings 예언서	명 prophet 예언자
989	**plunge** [plʌndʒ]	통 던져 넣다, 뛰어들다 명 뛰어듦 plunge into ~에 뛰어들다, 돌입하다	
990	**foreshadow** [fɔːrʃǽdou]	통 징조를 보이다, 예시하다	
991	**attenuate** [əténjuèit]	통 가늘게 하다, 약하게 하다 attenuate the virus 바이러스를 약하게 하다	명 attenuation 약화 반 strengthen 강하게 하다
992	**unanimous** [juːnǽnəməs]	형 만장일치의, 동의하는	부 unanimously 만장일치로
993	**staunch** [stɔːntʃǀstɑːntʃ]	형 견고한, 충실한 staunch friends 충실한 친구	
994	**disarmament** [disɑ́ːrməmənt]	명 무장 해제, 군축[군비 축소] a disarmament conference 군축 회의	통 disarm 무장해제하다
995	**arbitrate** [ɑ́ːrbətrèit]	통 중재하다	형 arbitrative 중재하는
996	**bombard** [bɑmbɑ́ːrdǀbɔm-]	통 폭격하다 bombard the enemy 적을 폭격하다	명 bombardment 폭격
997	**viable** [vɑ́iəbl]	형 생존 가능한, 실행 가능한 a viable economy 실현 가능한 경제	유 workable
998	**nomad** [nóumæd]	명 유목민 a country of nomads 유목민의 국가	형 nomadic 유목하는
999	**seduce** [sidjúːs]	통 유혹하다 seduce a person into ~하도록 유혹하다	명 seduction 유혹 유 tempt
1000	**aperiodic** [eipìəriádikǀ-ɔ́d-]	형 불규칙한 aperiodic movements 불규칙한 움직임	부 aperiodically 불규칙적으로 유 irregular

◆ 주어진 우리말 문장에 맞도록 알맞은 단어를 넣어 문장을 완성하시오. 정답 p.207

The surgeon was confident to say that the patient's life could be _____ by the operation.
내과의사는 그 환자의 생명이 수술로 연장될 수 있다고 자신있게 말했다.

They agreed on a _____. 그들은 휴전 협정을 체결했다.

There will be some _____ in the northern hills tonight. 오늘 밤 북쪽 언덕 지역에 비가 다소 내릴 것이다.

The streets are full of _____ from last night's riot. 거리는 어젯밤 폭동의 잔해로 가득 차 있다.

The teacher told the students not to _____ on the wall.
선생님은 학생들에게 벽에 낙서하지 말라고 얘기했다.

The suspect threatened the witness to give false _____.
그 용의자는 목격자에게 위증을 해달라고 협박했다.

They are _____ for this project. 그들은 이 프로젝트에 꼭 필요하다.

These were _____ words. 이것들은 예언자의 말들이었다.

The swimmers _____ into the water at the signal. 수영선수들은 신호를 듣고 물속으로 뛰어들었다.

The team's failure _____ the crisis of the company. 그 팀의 실패는 회사의 위기 징조를 보여줬다.

The team has gradually been _____ by the players' injuries. 그 팀은 선수들의 부상으로 점차 약해졌다.

They are _____ in their desire for reform. 그들은 개혁에 대한 열망으로 만장일치이다.

They are _____ supporters of the Republican Party. 그들은 공화당의 충실한 지지자들이다.

The two nations were having a conference about nuclear _____.
두 나라는 핵 군축에 대하여 회담을 하고 있었다.

The two sides asked the government to _____ between them.
양쪽은 정부에게 그들 사이에서 중재를 하도록 요청했다.

The town was heavily _____ by the enemy. 마을은 적에 의해 심하게 폭격 당했다.

They can be _____ alternatives to vehicles powered by gasoline.
그것들은 휘발유 자동차의 실행 가능한 대안이 될 수 있다.

They are the _____ who raise cattle and camels. 그들은 가축과 낙타를 키우는 유목민이다.

The view of the snow-covered mountains _____ many people.
눈 덮인 산의 풍경이 많은 사람들을 유혹했다.

The unidentified object showed some _____ movements. 미확인 물체는 불규칙한 움직임을 보였다.

1001 **voluntary** [váləntèri]	형 자발적인 a voluntary act 자발적인 행동	반 compulsory 의무적인
1002 **autocracy** [ɔ:tάkrəsi]	명 독재 정치 the victory against autocracy 독재 정치에 대항한 승리	명 autocrat 독재자 반 democracy 민주주의
1003 **impregnable** [ìmprégnəbl]	형 철벽의, 확고한 an impregnable fort 난공불락의 요새	명 impregnability 난공불락
1004 **pathetic** [pəθétik]	형 애처로운, 불쌍한 a pathetic sight 애처로운 광경	부 pathetically 애처롭게도 유 moving
1005 **partake** [pɑːrtéik]	동 참여하다 partake in a meeting 회의에 참석하다	유 participate
1006 **interlude** [íntərlùːd]	명 사이, (시간적) 간격 without interlude 끊임없이	유 interval
1007 **vindicate** [víndəkèit]	동 정당함을 입증하다 vindicate oneself 변명하다, 자기의 주장을 옹호하다	유 acquit
1008 **humanitarian** [hju:mænətέəriən|hju:-]	형 인도주의의 명 인도주의자 a humanitarian organization 인도주의 단체	유 humane
1009 **curtail** [kəːrtéil]	동 짧게 줄이다 curtailed words 단축어	유 reduce
1010 **sedate** [sidéit]	형 차분한, 조용한 a sedate town 조용한 마을	부 sedately 침착하게 유 calm
1011 **blaze** [bleiz]	동 불타다 the blazing house 불타는 집	형 ablaze 불타는
1012 **threshold** [θréʃhòuld]	명 문턱, 입구 on the threshold 문턱에서	
1013 **quake** [kweik]	동 덜덜 떨다, 진동하다 quake with fear 두려움에 떨다	
1014 **acronym** [ǽkrənìm]	명 두문자어 	형 acronymic 두문자어의
1015 **volatile** [válətl|-til|vɔ́lətàil]	형 변덕스러운, 휘발성의 	동 volatilize 휘발시키다
1016 **whirl** [hwəːrl]	동 선회하다, 빙빙 돌다 명 선회 whirl in the wind 바람에 빙빙 돌며 날다	유 turn
1017 **replete** [riplíːt]	형 충만한, 충분히 공급된 be replete with ~로 충만하다	유 abundant
1018 **discord** [dískɔːrd]	명 불일치, 불화 be in discord with facts 사실과 일치하지 않다	참 discordance 불화
1019 **surveillance** [sərvéiləns|-ljəns]	명 감시 under surveillance 감시 하에	동 surveil 감시하다 유 observation
1020 **effervesce** [èfərvés]	동 부글부글 거품이 일다 	형 effervescent 거품이 이는

✦ 주어진 우리말 문장에 맞도록 알맞은 단어를 넣어 문장을 완성하시오. 정답 p.207

_____ participation led to the success of the environment campaign.
자발적인 참여가 환경 캠페인의 성공을 이끌었다.

They had a sudden transition from an _____ to a democracy.
그들은 독재 정치에서 민주 정치로 급격히 이행했다.

They built an _____ fort 그들은 난공불락의 요새를 지었다.

The woman saw a _____ sight of little boys begging for money on the street.
그 여자는 어린 소년들이 거리에서 동냥하는 애처로운 광경을 보았다.

The vice president of the company _____ in the meeting yesterday.
어제 그 회사의 부회장이 회의에 참석했다.

The war lasted nine years without even a short _____ of peace.
짧은 평화의 틈도 없이 전쟁은 9년 동안 지속되었다.

They keep _____ themselves. 그들은 계속해서 자신들의 주장을 옹호한다.

They decided to provide _____ aid to the people in the war zone.
그들은 전쟁 지역에 인도주의적인 도움을 주기로 결정했다.

The word "acronym" was coined for _____ words. '두문자어'라는 단어는 단축된 단어를 위하여 만들어졌다.

The village was _____ before they came. 그들이 오기 전에는 마을이 조용했다.

The whole building was _____ in front of us. 건물 전체가 우리 앞에서 불타고 있었다.

They met at the _____ of the theater. 그들은 극장의 입구에서 만났다.

They felt the ground _____ as the bomb exploded.
그들은 폭탄이 터지면서 땅이 진동하는 것을 느꼈다.

The word "radar" is the _____ of "radio detecting and ranging."
'radar(레이다)'라는 단어는 'radio detecting and ranging'(전파이용 탐지 및 거리 측정)의 두문자어이다.

The _____ situation made it hard for them to decide which direction they should go.
변덕스러운 상황이 그들이 가야 할 방향을 결정하길 어렵게 만들었다.

The wind blew off my hat, and it _____ in the air.
바람이 내 모자를 날려 버렸고 그것은 공중에서 빙빙 돌았다.

This book is _____ with information. 이 책은 정보로 충만하다.

They must be in _____ with their neighbors. 그들은 그들의 이웃들과 불화가 있음이 틀림없다.

There is a _____ camera in the corner of the room near the ceiling.
방 구석 천정 가까이에 감시 카메라가 있다.

The water _____ like soda. 물이 탄산수처럼 부글부글 거품이 일었다.

DAY 26

1021	**wrangle** [rǽŋgl]	몡 언쟁, 논쟁 통 말다툼하다, 언쟁하다	윤 dispute	

a legal wrangle 법적 논쟁

| 1022 | **symmetry** [símətri] | 몡 대칭, 균형 | 혱 symmetrical 대칭의 |

bilateral symmetry 좌우대칭

| 1023 | **postulate** [pástʃulèit \| póstju-] | 통 요구하다, 가정하다 | 몡 postulation 요구, 가정 |

the claims postulated 요구 사항

| 1024 | **retrospective** [rètrəspéktiv] | 혱 회고의 | 閉 retrospectively 회고적으로 빤 prospective 장래의 |

a retrospective view 회고적인 견해

| 1025 | **entangle** [intǽŋgl \| en-] | 통 뒤얽히게 하다 | 몡 entanglement 얽히게 함 |

be entangled 뒤얽히게 되다

| 1026 | **surmount** [sərmáunt] | 통 극복하다, 오르다 | 윤 overcome |

surmount obstacles 장애를 극복하다

| 1027 | **prelude** [prélju:d \| préiʃu:d \| prí:lu:d] | 몡 전조, 서막 | 윤 introduction |

an inevitable prelude 피할 수 없는 전조

| 1028 | **suffrage** [sʌ́fridʒ] | 몡 찬성 투표, 선거권 |

universal suffrage 보통 선거권

| 1029 | **discrepancy** [diskrépənsi] | 몡 모순, 불일치 | 혱 discrepant 모순된 윤 inconsistency |

a discrepancy between two news reports 두 뉴스 보도 간의 모순

| 1030 | **torment** 통[tɔ:rmént] 몡[tɔ́:rment] | 통 괴롭히다 몡 고통, 고문 | 윤 torture |

torment a person 사람을 괴롭히다

| 1031 | **cognate** [kágneit \| kɔ́g-] | 혱 같은 종류의, 유사한 | 몡 cognation 동족 관계 윤 similar |

a cognate idea 비슷한 생각

| 1032 | **apparel** [əpǽrəl] | 몡 의복, 의류 |

ready-to-wear apparel 기성복

| 1033 | **auction** [ɔ́:kʃən] | 몡 경매 |

a public auction 공매

| 1034 | **offset** [ɔ́(:)fsèt] | 통 상쇄하다 |

offset losses by gains 손실과 이익을 상쇄하다   *offset-offset-offset*

| 1035 | **stability** [stəbíləti] | 몡 안정 | 혱 stable 안정된 |

regional stability 지역 안정

| 1036 | **anecdote** [ǽnikdòut] | 몡 일화 | 혱 anecdotic 일화의 윤 story |

amusing anecdotes 재미있는 일화들

| 1037 | **outrage** [áutreidʒ] | 몡 난폭, 폭행 통 격분하게 하다 | 윤 anger |

an outrage against humanity 인류에 어긋나는 포악한 행위

| 1038 | **stigmatize** [stígmətàiz] | 통 오명을 씌우다 | 몡 stigma 오명, 낙인 |

be stigmatized as ~로 오명을 쓰다

| 1039 | **lenient** [lí:niənt] | 혱 관대한 | 閉 leniently 관대하게 윤 merciful |

lenient punishment 관대한[경미한] 처벌

| 1040 | **dissent** [disént] | 통 이의를 말하다 | 몡 dissension 불일치 윤 disagree |

dissent from ~을 반대하다

◆ 주어진 우리말 문장에 맞도록 알맞은 단어를 넣어 문장을 완성하시오. 정답 p.207

The two people _____ over a trivial problem until it became a legal issue.
두 사람은 사소한 문제에 대해 언쟁을 벌이다 법적 논쟁까지 가게 되었다.

This house has perfect _____ . 이 집은 완벽한 대칭을 이룬다.

They _____ a 500-year lifespan for a plastic container.
그들은 플라스틱 용기의 수명이 500년이라고 가정했다.

A _____ exhibition of Van Gogh starts tomorrow. 내일부터 반 고흐의 회고전이 시작된다.

The wires are easily _____ . 전선은 쉽게 뒤얽힌다.

Their music _____ language barriers and became widely popular.
그들의 음악은 언어 장벽을 극복하고 널리 인기 있게 되었다.

This is just a _____ to what we expect to be. 이것은 우리가 기대하는 것의 서막에 불과하다.

They robbed thousands of voters of their _____ . 그들은 수천 명의 투표자들의 선거권을 빼앗았다.

There was a _____ between the school report and the test results.
학교 성적표와 시험 결과 간에 모순이 있었다.

The young should be taught not to _____ other people.
아이들은 다른 사람들을 괴롭히지 않도록 교육 받아야 한다.

There are a number of _____ words in both languages. 두 언어에는 비슷한 단어들이 많이 있다.

This store is famous for woman's _____ . 이 가게는 여성복으로 유명하다.

They sold the furniture by _____ . 그들은 경매로 가구를 팔았다.

These losses will be soon _____ by gains. 이 손실은 이익으로 곧 상쇄될 것이다.

Their goal is to bring about regional _____ . 그들의 목표는 지역의 안정을 가져오는 것이다.

There are many amusing _____ about his life as a pilot in this book.
이 책에는 조종사로서의 그의 삶에 대한 재미있는 일화들이 많다.

This was the main cause of the recent _____ . 이것이 최근 폭동의 주 원인이었다.

He was _____ as a traitor. 그는 반역자로 오명을 썼다.

They believed that the judges were too _____ with the murder suspect.
그들은 판사들이 살인 용의자에게 너무 관대했다고 여겼다.

There are always some people who _____ from our opinion.
항상 우리의 의견을 반대하는 사람들이 있다.

A 우리말과 같은 뜻이 되도록 빈칸에 들어갈 알맞은 단어를 적으시오.

① _____ behind (뒤처지다)

② _____ a trial (재판을 연장하다)

③ amount of _____ (강수량)

④ _____ on a wall (벽에 낙서하다)

⑤ _____ the enemy (적을 폭격하다)

⑥ be _____ as (~로 오명을 쓰다)

⑦ amusing _____ (재미있는 일화들)

⑧ _____ with fear (두려움에 떨다)

⑨ _____ losses by gains (손실과 이익을 상쇄하다)

⑩ a _____ organization (인도주의 단체)

B 다음 괄호 안의 지시대로 주어진 단어를 변형시키고 그 뜻을 적으시오.

	변형	뜻
① diminution (동사형으로) →	_____	_____
② suspicion (동사형으로) →	_____	_____
③ fluctuation (동사형으로) →	_____	_____
④ prophetic (명사형으로) →	_____	_____
⑤ arbitrate (형용사형으로) →	_____	_____
⑥ acronym (형용사형으로) →	_____	_____
⑦ surveillance (동사형으로) →	_____	_____
⑧ symmetry (형용사형으로) →	_____	_____
⑨ entangle (명사형으로) →	_____	_____
⑩ stability (형용사형으로) →	_____	_____

C 다음 영영풀이에 해당하는 단어를 보기에서 골라 적으시오.

보기	sober	lenient	partake	unanimous	stately
	discord	torment	dissent	constituent	aperiodic

❶ serious and calm; not drunk ➙ _____

❷ majestic; imposing in magnificence, elegance, etc. ➙ _____

❸ serving to compose or make up a thing; component ➙ _____

❹ of one mind; in complete agreement; agreed ➙ _____

❺ not periodic; irregular ➙ _____

❻ to take or have a part or share along with others; participate ➙ _____

❼ lack of concord or harmony between persons or things ➙ _____

❽ to afflict with great bodily or mental suffering; pain ➙ _____

❾ agreeably tolerant; permissive; indulgent ➙ _____

❿ to differ in sentiment or opinion, especially from the majority ➙ _____

D 우리말과 같은 뜻이 되도록 주어진 문장의 빈칸을 완성하시오.

❶ 거리는 어젯밤 폭동의 잔해들로 가득 차 있다.

➙ The streets are full of _____ from last night's riot.

❷ 그것들은 휘발유 자동차의 실행 가능한 대안이 될 수 있다.

➙ They can be _____ alternatives to vehicles powered by gasoline.

❸ 눈 덮인 산의 풍경이 많은 사람들을 유혹했다.

➙ The view of the snow-covered mountains _____ many people.

❹ 그 여자는 어린 소년들이 거리에서 동냥하는 애처로운 광경을 보았다.

➙ The woman saw a _____ sight of little boys begging for money on the street.

❺ 그들이 오기 전에는 마을이 조용했다.

➙ The village was _____ before they came.

⑥ 그들은 플라스틱 용기의 수명이 500년이라고 가정했다.

→ They _____ a 500-year lifespan for a plastic container.

⑦ 그들의 음악은 언어 장벽을 극복하고 널리 인기 있게 되었다.

→ Their music _____ language barriers and became widely popular.

⑧ 정신노동과 육체노동 사이에는 커다란 격차가 있다.

→ There is a great _____ between mental labor and manual labor.

⑨ 학생들은 학교의 일방적인 결정에 따르도록 강요받는다고 불평했다.

→ The students complained that they are forced to obey the _____

decision of the school.

⑩ 산발적인 공격이 그 나라에 많은 피해를 입혔다.

→ The _____ attacks caused a lot of damage to the country.

E 문장의 밑줄 친 부분에 해당하는 유의어 혹은 반의어를 보기에서 골라 적으시오.

보기	evidence	democracy	arouse	compulsory	anger
	dispensable	prospective	strengthened	dispute	reduced

❶ The scene <u>roused</u> a feeling of sympathy in her. 유의어 = _____

❷ The suspect threatened the witness to give false <u>testimony</u>. 유의어 = _____

❸ They are <u>indispensable</u> for this project. 반의어 ↔ _____

❹ The team has been <u>attenuated</u> by the players' injuries. 반의어 ↔ _____

❺ <u>Voluntary</u> participation led to the success of the environment campaign.

반의어 ↔ _____

❻ They had a sudden transition from an <u>autocracy</u> to a democracy.

반의어 ↔ _____

❼ The word "acronym" was coined for <u>curtailed</u> words. 유의어 = _____

❽ A <u>retrospective</u> exhibition of van Gogh starts tomorrow. 반의어 ↔ _____

❾ This was the main cause of the recent <u>outrage</u>. 유의어 = _____

❿ The <u>wrangle</u> between two people over trivial problems became a legal issue.

유의어 = _____

F 영어발음을 듣고 영어단어를 적은 후, 우리말 뜻을 적으시오.

	영어	우리말		영어	우리말
❶			❽		
❷			❾		
❸			❿		
❹			⓫		
❺			⓬		
❻			⓭		
❼			⓮		

G 영어문장을 듣고 빈칸에 들어갈 단어를 채워 문장을 완성하시오.

❶ There is a close _____ between Italian and Spanish.

❷ The swimmers _____ into the water at the signal.

❸ They keep _____ themselves.

❹ They met at the _____ of the theater.

❺ There was a _____ between the school report and the test results.

❻ There was a slight _____ in the stock's value.

❼ There was some _____ that they were involved in the murder case.

❽ There is a wide _____ in the prices of commodities.

❾ The two sides asked the government to _____ between them.

❿ The word "radar" is the _____ of radio detecting and ranging.

⓫ There is a _____ camera in the corner of the room near the ceiling.

⓬ The wires are easily _____.

⓭ The _____ assessment of the plan will help him get better results.

⓮ The _____ procession that hundreds of soldiers participated in was very impressive.

⓯ The students did the experiment to discover the _____ parts of bread in their science class.

⓰ They are _____ in their desire for reform.

1041	**protrude** [proutrú:d]	图 내밀다, 튀어나오다 protruding eyes 튀어나온 눈	명 protrusion 내밀기
1042	**perishable** [périʃəbl]	형 썩기 쉬운 a perishable item 썩기 쉬운 물질	통 perish 썩다, 죽다
1043	**jubilant** [dʒú:bələnt]	형 환호하는 in a jubilant mood 환호하는 분위기로	명 jubilance 환희
1044	**reservoir** [rézərvwɑ̀:r]	명 저수지, 저장(소) a great reservoir of knowledge 많은 지식의 축적	유 store
1045	**inconspicuous** [ìnkənspíkjuəs]	형 눈에 띄지 않는 inconspicuous phenomena 눈에 띄지 않는 현상	명 inconspicuousness 눈에 띄지 않음
1046	**credulous** [krédʒələs]	형 잘 속는, 쉽게 믿는 credulous clients 잘 속는 고객	명 credulity 잘 믿음 반 suspicious 의심하는
1047	**stature** [stǽtʃər]	명 신장 small in stature 몸집이 작은	
1048	**antedate** [ǽntidèit]	통 앞당기다 antedate one's departure 출발을 앞당기다	
1049	**vault** [vɔ:lt]	명 지하실, 둥근 천장 the vault of a great cathedral 대성당의 둥근 천장	
1050	**complacent** [kəmpléisnt]	형 자기만족의 a complacent look 자기만족의 모습	명 complacency 자기만족
1051	**tyrannical** [tirǽnikəl | tai-]	형 전제적인, 폭군적인 a tyrannical government 전제 정부	명 tyranny 전제, 폭정 유 dictatorial
1052	**elastic** [ilǽstik]	형 탄력 있는 be extremely elastic 신축성이 뛰어나다	유 flexible
1053	**patent** [pǽtnt | péit-]	명 특허(권) 형 특허의 apply for a patent 특허를 출원하다	유 copyright
1054	**fabulous** [fǽbjuləs]	형 멋진, 전설적인 a fabulous view 멋진 경치	부 fabulously 멋지게 유 legendary
1055	**statute** [stǽtʃu:t]	명 법령 a statute of limitations 공소시효	형 statutory 법령의
1056	**ignoble** [ignóubl]	형 품위 없는, 천한, 비열한 an ignoble person 품위 없는 사람	명 ignobility 천함 반 noble 품위 있는
1057	**eloquent** [éləkwənt]	형 웅변을 잘하는, 감동시키는 an eloquent speech 설득력 있는 연설	
1058	**opportune** [àpərtjú:n | ɔ́pətjù:n]	형 시기가 좋은, 적절한 an opportune remark 시기적절한 의견	명 opportunity 호기
1059	**outstretched** [àutstrétʃt]	형 펼친 outstretched arms 앞으로 뻗은 팔	통 outstretch 펴다, 내밀다 유 wide
1060	**encompass** [inkʌ́mpəs]	통 포위하다, 포함하다 be encompassed by ~에 포위 당하다	명 encompassment 포위 유 surround

✦ 주어진 우리말 문장에 맞도록 알맞은 단어를 넣어 문장을 완성하시오. 정답 p.208

Many nails are _____ from the wall to hang coats on. 벽에 코트를 거는 못이 많이 튀어나와 있다.

Those _____ items must go into the refrigerator first. 썩기 쉬운 것들이 냉장고에 먼저 들어가야 한다.

They were _____ because of their victory. 그들은 승리로 인해 환호했다.

They found a huge oil _____ under the sea. 그들은 바다 밑에서 거대한 석유 매장지를 찾았다.

There are phenomena that are _____. 눈에 띄지 않는 현상들이 있다.

There are some people who deceive _____ clients to earn a lot of money.
많은 돈을 벌기 위해 쉽게 믿는 고객을 속이는 사람들이 일부 있다.

Though he is small in _____, he is very strong. 그는 몸집은 작지만 매우 힘이 세다.

This accident _____ his departure from England. 이 사고 때문에 그는 영국에서의 출발을 앞당겼다.

They found a passageway to a big _____ underneath the church.
그들은 교회 아래에 있는 큰 지하실로 통하는 길을 찾았다.

There was a _____ look on his face as he checked his work.
그는 자신의 일을 점검하면서 얼굴에 스스로 만족하는 모습을 보였다.

There are still many countries around the world suffering from _____ governments.
세계에는 전제주의적 정부 때문에 고통을 겪고 있는 나라들이 여전히 많이 있다.

My little sister always wears an _____ headband, which makes her more beautiful.
내 어린 동생은 항상 탄력있는 헤어 밴드를 하는데, 그것이 그녀를 더 예뻐보이게 한다.

His new automatic pet feeding machine is _____ pending.
그의 새로운 애완동물 자동급식기는 특허 출원중이다.

They had a _____ time in Paris last week. 그들은 지난 주 파리에서 멋진 시간을 보냈다.

They extended the _____ of limitations. 그들은 공소시효를 연장했다.

There can be a huge communication barrier with such an _____ person.
그런 품위 없는 사람과는 커다란 의사 소통의 장벽이 있을 수 있다.

Tom is an _____ speaker. 톰은 웅변을 잘하는 연설가이다.

This is an _____ place to fix the camp. 이곳은 캠프를 치기에 적절한 장소이다.

They handed a baby into the woman's _____ arms. 그들은 그녀의 펼친 팔 안으로 아기를 건네 주었다.

The ministry will rewrite the current law to _____ better technology safeguard.
내각은 더 나은 기술 보호를 포함하기 위해 현행법을 개정할 것이다.

DAY 27

1061	**omnipresent** [àmniprézənt | ɔm-]	혱 편재하는, 어디에나 존재하는 an omnipresent feature 편재하는 특징	몡 omnipresence 편재 윤 universal
1062	**apartheid** [əpá:rtheit | -hait]	몡 (남아공의) 인종차별 격리정책, 아파르트헤이트	
1063	**unexampled** [ʌ̀nigzǽmpld | -zá:m-]	혱 전례가 없는 a time of unexampled prosperity 전례 없는 번영의 시기	
1064	**compost** [kámpoust]	몡 혼합비료 통 ~에 퇴비를 주다 a compost heap 비료 더미	
1065	**abreast** [əbrést]	분 나란히, 병행하여	
1066	**fabricate** [fǽbrikèit]	통 위조하다 fabricate data 자료를 위조하다	몡 fabrication 위조 윤 forge
1067	**aggression** [əgréʃən]	몡 침략, 공격성 an armed aggression 무력 침략	혱 aggressive 공격적인 윤 hostility
1068	**blunt** [blʌnt]	혱 무딘, 퉁명스러운 a blunt reply 퉁명스러운 대답	핸 sharp 날카로운
1069	**petition** [pətíʃən]	몡 탄원, 청원 file a petition 탄원서를 제출하다	윤 appeal
1070	**embed** [imbéd]	통 깊숙이 박다 embedded microchips 내장된 마이크로칩	몡 embedment 꽂아넣기
1071	**caustic** [kɔ́:stik]	혱 신랄한 a caustic remark 혹평	분 caustically 신랄하게 윤 sarcastic
1072	**ooze** [u:z]	통 스며나오다 ooze sweat 땀이 나오다	
1073	**peculiar** [pikjú:ljər]	혱 기묘한, 특유의 a peculiar smell 묘한 냄새	윤 odd
1074	**salute** [səlú:t]	통 맞이하다 salute with cheers 박수갈채로 맞이하다	몡 salutation 인사
1075	**curative** [kjúərətiv]	혱 병에 잘 듣는, 치유력이 있는 curative power 치유 능력	
1076	**credential** [kridénʃəl]	몡 신용 증명서 혱 신임의 the issuer of credentials 신용 증명서 발행인	몡 credence 신용
1077	**lament** [ləmént]	통 슬퍼하다, 애도하다 lament one's fate 자신의 불운을 슬퍼하다	
1078	**verity** [vérəti]	몡 진리, 진실 in all verity 진실로	
1079	**transit** [trǽnsit | -zit]	몡 통과, 통행 in transit 이동 중에	
1080	**replica** [réplikə]	몡 복제(품)	윤 copy

◆ 주어진 우리말 문장에 맞도록 알맞은 단어를 넣어 문장을 완성하시오. 정답 p.208

There is no way to completely get rid of   social problems.
완전히 편재하는 사회 문제를 없앨 방법은 없다.

Under the former   regime, he spent many years in prison.
그는 이전 인종차별 격리정책 정권 하에 많은 세월을 감옥에서 보냈다.

We are living in a time of   prosperity. 우리는 전례 없는 번영의 시기에 살고 있다.

They make   from the waste of all kinds of vegetables and plants.
그들은 모든 종류의 야채와 식물의 찌꺼기로 혼합비료를 만든다.

They ran three   . 그들은 셋이서 나란히 뛰었다.

There was evidence that the research data was   . 연구 자료가 위조되었다는 증거가 있었다.

Violent games can cause   in children. 폭력성 있는 게임은 아이들의 공격성을 조장할 수 있다.

This knife is   . 이 칼은 무디다.

They plan to file a   with the U.N. Human Rights Commission for North Korean
children. 그들은 북한 어린이들을 위해 UN 인권보장위원회에 탄원서를 제출할 계획이다.

This hardware has an   microchip. 이 하드웨어는 내장된 마이크로칩을 가지고 있다.

There was no need for him to make such a   remark. 그가 그런 혹평을 할 필요가 없었다.

Water   through the bag. 가방에서 물이 스며나왔다.

This meat tastes   . 고기 맛이 특이하다.

They   us with cheers. 그들은 박수갈채로 우리를 맞이했다.

This plant has the best   power. 이 식물이 가장 좋은 치유 능력을 가지고 있다.

These days, counterfeiting   is a continual and serious problem.
요즘 신용 증명서를 위조하는 것은 빈번히 발생하는 심각한 문제이다.

We all   his death. 우리는 모두 그의 죽음을 애도한다.

He wants to know about eternal   . 그는 영원한 진리에 대해 알기 원한다.

They were in   to the North Pole. 그들은 북극으로 이동 중이었다.

This   was sold to the customers. 이 복제품은 고객들에게 판매되었다.

1081	**prerogative** [prirágətiv∣-rɔ́g-]	명 특권 a woman's prerogative 여성의 특권	유 privilege
1082	**stern** [stə:rn]	형 엄격한, 가혹한 stern discipline 엄격한 훈련	
1083	**nasty** [nǽsti∣nɑ́:s-]	형 불쾌한, 심술궂은 a nasty temper 심술	유 unpleasant
1084	**abridge** [əbrídʒ]	동 요약하다 abridge a long story 긴 이야기를 짧게 요약하다	유 abbreviate
1085	**quaint** [kweint]	형 기묘한 quaint customs 기묘한 관습들	
1086	**amass** [əmǽs]	동 모으다, 축적하다 amass a fortune 재산을 모으다	
1087	**condemn** [kəndém]	동 비난하다 condemn one's fault ~의 과실을 비난하다	
1088	**culmination** [kʌ̀lmənéiʃən]	명 정점 the culmination of civilization 문명의 정점	유 climax
1089	**equity** [ékwəti]	명 공정, 공평 social justice and equity 사회적 정의와 공정	유 impartiality
1090	**erosion** [iróuʒən]	명 부식, 침식 glacial erosion 빙하의 침식	동 erode 침식하다
1091	**proponent** [prəpóunənt]	명 지지자 a powerful proponent 강력한 지지자	유 advocate
1092	**compelling** [kəmpéliŋ]	형 설득력 있는, 강제적인 a compelling reason 설득력 있는 이유	유 convincing
1093	**reactionary** [riǽkʃənèri∣-ʃənəri]	형 반동적인, 반동의	명 reaction 반작용 유 conservative
1094	**suppressant** [səprésənt]	명 억제제 an appetite suppressant 식욕 억제제	
1095	**molecule** [mɑ́ləkjù:l∣mɔ́l-]	명 분자 a molecule of water 물의 분자	형 molecular 분자의
1096	**commensurate** [kəménsərət∣-ʃə-]	형 액수[크기, 정도]가 상응하는 be commensurate with ~와 상응하다	부 commensurately 상응하게 유 equivalent
1097	**expansive** [ikspǽnsiv]	형 광대한 an expansive definition 광범위한 정의	동 expand 팽창하다
1098	**speculation** [spèkjuléiʃən]	명 추측 rife speculation 팽배한 추측	동 speculate 추측하다 유 conjecture
1099	**indulge** [indʌ́ldʒ]	동 빠지다, 만족시키다 indulge oneself in ~에 빠지다	
1100	**sustenance** [sʌ́stənəns]	명 생계	유 livelihood

◆ 주어진 우리말 문장에 맞도록 알맞은 단어를 넣어 문장을 완성하시오. 정답 p.208

These days, women also have opportunities to be educated while education was men's _____ in the past. 요즘에는 여성들도 교육받을 기회를 가지고 있지만, 과거에는 교육이 남성의 특권이었다.

The situation required me to have _____ discipline. 그 상황은 나에게 엄격한 훈련을 하도록 요구했다.

This room has a very _____ smell. 이 방에서는 매우 불쾌한 냄새가 난다.

This is an _____ version of her novel. 이것은 그녀 소설의 요약본이다.

This town still has _____ customs. 이 마을은 아직도 기묘한 관습들을 가지고 있다.

They _____ a large fortune from selling bags. 그들은 가방을 팔아 큰 재산을 모았다.

We must choose the way for our descendants not to _____ us.
우리의 후손들이 우리를 비난하지 않는 길을 선택해야 한다.

This victory marked the _____ of his political career. 이번 승리는 그의 정치적 경력의 정점을 이뤘다.

I want to live in a society where social justice and _____ win.
나는 사회적 정의와 공정이 승리하는 사회에서 살고 싶다.

This valley was formed by glacial _____. 이 계곡은 빙하의 침식으로 형성되었다.

They are powerful _____ of women's rights. 그들은 여성의 권리에 대한 강력한 지지자들이다.

We need some _____ evidence. 우리는 몇 가지 설득력 있는 증거가 필요하다.

This was a victory over _____ forces. 이것은 반동세력에 대한 승리였다.

To lose weight, she took an appetite _____ for a month.
체중을 감량하기 위해 그녀는 한 달 동안 식욕억제제를 복용했다.

Through a microscope, we can observe _____ of water.
현미경을 통해 우리는 물의 분자를 관찰할 수 있다.

They have _____ duties as well as privileges. 그들은 특권뿐 아니라 그에 상응하는 의무도 가진다.

We need an _____ review of the topic. 우리는 그 문제에 대한 광범위한 검토가 필요하다.

That is just _____, not the facts. 그것들은 사실이 아니라 단지 추측이다.

Tom had _____ his passion for climbing for the last week.
지난 주 톰은 등산에 대한 열정에 푹 빠져 지냈다.

In tropical regions, it's easy for natives to find _____.
열대지역에서는 원주민들이 생계를 이어 가는 것이 수월하다.

| 1101 | **didactic** [daidǽktik ǀ di-] | 휑 교훈적인, 설교하는 | 뷔 didactically 교훈적으로 윾 instructive |
| | | didactic poetry 교훈시 | |

| 1102 | **distill** [distíl] | 톰 증류하다 | |
| | | distill freshwater from seawater 바닷물에서 민물을 증류하다 | |

| 1103 | **malnutrition** [mæ̀lnjuːtríʃən] | 휑 영양실조 | 뽠 nutrition 영양물 섭취 |
| | | die of malnutrition 영양실조로 죽다 | |

| 1104 | **vex** [veks] | 톰 짜증나게 하다 | 윾 annoy |
| | | a vexing problem 짜증나게 하는 문제 | |

| 1105 | **nausea** [nɔ́ːziə ǀ -ʒə ǀ -siə] | 휑 메스꺼움 | |

| 1106 | **appreciative** [əpríːʃətiv ǀ -ʃiə- ǀ -ʃièi-] | 휑 감사의 | 뷔 appreciatively 감사하여 윾 grateful |
| | | appreciative words 감사의 말 | |

| 1107 | **superb** [supə́ːrb ǀ sju-] | 휑 최고의, 최상의 | 뷔 superbly 최고로 윾 excellent, outstanding |
| | | with superb skill 최고의 기술로 | |

| 1108 | **err** [əːr ǀ ɛər] | 톰 잘못하다 | 휑 error 오류 |
| | | err in believing 그릇되게 믿다 | |

| 1109 | **friction** [fríkʃən] | 휑 마찰, 불화 | 윾 conflict |
| | | reduce friction 마찰을 줄이다 | |

| 1110 | **detergent** [ditə́ːrdʒənt] | 휑 세제 | 윾 cleaner |

| 1111 | **litigate** [lítigèit] | 톰 소송하다 | 휑 litigation 소송 윾 sue |
| | | litigate the contractor 계약자를 소송하다 | |

| 1112 | **siege** [siːdʒ] | 휑 포위, 공격 | |
| | | a regular siege 정공법 | |

| 1113 | **hectic** [héktik] | 휑 몹시 바쁜 | 뽠 peaceful |
| | | a hectic day 매우 바쁜 하루 | |

| 1114 | **illicit** [ilísit] | 휑 불법의 | 윾 illegal |
| | | the illicit sale of drugs 불법 마약 판매 | |

| 1115 | **decimate** [désəmèit] | 톰 많은 사람을 죽이다 | 휑 decimator 대량 학살자 |

| 1116 | **befall** [bifɔ́ːl] | 톰 일어나다, 생기다 | |
| | | befall to his sister 그의 여동생에게 일어나다 *befall-befell-befallen* | |

| 1117 | **contrive** [kəntráiv] | 톰 용케[어떻게든] ~하다 | 윾 manage |
| | | contrive an escape 용케 도망치다 | |

| 1118 | **conspicuous** [kənspíkjuəs] | 휑 눈에 띄는 | 뽠 inconspicuous 눈에 띄지 않는 |
| | | conspicuous mistakes 눈에 띄는 실수 | |

| 1119 | **stationary** [stéiʃənèri ǀ -ʃənəri] | 휑 정지된 | 윾 motionless |
| | | a stationary state 정지 상태 | |

| 1120 | **resonate** [rézənèit] | 톰 공명하다, 울려 퍼지게 하다 | 휑 resonation 공명 |
| | | resonate sound 소리를 공명시키다 | |

◆ 주어진 우리말 문장에 맞도록 알맞은 단어를 넣어 문장을 완성하시오. 정답 p.208

I don't like reading a _____ novel. 나는 교훈적인 소설을 읽는 것을 좋아하지 않는다.

We need to _____ out any impurities first. 우리는 먼저 증류하여 불순물을 없애야 한다.

Thousands of children in Africa succumbed to _____.
아프리카에서는 수천 명의 아이들이 영양실조로 죽었다.

Too many questions from the curious boy _____ him.
호기심 많은 소년으로부터의 너무 많은 질문은 그를 짜증나게 했다.

Too much stress can make you feel _____. 너무 많은 스트레스는 메스꺼움을 느끼게 할 수 있다.

They said they were truly _____ of my efforts. 그들은 진심으로 나의 노력에 감사한다고 말했다.

We offer a _____ opportunity for relaxing. 우리는 휴식을 위한 최고의 기회를 제공합니다.

To _____ is human, to forgive divine. 《속담》 잘못은 인간의 몫이요, 용서는 신의 본성이다.

Trade _____ between the two countries was caused because of the trade imbalance.
무역 불균형 때문에 두 나라 간에 무역 마찰이 생겼다.

Using too much _____ will pollute the environment. 세제를 너무 많이 사용하면 환경을 오염시킬 것이다.

They threatened to _____ if he didn't pay back their money.
그들은 만약 그가 자신들의 돈을 돌려주지 않는다면 소송하겠다고 협박했다.

We were forced to yield after a long _____. 우리는 오랜 포위 끝에 끝내 굴복하지 않을 수 없었다.

Today was too _____ for me. 오늘은 너무 바빴다.

Traffic in _____ drugs is now becoming a big business in some countries.
불법 마약 거래는 지금 몇몇 나라에서 큰 사업이 되고 있다.

Wars always _____ populations. 전쟁은 항상 많은 사람들을 죽인다.

They were unaware of the misfortune which _____ them.
그들은 그들에게 일어났던 불행을 알지 못했다.

We will _____ to be there by ten. 우리는 열 시까지는 어떻게든 거기에 갈 것이다.

Traffic signs must be _____. 교통 신호는 눈에 띄어야 한다.

Traffic during rush hour is so heavy that many cars stay _____ on the streets.
출퇴근 시간엔 교통이 워낙 많아서 많은 차들이 길에 정체되어 있다.

We can hear voices clearly because the sound _____ as it moves through our throats.
소리가 목을 통과하면서 공명하기 때문에 우리는 목소리를 선명하게 들을 수 있다.

A 우리말과 같은 뜻이 되도록 빈칸에 들어갈 알맞은 단어를 적으시오.

① in _____ (이동 중에)

② a _____ remark (혹평)

③ reduce _____ (마찰을 줄이다)

④ _____ customs (기묘한 관습들)

⑤ apply for a _____ (특허를 출원하다)

⑥ be _____ by (~에 포위 당하다)

⑦ be extremely _____ (신축성이 뛰어나다)

⑧ the _____ of civilization (문명의 정점)

⑨ social justice and _____ (사회적 정의와 공정)

⑩ a time of _____ prosperity (전례 없는 번영의 시기)

B 다음 괄호 안의 지시대로 주어진 단어를 변형시키고 그 뜻을 적으시오.

	변형	뜻
① perishable (동사형으로) →	_____	_____
② complacent (명사형으로) →	_____	_____
③ outstretched (동사형으로) →	_____	_____
④ fabricate (명사형으로) →	_____	_____
⑤ aggression (형용사형으로) →	_____	_____
⑥ salute (명사형으로) →	_____	_____
⑦ erosion (동사형으로) →	_____	_____
⑧ molecule (형용사형으로) →	_____	_____
⑨ expansive (동사형으로) →	_____	_____
⑩ err (명사형으로) →	_____	_____

정답 p.208

C 다음 영영풀이에 해당하는 단어를 보기에서 골라 적으시오.

보기	curative	compelling	hectic	stationary	superb
	abridge	befall	nasty	didactic	illicit

❶ able to cure or heal; pertaining to curing or remedial treatment ➡ _____

❷ very unpleasant to see, smell, taste, etc. ➡ _____

❸ to shorten by omissions while retaining the basic contents ➡ _____

❹ convincing; overpowering ➡ _____

❺ inclined to teach or lecture others, particularly on moral lessons ➡ _____

❻ admirably fine or excellent; extremely good ➡ _____

❼ very busy and filled with activity ➡ _____

❽ not legally permitted or authorized; unlicensed; unlawful ➡ _____

❾ to happen or occur ➡ _____

❿ standing still; not moving ➡ _____

D 우리말과 같은 뜻이 되도록 주어진 문장의 빈칸을 완성하시오.

❶ 벽에 코트를 거는 못이 많이 튀어나와 있다.

➡ Many nails are _____ from the wall to hang coats on.

❷ 완전히 편재하는 사회 문제를 없앨 방법은 없다.

➡ There is no way to completely get rid of _____ social problems.

❸ 그들은 모든 종류의 야채와 식물의 찌꺼기로 혼합비료를 만든다.

➡ They make _____ from the waste of all kinds of vegetables and plants.

❹ 이 하드웨어는 내장된 마이크로칩을 가지고 있다.

➡ This hardware has an _____ microchip.

❺ 그들은 가방을 팔아 큰 재산을 모았다.

➡ They _____ a large fortune from selling bags.

⑥ 그것들은 사실이 아니라 단지 추측이다. ➡ That is just _____, not the facts.

⑦ 너무 많은 스트레스는 메스꺼움을 느끼게 할 수 있다.

➡ Too much stress can make you feel _____.

⑧ 그들은 진심으로 나의 노력에 감사한다고 말했다.

➡ They said they were truly _____ of my efforts.

⑨ 그들은 만약 그가 자신들의 돈을 돌려주지 않는다면 소송하겠다고 협박했다.

➡ They threatened to _____ if he didn't pay back their money.

⑩ 우리는 열 시까지는 어떻게든 거기에 갈 것이다.

➡ We will _____ to be there by ten.

E　문장의 밑줄 친 부분에 해당하는 유의어 혹은 반의어를 보기에서 골라 적으시오.

보기	equivalent	noble	nutrition	dictatorial	appeal
	suspicious	advocate	inconspicuous	sharp	odd

❶ There are some people who deceive credulous clients to earn a lot of money.

　　반의어 ↔ _____

❷ There can be a huge communication barrier with such an ignoble person.

　　반의어 ↔ _____

❸ This knife is blunt. 반의어 ↔ _____

❹ They plan to file a petition with the U.N. Human Rights Commission for North Korean

　　children. 유의어 = _____

❺ This meat tastes peculiar. 유의어 = _____

❻ They are powerful proponents of women's rights. 유의어 = _____

❼ They have commensurate duties as well as privileges. 유의어 = _____

❽ Thousands of children in Africa succumbed to malnutrition. 반의어 ↔ _____

❾ Traffic signs must be conspicuous. 반의어 ↔ _____

❿ There are still many countries around the world suffering from tyrannical

　　governments. 유의어 = _____

F 영어발음을 듣고 영어단어를 적은 후, 우리말 뜻을 적으시오.

영어단어
듣고 쓰기

	영어	우리말		영어	우리말
❶	_____	_____	❽	_____	_____
❷	_____	_____	❾	_____	_____
❸	_____	_____	❿	_____	_____
❹	_____	_____	⓫	_____	_____
❺	_____	_____	⓬	_____	_____
❻	_____	_____	⓭	_____	_____
❼	_____	_____	⓮	_____	_____

G 영어문장을 듣고 빈칸에 들어갈 단어를 채워 문장을 완성하시오.

영어문장
듣고 쓰기

❶ They were _____ because of their victory.

❷ They had a _____ time in Paris last week.

❸ Tom is an _____ speaker.

❹ We all _____ his death.

❺ These days, women also have opportunities to be educated while education was men's _____ in the past.

❻ We must choose the way for our descendants not to _____ us.

❼ Tom had _____ his passion for climbing for the last week.

❽ This is an _____ place to fix the camp.

❾ Those _____ items must go into the refrigerator first.

❿ They handed a baby into the woman's _____ arms.

⓫ There was evidence that the research data was _____.

⓬ Violent games can cause _____ in children.

⓭ They _____ us with cheers.

⓮ Through a microscope, we can observe _____ of water.

⓯ We need an _____ review of the topic.

⓰ This plant has the best _____ power.

DAY 29

1121 antidote [ǽntidòut]	명 해독제 an effective antidote 효력 있는 해독제	형 antidotal 해독제의
1122 apparatus [æ̀pərǽtəs | -réit-]	명 기구 a chemical apparatus 화학 기구	윤 equipment
1123 sanguinary [sǽŋgwənèri | -nəri]	형 피비린내 나는, 유혈의 a sanguinary collision 유혈 충돌	
1124 outlive [àutlív]	동 ~보다 오래 살다 outlive her husband 그녀의 남편보다 오래 살다	
1125 indecent [indí:snt]	형 추잡한, 부적절한 indecent scenes 추잡한 장면	명 indecency 추잡한 행위 윤 ill-mannered
1126 relic [rélik]	명 유물, 유적 historic relics 역사적 유물	
1127 coincidence [kouínsidəns]	명 우연의 일치 a mere coincidence 단순한 우연의 일치	동 coincide 동시에 일어나다
1128 exult [igzʌ́lt]	동 크게 기뻐하다 exult at a success 성공을 크게 기뻐하다	명 exultation 환호
1129 mandate [mǽndeit]	동 위임 통치권 have a mandate 위임 통치권을 가지다	
1130 premise [prémis]	동 전제	윤 presupposition
1131 panacea [pæ̀nəsí:ə]	동 만병통치약 a panacea for the problem 문제에 대한 만병통치약	
1132 rascal [rǽskəl | rá:s-]	명 악당 형 악당의 You lucky rascal! 운 좋은 녀석!	명 rascaldom 악당 근성
1133 insidious [insídiəs]	형 음흉한, 잠행성의 an insidious man 음흉한 사람	
1134 luminescent [lù:mənésnt]	형 빛을 내는, 발광성의 luminescent creatures 발광 생물	명 luminescence 발광 윤 luminous
1135 infrared [ìnfrəréd]	형 적외선의 infrared rays 적외선	
1136 allegory [ǽligɔ̀:ri | -gəri-]	명 비유, 우화 a political allegory 정치적 우화	
1137 crude [kru:d]	형 조잡한 a crude method 조잡한 방식	부 crudely 조잡하게 반 refined
1138 supposition [sʌ̀pəzíʃən]	명 추측, 가정 on the supposition that ~으로 가정하고	동 suppose 가정하다
1139 synergize [sinə́:rdʒàiz]	동 협력 작용시키다 synergize the effects of medicine 약의 효과를 협력 작용시키다	명 synergy 상승 효과
1140 opaque [oupéik]	형 불투명한 an opaque glass window 불투명한 유리창	명 opaqueness 불투명함 윤 obscure

✦ 주어진 우리말 문장에 맞도록 알맞은 단어를 넣어 문장을 완성하시오. 정답 p.209

This   should be used to remove the poison produced by the fish.
이 해독제는 생선에 의해 만들어진 독을 없애기 위해 사용되어야 한다.

We need to upgrade our security   . 우리는 안전 기구의 성능을 업그레이드 해야 한다.

Wars are   . 전쟁은 피비린내 난다.

Turtles   people. 바다거북은 사람보다 오래 산다.

We can see various kinds of   scenes on TV. 우리는 TV에서 여러 종류의 부적절한 장면들을 볼 수 있다.

This is a place where many historic   have been discovered.
이곳은 많은 역사적 유물들이 발견되어온 곳이다.

What a   ! 놀라운 우연의 일치구나!

We   in our team's victory. 우리는 우리팀의 승리를 크게 기뻐했다.

The UN had a   to control Korea right after the Korean War.
UN은 한국 전쟁 직후 한국을 통제하는 위임 통치권을 가졌다.

We cannot accept your   on that occasion. 그러한 경우의 전제는 우리가 받아들일 수 없다.

This new policy is thought of as a   for all the problems.
이 새로운 정책은 모든 문제에 대한 만병통치약으로 여겨진다.

What has that   been telling you guys? 저 악당이 너희에게 말했던 게 뭐니?

We have to know the   effects of polluted water supplies.
우리는 오염된 물 공급이 잠행적으로 가져오는 결과들을 알아야 한다.

Under the deep sea live many   creatures. 깊은 해저에는 많은 발광 생물들이 산다.

We cannot see   rays without a special device. 특수한 장치 없이는 적외선을 볼 수 없다.

The political   contained in this book has drawn lots of people's attention.
이 책에 담긴 정치적 우화는 많은 사람들의 관심을 끌어왔다.

What we saw was a   prototype made from wood. 우리가 본 것은 나무로 만든 조잡한 원형이었다.

We mustn't condemn him on mere   . 단순한 추측만으로 그를 비난해서는 안된다.

Vitamins   the effects of cold medicine. 비타민은 감기약의 효능을 협력 작용시킨다.

We changed our windows to   glass ones. 우리는 창문을 불투명한 유리창으로 바꿨다.

DAY 29

1141	**condolence** [kəndóuləns]	명 애도 a letter of condolence 문상 편지	형 condolent 문상의, 애도하는　유 sympathy
1142	**territorial** [tèrətɔ́:riəl]	형 영토의 territorial expansion 영토 확장	명 territory 영토
1143	**anonymous** [ənánəməs|ənɔ́n-]	형 익명의 an anonymous donation 익명의 기부	명 anonymity 익명　유 unnamed
1144	**morality** [mərǽləti|mɔ:-|ma-]	명 도덕성 standards of morality 도덕성의 기준	유 ethics
1145	**inert** [inə́:rt]	형 불활성의, 둔한 inert ideas 불활성 아이디어, 무기력한 생각	명 inertia 불활발, 굼뜸
1146	**impending** [impéndiŋ]	형 임박한 an impending storm 곧 닥칠듯한 폭풍우	유 imminent
1147	**respite** [réspit|-pait]	명 일시적 중지 take a respite from one's work 일을 잠시 쉬다	
1148	**encroach** [enkróutʃ]	통 침입하다, 침해하다 encroach upon another's land 남의 토지에 침입하다	명 encroachment 침해
1149	**vouch** [vautʃ]	통 보증하다 vouch for ~을 보증하다	유 guarantee
1150	**eradicate** [irǽdəkèit]	통 근절하다 eradicate violence 폭력을 근절하다	명 eradication 근절　유 root out
1151	**reciprocal** [risíprəkəl]	형 서로의, 호혜적인 a reciprocal treaty 호혜 조약	통 reciprocate 서로 주고받다　유 mutual
1152	**distress** [distrés]	명 고민, 비통 통 괴롭히다, 고민하게 하다 distress oneself 자신을 괴롭히다	
1153	**lucrative** [lú:krətiv]	형 돈이 벌리는, 이익이 있는 a lucrative investment 돈되는 투자	유 profitable
1154	**anterior** [æntíəriər]	형 전면의, 앞의 the anterior bumper of a car 차의 전면 완충기	부 anteriorly 전면에, 앞에　반 posterior 후방의
1155	**manifest** [mǽnəfèst]	형 분명한, 명백한	명 manifestation 명시
1156	**obtrude** [əbtrú:d]	통 강요하다 obtrude A upon B A를 B에게 강요하다	
1157	**straightaway** [stréitəwèi]	부 즉시, 곧바로	유 right away
1158	**polarize** [póuləràiz]	통 극성을 갖게 하다, 분극화시키다 polarize a magnet 자석에 극성을 갖게 하다	
1159	**forage** [fɔ́(:)ridʒ|fár-]	통 찾아다니다 forage for food 먹이를 찾아다니다	유 rummage
1160	**credibility** [krèdəbíləti]	명 신용	형 credible 신뢰할 수 있는

✦ 주어진 우리말 문장에 맞도록 알맞은 단어를 넣어 문장을 완성하시오. 정답 p.209

We offered our sincere _____ to her at her husband's funeral.
우리는 그녀 남편의 장례식에서 진심으로 그녀에게 애도를 표했다.

Without an invasion, _____ expansion was impossible. 침략 없이 영토 확장은 불가능했다.

We received an _____ letter. 우리는 익명의 편지를 받았다.

We began to doubt his _____ because of his lies.
우리는 그가 한 거짓말 때문에 그의 도덕성을 의심하기 시작했다.

We must be careful of _____ ideas. 우리는 불활성 아이디어(무기력한 생각)를 경계해야 한다.

We should be able to read the signs to prevent an _____ disaster from occurring.
우리는 임박한 재난이 일어나는 것을 막기 위해 징후를 읽을 수 있어야 한다.

Despite not having a _____, they worked so hard. 휴식이 없음에도 불구하고 그들은 매우 열심히 일했다.

We should not _____ on others freedom. 우리는 다른 사람의 자유를 침해해서는 안 된다.

We _____ for the quality of our products. 우리는 제품의 품질을 보증한다.

We must _____ any violence which may occur during peaceful demonstrations.
우리는 평화적인 시위 도중에 일어날지도 모르는 폭력을 근절해야 한다.

We still have _____ obligations to implement the contract signed last year.
우리는 지난 해 서명한 계약을 이행할 상호간의 의무를 여전히 갖고 있다.

You must not _____ yourself about the matter. 그 일로 너무 걱정하지 말아라.

Who doesn't want a piece of such a _____ business? 누가 그런 돈되는 사업을 원치 않겠는가?

I noticed the events _____ to the outbreak of war. 나는 전쟁 발발에 앞서 일어난 사건들을 알아차렸다.

What she did was a _____ mistake. 그녀가 했던 일은 명백한 실수였다.

What I don't like about him is that he always _____ his opinions upon others.
내가 그에 관해 좋아하지 않는 것은 그가 항상 자신의 의견을 다른 사람에게 강요하는 것이다.

You should go to see a doctor _____. 당신은 곧장 의사를 보러 가야 한다.

The entire world was _____ during the world war. 온 세계가 세계대전 동안 분극화되었다.

Wild animals _____ for food to store as fat for the winter.
야생동물들이 겨울을 나기 위해 지방으로 축적할 먹이를 찾아다닌다.

You have no _____ anymore. 당신을 더는 믿을 수가 없어요.

DAY 30
표제어 듣기

1161	**fervid** [fə́:rvid]	형 열렬한, 열정적인 / 부 fervidly 열렬히 / 유 fervent	
		fervid loyalty 열렬한 충성심	
1162	**tenure** [ténjər l -juər]	명 보유, 보유권, (대학 교수의) 종신 재직권, 재임 기간	
		during one's tenure of office ~의 재직 중에	
1163	**trifling** [tráifliŋ]	형 하찮은, 사소한	
		a trifling error 사소한 오류	
1164	**creed** [kri:d]	명 교의, 신조 / 유 doctrine	
		religious creed 종교적 교의	
1165	**allude** [əlú:d]	동 암시하다 / 명 allusion 암시	
1166	**preeminent** [priémənənt]	형 탁월한 / 부 preeminently 탁월하게 / 유 superior	
		a preeminent scientist 탁월한 과학자	
1167	**purge** [pə:rdʒ]	동 마음[몸]을 깨끗이 하다, 없애다 / 유 rid	
		purge one's sins ~의 죄를 씻다	
1168	**disclaim** [diskléim]	동 권리를 포기하다	
		disclaim all rights 모든 권리를 포기하다	
1169	**festive** [féstiv]	형 축제의	
		a festive mood 축제 기분	
1170	**transcendent** [trænséndənt]	형 초월적인, 탁월한 / 명 transcendence 초월	
1171	**paternal** [pətə́:rnl]	형 아버지의 / 명 paternity 부성	
		paternal love 아버지의 사랑	
1172	**avocation** [æ̀vəkéiʃən]	명 부업, 취미 / 참 occupation 직업	
1173	**expound** [ikspáund]	동 상세히 설명하다	
		expound one's views 견해를 상세히 설명하다	
1174	**appendix** [əpéndiks]	명 부록, 추가, 부속물 / 복 appendices	
		the appendix of a book 책의 부록	
1175	**enrage** [enréidʒ]	동 몹시 화나게 하다 / 명 enragement 격노	
		enrage an opponent 상대방을 화나게 하다	
1176	**covetous** [kʌ́vitəs]	형 (남의 것을) 몹시 탐내는 / 명 covet 탐욕 / 유 avaricious	
		cast covetous eyes on ~을 몹시 탐내는 눈으로 보다	
1177	**efface** [iféis]	동 지우다, 말살하다 / 명 effacement 말소, 소멸	
		efface with paint 페인트 칠로 지우다	
1178	**forestall** [fɔ:rstɔ́:l]	동 앞서다	
		forestall another's words 다른 사람보다 앞서 말하다	
1179	**amphibian** [æmfíbiən]	형 양서류의, 수륙양용의 명 양서류	
		an amphibian tank 수륙양용 탱크	
1180	**venerable** [vénərəbl]	형 존경할 만한 / 동 venerate 존경하다 / 유 respectable	
		a venerable person 존경할 만한 사람	

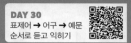
✦ 주어진 우리말 문장에 맞도록 알맞은 단어를 넣어 문장을 완성하시오. 정답 p.209

He made a _____ speech in front of thousands of people.
그는 수천 명의 사람들 앞에서 열정적인 연설을 했다.

He became the youngest professor ever to get _____ . 그는 역대 최연소로 전임교수가 되었다.

He considered the prize too _____ for the lives it would cost.
그는 삶이 치러야 할 값어치에 비하면 그 상은 너무 하찮다고 생각했다.

Every human being is equal regardless of religion, race, or _____ .
모든 인간은 종교, 인종, 신조에 관계없이 평등하다.

His behavior _____ to something important to us. 그의 행동은 우리에게 중요한 무엇인가를 암시한다.

He played a _____ role in the peace talks. 그는 평화 협상에서 탁월한 역할을 했다.

He closed his eyes trying to _____ his mind of anxiety. 그는 걱정하는 마음을 없애려고 눈을 감았다.

He _____ ownership of the dog. 그는 그 개에 대한 소유권을 포기했다.

_____ paper decorations were hung on the doorframe. 축제의 종이 장식이 문설주에 달려 있었다.

His _____ ability made him a famous person. 그의 초월적인 능력이 그를 유명한 사람으로 만들었다.

He realized how deep his _____ love was after the accident.
그는 그 사고 이후 아버지의 사랑이 얼마나 깊은지 깨달았다.

He decided to give up his occupation and concentrate on _____ .
그는 자신의 직업을 포기하고 부업에 집중하기로 결정했다.

He _____ his theory at the seminar. 그는 세미나에서 자신의 이론을 상세히 설명했다.

For the terms and conditions of his offer, see the _____ .
그가 제안한 조건들을 참고하시려면 부록을 보십시오.

His words _____ her. 그의 말이 그녀를 몹시 화나게 했다.

He cast _____ eyes on his neighbor's car. 그는 이웃집 차를 몹시 탐내는 눈으로 바라보았다.

He decided to _____ some lines from the script. 그는 대본에서 몇 줄을 지우기로 결심했다.

He _____ all his competitors. 그는 자신의 모든 경쟁자들을 앞섰다.

Frogs are _____ . 개구리는 양서류이다.

I admit that she is a _____ person. 나는 그녀가 존경할 만한 사람이라는 것을 인정한다.

DAY 30

1181	**exile** [éɡzail	éks-]	명 망명 동 추방하다 live in exile 망명 생활을 하다	형 exilic 추방된 윤 banishment

| 1182 | **befriend**
[bifrénd] | 동 친구가 되다
be befriended by ~와 친구가 되다 | |

| 1183 | **negligent**
[néɡlidʒənt] | 형 태만한, 무관심한
be negligent in one's duties 직무에 태만하다 | 윤 neglectful |

| 1184 | **annihilate**
[ənáiəlèit] | 동 전멸시키다
annihilate an enemy 적을 전멸시키다 | 명 annihilation 전멸 윤 demolish |

| 1185 | **patron**
[péitrən] | 명 후원자
 | 동 patronize 후원하다 윤 support |

| 1186 | **convoke**
[kənvóuk] | 동 불러 모으다, 소집하다
convoke a council 의회를 소집하다 | 윤 convene |

| 1187 | **cramp**
[kræmp] | 명 경련
get a cramp in one's leg 다리에 쥐가 나다 | |

| 1188 | **pecuniary**
[pikjú:nièri] | 형 금전의, 벌금의
a pecuniary offense 벌금형 | |

| 1189 | **stout**
[staut] | 형 강건한, 튼튼한
a short, stout man 작고 강건한 남자 | 윤 robust |

| 1190 | **elucidate**
[ilú:sədèit] | 동 설명하다
elucidate mistakes 실수를 설명하다 | 명 elucidation 설명 윤 explain |

| 1191 | **renounce**
[rináuns] | 동 포기하다
renounce a right 권리를 포기하다 | 명 renouncement 포기 윤 abandon |

| 1192 | **philanthropy**
[filǽnθrəpi] | 명 자선, 박애, 자선 활동
pursue a lifelong goal of philanthropy 평생 인류애의 목표를 추구하다 | |

| 1193 | **unbiased**
[ʌnbáiəst] | 형 편견이 없는
an unbiased opinion 편견이 없는 의견 | |

| 1194 | **incoherent**
[ìnkouhíərənt | -hér-] | 형 일관되지 않은
an incoherent policy 일관되지 않은 정책 | 부 incoherently 일관되지 않게 반 coherent 일관된 |

| 1195 | **extort**
[ikstɔ́:rt] | 동 강요하다
extort one's cooperation 협력을 강요하다 | 명 extortion 강요 윤 force |

| 1196 | **intestine**
[intéstin] | 명 장
the large intestine 대장 | 형 intestinal 장의 |

| 1197 | **penchant**
[péntʃənt] | 명 강한 기호
have a penchant for ~을 매우 좋아하다 | |

| 1198 | **novice**
[návis | nɔ́v-] | 명 초보자
computer software for novices 초보자를 위한 컴퓨터 소프트웨어 | 반 expert 숙련자 |

| 1199 | **wrath**
[ræθ | rɑ:θ | rɔ(:)θ] | 명 분노
slow to feel wrath 분노하는 데 느린 | 윤 fury |

| 1200 | **trustworthy**
[trʌ́stwə̀:rði] | 형 신뢰할 수 있는
a trustworthy person 신뢰할 수 있는 사람 | 명 trustworthiness 신뢰성 |

✦ 주어진 우리말 문장에 맞도록 알맞은 단어를 넣어 문장을 완성하시오. 정답 p.209

He returned to his hometown after 10 years in ＿＿＿＿＿＿. 그는 10년간의 망명 후 고향으로 돌아갔다.

He ＿＿＿＿＿＿ the person from the same province. 그는 같은 고향의 사람과 친구가 된다.

He gave us a ＿＿＿＿＿＿ answer. 그는 우리에게 무관심하게 대답했다.

Admiral Lee Sun-sin and his men ＿＿＿＿＿＿ the Japanese navy.
이순신 장군과 그 부하들은 일본 해군을 전멸시켰다.

I am not rich enough to be a ＿＿＿＿＿＿. 나는 후원자가 될 만큼 충분히 부유하지 않다.

He sent the message ＿＿＿＿＿＿ a meeting of the members. 그는 회원들의 회의를 소집하는 메시지를 보냈다.

He got a ＿＿＿＿＿＿ in his leg while swimming. 그는 수영하는 도중에 다리에 경련이 났다.

He suffered a ＿＿＿＿＿＿ loss. 그는 금전적인 손실로 고통 받았다.

George is a short, ＿＿＿＿＿＿ man. 조지는 키가 작고 강건한 사람이다.

I am waiting for you to ＿＿＿＿＿＿ your mistakes. 나는 당신이 자신의 실수를 설명하길 기다리고 있다.

He showed how much he loves this country by ＿＿＿＿＿＿ his citizenship.
그는 시민권을 포기함으로써 그가 얼마나 이 나라를 사랑하는 지를 보여줬다.

The orphanage where he grew up was built as a result of private ＿＿＿＿＿＿.
그가 자랐던 고아원은 개인의 자선활동으로 지어졌다.

He has ＿＿＿＿＿＿ views on women's rights. 그는 여성의 권리에 대해서 편견 없는 견해를 가지고 있다.

The government should not practice ＿＿＿＿＿＿ policies. 정부는 일관성 없는 정책을 시행해서는 안 된다.

I don't ＿＿＿＿＿＿ cooperation from the people under me.
나는 내 밑에 있는 사람들의 협력을 강요하지 않는다.

He sometimes feels a sharp pain in his small ＿＿＿＿＿＿. 그는 가끔 소장에 날카로운 통증을 느낀다.

He has a ＿＿＿＿＿＿ for sports. 그는 스포츠를 굉장히 좋아하다.

He is a ＿＿＿＿＿＿ at swimming. 그는 수영에는 초보이다.

Have you read the book *The Grapes of* ＿＿＿＿＿＿? 〈분노의 포도〉라는 책 읽어봤니?

I guarantee she is a ＿＿＿＿＿＿ person. 나는 그녀가 신뢰할 만한 사람이라고 보장한다.

REVIEW TEST 15 · DAY 29 ~ DAY 30

A 우리말과 같은 뜻이 되도록 빈칸에 들어갈 알맞은 단어를 적으시오.

❶ the large _____ (대장)

❷ religious _____ (종교적 교의)

❸ slow to feel _____ (분노하는 데 느린)

❹ a chemical _____ (화학 기구)

❺ the _____ of a book (책의 부록)

❻ standards of _____ (도덕성의 기준)

❼ an _____ storm (곧 닥칠듯한 폭풍우)

❽ _____ all rights (모든 권리를 포기하다)

❾ get a _____ in one's leg (다리에 쥐가 나다)

❿ _____ upon another's land (남의 토지에 침입하다)

B 다음 괄호 안의 지시대로 주어진 단어를 변형시키고 그 뜻을 적으시오.

	변형	뜻
❶ coincidence (동사형으로) →	_____	_____
❷ exult (명사형으로) →	_____	_____
❸ supposition (동사형으로) →	_____	_____
❹ territorial (명사형으로) →	_____	_____
❺ inert (명사형으로) →	_____	_____
❻ reciprocal (동사형으로) →	_____	_____
❼ credibility (형용사형으로) →	_____	_____
❽ enrage (명사형으로) →	_____	_____
❾ exile (형용사형으로) →	_____	_____
❿ extort (명사형으로) →	_____	_____

C 다음 영영풀이에 해당하는 단어를 보기에서 골라 적으시오.

보기	outlive	allude	pecuniary	befriend	unbiased
	festive	covetous	renounce	convoke	anonymous

❶ to live longer than; survive ➔ _____

❷ to refer casually or indirectly; make an allusion ➔ _____

❸ pertaining to or suitable for a feast or festival ➔ _____

❹ inordinately or wrongly desirous of wealth or possessions; greedy

➔ _____

❺ to make friends or become friendly with; act as a friend to ➔ _____

❻ to call together; summon to meet or assemble ➔ _____

❼ of or pertaining to money ➔ _____

❽ to give up or put aside voluntarily ➔ _____

❾ not biased or prejudiced; fair; impartial ➔ _____

❿ without any name acknowledged; not identified ➔ _____

D 우리말과 같은 뜻이 되도록 주어진 문장의 빈칸을 완성하시오.

❶ 이 새로운 정책은 모든 문제에 대한 만병통치약으로 여겨진다.

➔ This new policy is thought of as a _____ for all the problems.

❷ 우리는 오염된 물 공급이 잠행적으로 가져오는 결과들을 알아야 한다.

➔ We have to know the _____ effects of polluted water supplies.

❸ 우리는 창문을 불투명한 유리창으로 바꿨다.

➔ We changed our windows to _____ glass ones.

❹ 휴식이 없음에도 불구하고 그들은 매우 열심히 일했다.

➔ Despite not having a _____, they worked so hard.

⑤ 우리는 평화적인 시위 도중에 일어날지도 모르는 폭력을 근절해야 한다.

   → We must _____ any violence which may occur during peaceful demonstrations.

⑥ 야생동물들이 겨울을 나기 위해 지방으로 축적할 먹이를 찾아다닌다.

   → Wild animals _____ for food to store as fat for the winter.

⑦ 그는 평화 협상에서 탁월한 역할을 했다.

   → He played a _____ role in the peace talks.

⑧ 그의 초월적인 능력이 그를 유명한 사람으로 만들었다.

   → His _____ ability made him a famous person.

⑨ 그는 대본에서 몇 줄을 지우기로 결심했다.

   → He decided to _____ some lines from the script.

⑩ 나는 그녀가 신뢰할 만한 사람이라고 보장한다.

   → I guarantee she is a _____ person.

E 문장의 밑줄 친 부분에 해당하는 유의어 혹은 반의어를 보기에서 골라 적으시오.

보기	coherent	demolish	profitable	refined	expert
	respectable	explain	robust	sympathy	fervent

① What we saw was a <u>crude</u> prototype made from wood. 반의어 ↔ _____

② We offered our sincere <u>condolences</u> to her at her husband's funeral.

   유의어 = _____

③ Who doesn't want a piece of such a <u>lucrative</u> business? 유의어 = _____

④ He made a <u>fervid</u> speech in front of thousands of people. 유의어 = _____

⑤ I admit that she is a <u>venerable</u> person. 유의어 = _____

⑥ Admiral Lee Sun-sin <u>annihilated</u> the Japanese navy. 유의어 = _____

⑦ I am waiting for you to <u>elucidate</u> your mistakes. 유의어 = _____

⑧ The government should not practice <u>incoherent</u> policies. 반의어 ↔ _____

⑨ He is a <u>novice</u> at swimming. 반의어 ↔ _____

⑩ George is a short, <u>stout</u> man. 유의어 = _____

영어단어
듣고 쓰기

영어	우리말		영어	우리말
❶ _____	_____	❽	_____	_____
❷ _____	_____	❾	_____	_____
❸ _____	_____	❿	_____	_____
❹ _____	_____	⓫	_____	_____
❺ _____	_____	⓬	_____	_____
❻ _____	_____	⓭	_____	_____
❼ _____	_____	⓮	_____	_____

G 영어문장을 듣고 빈칸에 들어갈 단어를 채워 문장을 완성하시오.

영어문장
듣고 쓰기

❶ This _____ should be used to remove the poison produced by the fish.

❷ This is a place where many historic _____ have been discovered.

❸ The UN had a _____ to control Korea right after the Korean War.

❹ We cannot see _____ rays without a special device.

❺ You must not _____ yourself about the matter.

❻ He considered the prize too _____ for the lives it would cost.

❼ What a _____!

❽ We _____ in our team's victory.

❾ We mustn't condemn him on mere _____.

❿ Without an invasion, _____ expansion was impossible.

⓫ We still have _____ obligations to implement the contract signed last year.

⓬ You have no _____ anymore.

⓭ I don't _____ cooperation from the people under me.

⓮ Turtles _____ people.

⓯ His behavior _____ to something important to us.

⓰ _____ paper decorations were hung on the doorframe.

DAY 01
P. 11

001 errant
002 acquaint
003 implored
004 moan
005 languished
006 malcontents
007 severity
008 solvent
009 malfunction
010 gaiety
011 thread
012 exterminate
013 disdains
014 pragmatic
015 swaying
016 effusion
017 salvage
018 ensued
019 corrodes
020 predilection
021 monolingual
022 muscular
023 Agitate
024 plateau
025 obese
025 gust
027 nascent
028 equidistant
029 disruptive
030 reminisce
031 robust
032 embark
033 oxidized
034 criteria
035 Bumpy
036 heterogeneous
037 plethora
038 microscopic
039 docile
040 ingrate

DAY 02
P. 15

041 altimeter
042 tranquil
043 autocrat
044 emancipated
045 vibrant
046 autonomous
047 velocity
048 alloy
049 severance
050 chronological
051 insipid
052 encrypted
053 laborious
054 judicious
055 Chemotherapy
056 introvert
057 circumscribed
058 override
059 appraise
060 Compulsive
061 extant
062 allegiance
063 lurks
064 commodity
065 expatriate
066 decomposes
067 frugal
068 inalienable
069 pollinate
070 derivative
071 infringed
072 presuppose
073 idiotic
074 apprehension

075 itinerary
076 avail
077 avalanche
078 combustible
079 Beneficent
080 disparage

REVIEW TEST 01
P. 18

A ❶ encrypted ❷ vibrant
❸ tranquil ❹ oxidized
❺ plateau ❻ bumpy
❼ compulsive ❽ acquaint
❾ sway ❿ salvage

B ❶ disdainful 경멸적인 ❷ obesity 비만
❸ emancipation 해방 ❹ labor 노동
❺ judiciously 현명하게 ❻ infringement 위반
❼ apprehend 염려하다 ❽ available 쓸모 있는
❾ disruption 분열
❿ compulsively 강제적으로

C ❶ errant ❷ malfunction
❸ corrode ❹ monolingual
❺ agitate ❻ robust
❼ plethora ❽ chronological
❾ override ❿ extant

D ❶ implored ❷ severity
❸ effusion ❹ muscular
❺ ingrate ❻ autonomous
❼ alloy ❽ appraise
❾ decomposes ❿ presuppose

E ❶ practical ❷ homogeneous
❸ macroscopic ❹ hide
❺ economical ❻ imbecile
❼ maleficent ❽ obstinate
❾ interesting ❿ extrovert

F ❶ predilection 편애 ❷ avalanche 눈사태, 쇄도
❸ laborious 힘드는, 인내를 요하는
❹ avail 쓸모 있다; 효용
❺ compulsive 강제적인, 강박적인
❻ errant 잘못된, 정도에서 벗어난
❼ agitate 흔들다, 선동하다

ANSWER KEY

⑧ plethora 과다, 과도
⑩ severity 엄격, 혹독
⑫ muscular 근육의
⑭ autonomous 자치의

⑨ implore 간청하다
⑪ effusion 유출
⑬ ingrate 배은망덕한 사람

G ① moan
③ ensued
⑤ reminisce
⑦ commodity
⑨ disdains
⑪ emancipated
⑬ derivative
⑮ disruptive

② thread
④ gust
⑥ criteria
⑧ expatriate
⑩ obese
⑫ judicious
⑭ apprehension
⑯ malfunction

DAY 03

P. 23

081 unbounded
083 remnants
085 fidelity
087 alleviate
089 Circumlocution
091 stunning
093 deter
095 astray
097 reverence
099 refinements
101 versatile
103 lyricism
105 Erroneous
107 barbarians
109 duplicate
111 vanity
113 omnipotent
115 virtuous
117 exempted
119 Demography

082 carnivorous
084 contemplative
086 outlandish
088 Extraneous
090 imputed
092 vulnerable
094 proactive
096 feasible
098 stagnant
100 retaliate
102 Cumbersome
104 sages
106 declaimed
108 looming
110 cynical
112 Detach
114 defer
116 aesthetic
118 predominant
120 discernible

DAY 04

P. 27

121 acquisitive
123 mythical
125 outspoken
127 transparent

122 slumber
124 Dilute
126 loophole
128 ramp

129 bureaucracy
131 ardent
133 persecuting
135 ambulatory
137 suffocated
139 hide
141 devout
143 belligerent
145 snare
147 charitable
149 antiquity
151 benevolent
153 beguiled
155 lucid
157 censure
159 epigrams

130 Fallacy
132 explicit
134 jest
136 elusive
138 admonished
140 whims
142 approbation
144 lore
146 legitimate
148 sedentary
150 maladroit
152 adverted
154 hardy
156 somber
158 blasphemy
160 blunder

REVIEW TEST 02

P. 30

A ① outlandish
③ loophole
⑤ apparent
⑦ stagnant
⑨ beguile

② duplicating
④ hardy
⑥ refinement
⑧ demography
⑩ defer

B ① circumlocutory 완곡한
② determent 저지
④ versatility 다재다능
⑥ predominance 탁월
⑦ bureaucratic 관료주의의
⑧ admonition 훈계
⑩ blaspheme 신성모독하다

③ revere 존경하다
⑤ vain 허영의

⑨ legitimacy 합법

C ① contemplative
③ astray
⑤ omnipotent
⑦ lucid
⑨ exempt

② fidelity
④ detach
⑥ belligerent
⑧ aesthetic
⑩ elusive

D ① unbounded
③ impute
⑤ cynical
⑦ transparent

② alleviate
④ Erroneous
⑥ discernible
⑧ persecuting

⑨ devout　⑩ sedentary

E ❶ susceptible　❷ water down
❸ unfeasible　❹ revenge
❺ greedy　❻ indifferent
❼ vague　❽ bedridden
❾ caprice　❿ malevolent

F ❶ sage 현명한; 현인
❷ outspoken 거리낌없이 말하는
❸ censure 비난
❹ bureaucracy 관료정치, 관료
❺ legitimate 합법의, 정당한
❻ blasphemy 신성모독　❼ aesthetic 미의, 심미적인
❽ belligerent 호전적인, 적대적인
❾ unbounded 무한한, 끝없는
❿ alleviate 경감시키다　⓫ impute ~의 탓으로 하다
⓬ erroneous 잘못된　⓭ cynical 냉소적인
⓮ discernible 인식할 수 있는, 보고 알 수 있는

G ❶ carnivorous　❷ stunning
❸ refinements　❹ barbarians
❺ virtuous　❻ lore
❼ somber　❽ Circumlocution
❾ deter　❿ reverence
⓫ versatile　⓬ vanity
⓭ predominant　⓮ admonished
⓯ contemplative　⓰ fidelity

DAY 05 P. 35

161 meager　162 appalled
163 oversee　164 benediction
165 complexion　166 banished
167 gratified　168 rapture
169 humiliated　170 oblivious
171 ardor　172 profile
173 vivacity　174 extravagant
175 latent　176 resolute
177 demise　178 avert
179 definitive　180 downright
181 retort　182 deteriorated
183 hoist　184 laconic
185 confluence　186 pleaded

187 pompous　188 conscientious
189 speculative　190 spur
191 steadfast　192 triumphant
193 wayward　194 toil
195 amenable　196 touted
197 mythology　198 antipathy
199 synchronized　200 controverted

DAY 06 P. 39

201 dissuade　202 knack
203 soliloquy　204 astute
205 redeemed　206 cowardice
207 rarefied　208 yield
209 perpetual　210 contradictory
211 secluded　212 haughty
213 pinched　214 burrowing / burrow
215 emphatic　216 imbecile
217 equable　218 ballot
219 transient　220 conservative
221 apparition　222 apathetic
223 puerile　224 respire
225 invariable　226 lush
227 wailed　228 affronted
229 profuse　230 coax
231 effluence　232 accrue
233 cache　234 imperative
235 solemn　236 loitering / loiter
237 belated　238 precarious
239 dyslexia　240 zeal

REVIEW TEST 03 P. 42

A ❶ lush　❷ rarefied
❸ ballots　❹ hoist
❺ invariable　❻ appalled
❼ contradictory　❽ burrow
❾ apparition　❿ coax

B ❶ complexional 안색의　❷ laconically 짧게
❸ plea 간청　❹ conscience 양심
❺ toilful 수고스러운　❻ perpetuate 영속시키다

❼ respiration 호흡   ❽ affrontive 모욕적인
❾ effluent 유출하는   ❿ solemnity 엄숙

C ❶ banish   ❷ downright
❸ speculative   ❹ steadfast
❺ triumphant   ❻ redeem
❼ apathetic   ❽ belated
❾ dissuade   ❿ gratify

D ❶ oversee   ❷ humiliated
❸ belated   ❹ latent
❺ resolute   ❻ avert
❼ retort   ❽ touted
❾ controverted   ❿ soliloquy

E ❶ ample   ❷ improve
❸ modest   ❹ lavish
❺ sympathy   ❻ bravery
❼ separate   ❽ urgent
❾ uncertain   ❿ passion

F ❶ benediction 축복 기도
❷ knack 기교, 요령, 재주
❸ imbecile 우둔한, 어리석은
❹ loiter 빈둥거리다, 어슬렁어슬렁 걷다
❺ effluence 방출, 유출
❻ downright 철저한, 완전한
❼ dissuade 그만두게 하다
❽ apathetic 무감각한   ❾ oversee 감독하다, 살피다
❿ humiliate 자존심을 상하게 하다
⓫ vivacity 명랑, 쾌활   ⓬ latent 숨은, 잠복한
⓭ resolute 확고한, 단호한   ⓮ avert 피하다

G ❶ ardor   ❷ oblivious
❸ demise   ❹ wayward
❺ yield   ❻ conservative
❼ complexion   ❽ laconic
❾ pleaded   ❿ conscientious
⓫ toil   ⓬ perpetual
⓭ respire   ⓮ affronted
⓯ solemn   ⓰ banished

DAY 07   P. 47

241 obtainable   242 dislodged
243 procure   244 rebuked
245 knot   246 proclivity
247 verge   248 mammals
249 slit   250 dreary
251 kinship   252 carnival
253 animosity   254 exuberant
255 peeped   256 sparse
257 succinct   258 solicited
259 creditable   260 extricated
261 naive   262 begrudge
263 indoctrinates   264 duplex
265 vacuous   266 colloquial
267 tortured   268 assimilate
269 paralysis   270 whiz
271 pertinent   272 succumb
273 deprecated   274 forbear
275 persuasive   276 aloof
277 define   278 explicated
279 genial   280 taxonomy

DAY 08   P. 51

281 dogma   282 kinetic
283 recluse   284 rudimentary
285 candor   286 dormant
287 assiduous   288 indignity
289 consort   290 perennial
291 capacious   292 placate
293 doctrinaire   294 circuitous
295 menace   296 hackneyed
297 utilitarian   298 apprised
299 Paleontology   300 rambling
301 pore   302 scanty
303 vengeance   304 woe
305 spite   306 destitute
307 posterity   308 affable
309 excise   310 heretic
311 mockery   312 profess
313 Maternal   314 pledge
315 improvident   316 stick

317 allure

319 diffident

318 concede

320 trepidation

⑫ animosity 악의, 원한, 증오

⑬ solicit 간청하다

⑭ creditable 명예가 되는, 훌륭한

REVIEW TEST 04   P. 54

A ❶ peep ❷ obtainable ❸ circuitous ❹ dislodge ❺ utilitarian ❻ hackneyed ❼ succumb ❽ verge ❾ woe ❿ stick

B ❶ genially 상냥하게 ❷ exuberance 풍부 ❸ sparsely 희박하게 ❹ paralyze 마비시키다 ❺ deprecatory 반대를 주장하는 ❻ candid 솔직한 ❼ perenniality 연중 계속됨 ❽ heretical 이교도의 ❾ mock 조롱하다 ❿ allurement 매혹

C ❶ torture ❷ forbear ❸ aloof ❹ define ❺ explicate ❻ capacious ❼ scanty ❽ destitute ❾ posterity ❿ pledge

D ❶ affable ❷ procure ❸ dreary ❹ animosity ❺ solicited ❻ creditable ❼ assimilate ❽ pertinent ❾ persuasive ❿ excise

E ❶ praise ❷ latent ❸ elementary ❹ active ❺ appease ❻ revenge ❼ paternal ❽ provident ❾ deny ❿ confident

F ❶ mammal 포유동물 ❷ recluse 은둔자 ❸ assiduous 근면한 ❹ paralysis 마비 ❺ perennial 연중 끊이지 않는 ❻ aloof 떨어져서 ❼ capacious 많이 들어가는, 광대한 ❽ scanty 부족한, 근소한 ❾ affable 상냥한 ❿ procure 획득하다 ⑪ dreary 음울한, 지루한

G ❶ proclivity ❷ naive ❸ colloquial ❹ whiz ❺ pore ❻ spite ❼ profess ❽ genial ❾ exuberant ❿ sparse ⑪ deprecated ⑫ candor ⑬ heretic ⑭ mockery ⑮ allure ⑯ tortured

DAY 09   P. 59

321 incited
322 asymmetric
323 perspired
324 obtuse
325 obsolete
326 flip
327 incredulous
328 engrossed
329 conjecture
330 prosecution
331 repository
332 sediment
333 laud
334 Immoderate
335 shortsighted
336 solicitous
337 nominated
338 artful
339 relentless
340 chastise
341 alias
342 loathe
343 heathens
344 exertion
345 contemplate
346 ordained
347 wedged
348 scrupulous
349 commenced
350 grievous
351 Lusty
352 diction
353 hazy
354 abstruse
355 pant / panting
356 refugee
357 protagonist
358 emissary
359 culprit
360 beforehand

DAY 10   P. 63

361 unassuming
362 abstinent
363 Induction
364 complicity
365 blemish
366 lapse
367 covert
368 shun
369 hyperactive
370 preconceptions

371 segregation
373 custody
375 implausible
377 wad
379 underpinning
381 slaughter
383 incidental
385 gallant
387 conscripted
389 beckoned
391 mediocre
393 indolent
395 proposition
397 acute
399 empathy

372 assess
374 misconception
376 appease
378 secede
380 exalt
382 hospitalization
384 degenerated
386 infusion
388 poignant
390 persistent
392 upheaval
394 intertwined
396 heredity
398 defiance
400 patriotism

REVIEW TEST 05
P. 66

A ❶ secede ❷ flip
❸ artful ❹ wad
❺ emissary ❻ patriotism
❼ underpinning ❽ prosecution
❾ sediment ❿ intertwined

B ❶ obtusely 둔하게 ❷ dictional 말씨의
❸ haziness 애매함 ❹ abstinence 절제
❺ assessment 평가 ❻ exaltation 높임
❼ degeneration 퇴보 ❽ persist 고집하다
❾ acuity 격심함 ❿ defy 반항하다

C ❶ grievous ❷ pant
❸ intertwine ❹ commence
❺ relentless ❻ chastise
❼ alias ❽ scrupulous
❾ shun ❿ appease

D ❶ perspired ❷ conjecture
❸ Immoderate ❹ exertion
❺ contemplate ❻ complicity
❼ segregation ❽ misconception
❾ conscripted ❿ empathy

E ❶ symmetric ❷ useless

❸ doubtful ❹ appointed
❺ detest ❻ obvious
❼ previously ❽ deduction
❾ overt ❿ excellent

F ❶ shortsighted 근시의, 근시안의
❷ lapse 착오, 실수 ❸ indolent 게으른
❹ hazy 애매한 ❺ assess 평가하다
❻ defiance 도전, 반항 ❼ grievous 심한
❽ panting 헐떡거리는 ❾ perspire 땀을 흘리다
❿ conjecture 어림짐작; 추측하다
⓫ immoderate 지나친 ⓬ exertion 힘든 일, 노력
⓭ contemplate 숙고하다, 명상하다
⓮ complicity 공범, 연루

G ❶ engrossed ❷ solicitous
❸ refugee ❹ blemish
❺ hyperactive ❻ custody
❼ beckoned ❽ obtuse
❾ diction ❿ abstinent
⓫ exalt ⓬ degenerated
⓭ persistent ⓮ acute
⓯ relentless ⓰ chastise

DAY 11
P. 71

401 discrete
403 infrastructure
405 doctrine
407 meticulous
409 conciliate
411 confidant
413 intolerant
415 ordeal
417 ludicrous
419 implicit
421 divine
423 nuisance
425 incisive
427 hostile
429 perturb
431 insolent
433 precept

402 curfew
404 vociferous
406 self-evident
408 inclination
410 prodigal
412 haunt
414 precocious
416 pseudo
418 derided
420 plausible
422 capricious
424 certitude
426 dispassionate
428 lubricious
430 excerpt
432 transitory
434 solitude

435 ascertain
436 marvelous
437 conducive
438 slander
439 intercepted
440 sojourn

DAY 12
P. 75

441 nominal
442 dubieties
443 glee
444 circumference
445 impetuous
446 deluded
447 proclaimed
448 resilient
449 sullen
450 meddlesome
451 Rim
452 radiant
453 dishonorable
454 synonym
455 antiseptic
456 wane
457 terrestrial
458 unbridled
459 Murals
460 homogeneous
461 adjacent
462 indigenous
463 uncivil
464 feud
465 agony
466 treachery
467 lordly
468 witchcraft
469 apathy
470 verify
471 soporific
472 beneficial
473 grudge
474 lust
475 digresses
476 sarcastic
477 omniscient
478 Metabolism
479 traverse
480 endemic

REVIEW TEST 06
P. 78

A ❶ mural
❷ grudge
❸ soporific
❹ sullen
❺ nuisance
❻ dispassionate
❼ perturb
❽ ascertain
❾ antiseptic
❿ curfews

B ❶ agonize 고뇌하다
❷ meticulously 세심하게
❸ divinity 신성
❹ hostility 적의
❺ preceptive 교훈의
❻ solitary 혼자의
❼ circumferential 원주의
❽ delusion 현혹, 기만
❾ treacherous 배반하는
❿ lustful 호색적인

C ❶ ordeal
❷ deride

❸ beneficial
❹ capricious
❺ glee
❻ marvelous
❼ dubiety
❽ impetuous
❾ unbridled
❿ plausible

D ❶ certitude
❷ transitory
❸ intercepted
❹ proclaimed
❺ meddlesome
❻ indigenous
❼ apathy
❽ digresses
❾ traverse
❿ conciliate

E ❶ tolerant
❷ slow
❸ explicit
❹ impolite
❺ antonym
❻ earthly
❼ faraway
❽ continuous
❾ tendency
❿ prove

F ❶ prodigal 낭비하는, 방탕한
❷ resilient 탄력 있는, 복원력 있는
❸ endemic 어떤 지방 특유의; 풍토병
❹ divine 신의, 신성의
❺ precept 교훈
❻ lust 강한 욕망, 정욕
❼ deride 비웃다, 조롱하다
❽ unbridled 구속되지 않는, 억제되지 않는
❾ certitude 확신, 확실
❿ transitory 일시적인
⓫ intercept 도중에서 뺏다, 가로막다
⓬ proclaim 선언하다, 분명히 나타내다
⓭ meddlesome 간섭하기 좋아하는
⓮ indigenous 고유한, 토착의

G ❶ infrastructure
❷ ludicrous
❸ excerpt
❹ sojourn
❺ sullen
❻ dishonorable
❼ sarcastic
❽ agony
❾ meticulous
❿ hostile
⓫ solitude
⓬ circumference
⓭ deluded
⓮ treachery
⓯ ordeal
⓰ plausible

DAY 13
P. 83

481 occult
482 predicament
483 obstructed
484 aberrant
485 troublesome
486 pivotal
487 electorate
488 incessant

ANSWER KEY

489 maltreating 490 hypocrite
491 lofty 492 volition
493 delved 494 distended
495 tenet 496 discursive
497 hoarse 498 judicial
499 wily 500 permissible
501 legacy 502 deports
503 amoral 504 authorize
505 compulsory 506 connoisseur
507 abbreviated 508 momentous
509 jettisoned 510 inadvertent
511 acquisition 512 diatomic
513 flattery 514 binoculars
515 pliable 516 dilated
517 tardy 518 pneumonia
519 amorphous 520 faltered

DAY 14 P. 87

521 theorize 522 overt
523 autograph 524 omens
525 peruses 526 lavatory
527 maturation 528 snorting
529 submissive 530 congenial
531 diabetes 532 supervise
533 combative 534 tacit
535 impudent 536 formidable
537 heterodox 538 inextricable
539 aggrandized 540 extempore
541 diurnal 542 prevalence
543 resemblance 544 oath
545 arbitrary 546 exhorted
547 banal 548 treason
549 impartial 550 piety
551 mutations 552 infectious
553 irresolute 554 adornment
555 periodical 556 uptight
557 enlightenment 558 playwright
559 indignant 560 cryptic

REVIEW TEST 07 P. 90

A ❶ falter ❷ infectious
❸ oath ❹ adornments
❺ lavatory ❻ tenet
❼ authorized ❽ snort
❾ enlightenment ❿ playwright

B ❶ hoarsen 목쉬게 하다 ❷ compel 강요하다
❸ acquire 얻다 ❹ dilative 팽창하는
❺ ominous 조짐이 나쁜 ❻ perusal 통독
❼ combat 전투 ❽ resemble 닮다
❾ pious 경건한 ❿ indignation 분개

C ❶ permissible ❷ flattery
❸ pliable ❹ tardy
❺ submissive ❻ arbitrary
❼ banal ❽ irresolute
❾ aberrant ❿ abbreviate

D ❶ incessant ❷ lofty
❸ judicial ❹ deports
❺ inadvertent ❻ binoculars
❼ maturation ❽ diabetes
❾ extempore ❿ periodical

E ❶ blocked ❷ moral
❸ obvious ❹ orthodox
❺ daily ❻ partial
❼ hidden ❽ critical
❾ voter ❿ uncongenial

F ❶ impudent 뻔뻔스러운, 염치없는
❷ uptight 초조해하는, 긴장한
❸ hoarse 목쉰, 허스키한 ❹ dilate 팽창하다, 넓어지다
❺ combative 투쟁적인, 호전적인
❻ piety 경건 ❼ pliable 유연한
❽ banal 진부한, 평범한
❾ incessant 끊임없는, 그칠 새 없는
❿ lofty 우뚝 솟은, 매우 높은
⓫ judicial 사법의, 재판의
⓬ deport 국외로 추방하다, 처신하다, 행동하다
⓭ inadvertent 우연의, 부주의한
⓮ binoculars 쌍안경

200 절대어휘 5100 5

G ❶ troublesome ❷ hypocrite
❸ delved ❹ momentous
❺ tacit ❻ formidable
❼ infectious ❽ inextricable
❾ compulsory ❿ acquisition
⓫ omens ⓬ peruses
⓭ resemblance ⓮ indignant
⓯ aberrant ⓰ permissible

DAY 15 P. 95

561 temperate | 562 void
563 habituated | 564 pensive
565 hypocritical | 566 chromosomes
567 propaganda | 568 fervent
569 ambient | 570 novelty
571 nocturnal | 572 exacerbate
573 visage | 574 coarse
575 strenuous | 576 demonic
577 decent | 578 fiery
579 detests | 580 pacifying
581 oracle | 582 mangled
583 zenith | 584 awe
585 probation | 586 zest
587 fermented | 588 shrewd
589 rebellious | 590 assault
591 sanitation | 592 inflected
593 eligible | 594 undergraduate
595 approximate | 596 shudder
597 deference | 598 requisite
599 profound | 600 ratified

DAY 16 P. 99

601 Saliva | 602 contemptuous
603 dictum | 604 incense
605 gulped | 606 Scripture
607 detract | 608 muffled
609 photogenic | 610 placid
611 vile | 612 wretched
613 outdid | 614 conceit
615 subjugation | 616 harassed

617 Malicious | 618 cogent
619 feeble | 620 benign
621 figurative | 622 calamities
623 tuition | 624 contrite
625 implementation | 626 absolution
627 acclaimed | 628 sprinkled
629 preempt | 630 specious
631 embroidery | 632 homage
633 swindled | 634 exorbitant
635 defrauded | 636 ecstasy
637 inept | 638 reagent
639 delegate | 640 impediment

REVIEW TEST 08 P. 102

A ❶ coarse ❷ incense
❸ fermented ❹ zenith
❺ shrewd ❻ undergraduate
❼ shudder ❽ gulp
❾ appoint ❿ detract

B ❶ temperance 절제 ❷ fervor 열렬
❸ novel 신기한 ❹ strenuously 맹렬하게
❺ pacification 화해 ❻ require 필요로 하다
❼ contempt 멸시 ❽ absolve 면제하다
❾ ecstatic 무아지경의 ❿ impede 방해하다

C ❶ ambient ❷ zest
❸ profound ❹ ratify
❺ dictum ❻ outdo
❼ harass ❽ benign
❾ cogent ❿ acclaim

D ❶ pensive ❷ demonic
❸ sanitation ❹ approximate
❺ feeble ❻ preempt
❼ exorbitant ❽ exacerbate
❾ assault ❿ hypocritical

E ❶ diurnal ❷ unsatisfactory
❸ loathe ❹ entitled
❺ serene ❻ humility
❼ repentant ❽ defiant

❾ benevolent ❿ skillful

F ❶ detract 떨어뜨리다, 손상시키다
❷ tuition 교습, 수업료
❸ temperate 도를 넘지 않는, 절제하는
❹ novelty 진기함, 신기로움
❺ pacify 진정시키다
❻ ecstasy 무아의 경지, 황홀경
❼ ratify 비준하다, 승인하다
❽ outdo ~보다 낫다, 능가하다
❾ benign 인자한, 상냥한 ❿ pensive 생각에 잠긴
⓫ demonic 악마의
⓬ sanitation 공중 위생, 위생 설비
⓭ approximate 대략의 ⓮ feeble 나약한

G ❶ habituated ❷ propaganda
❸ mangled ❹ awe
❺ wretched ❻ figurative
❼ calamities ❽ homage
❾ fervent ❿ strenuous
⓫ requisite ⓬ contemptuous
⓭ absolution ⓮ impediment
⓯ ambient ⓰ zest

DAY 17 P. 107

641 pious 642 dismayed
643 beset 644 endowed
645 convene 646 incongruous
647 literacy 648 complaisant
649 chronic 650 vague
651 dejected 652 dictatorship
653 articulate 654 bombastic
655 lavished 656 misgivings
657 insomnia 658 acrid
659 reprisal 660 fastidious
661 subsidized 662 extrovert(ed)
663 introspective 664 slay
665 fortitude 666 affectation
667 rebuffed 668 Stringent
669 pastoral 670 autonomy
671 quantum 672 sublime
673 derogatory 674 depreciated

675 withstood 676 divulge
677 reproached 678 demean
679 forgo 680 camouflage

DAY 18 P. 111

681 sulky 682 impeded
683 converge 684 obnoxious
685 coalition 686 vulgar
687 brittle 688 keystone
689 dehydration 690 abstentions
691 eclectic 692 decried
693 autopsies 694 intermission
695 sanction 696 bewildered
697 belittle 698 malady
699 aggravated 700 terminate
701 serene 702 residential
703 transfusion 704 obligatory
705 integrate 706 vent
707 morbid 708 expedite
709 squanders 710 deluge
711 genesis 712 agile
713 clumsy 714 erratic
715 courier 716 repress
717 obsession 718 concurrent
719 alienation 720 lure

REVIEW TEST 09 P. 114

A ❶ reprisal ❷ autonomy
❸ clumsy ❹ serene
❺ residential ❻ brittle
❼ demean ❽ integrate
❾ withstand ❿ intermission

B ❶ chronically 만성적으로 ❷ divulgence 누설
❸ camouflagic 위장의 ❹ sulk 골이 나다
❺ impediment 방해 ❻ abstain 기권하다
❼ sanctionative 허가 가능한
❽ termination 종료
❾ obsessive 강박관념의 ❿ alienate 멀리하다

C ❶ pious ❷ endow

❸ acrid   ❹ introspective

❺ depreciate   ❻ keystone

❼ agile   ❽ concurrent

❾ pastoral   ❿ belittle

D ❶ dejected   ❷ insomnia

❸ subsidized   ❹ Stringent

❺ reproached   ❻ forgo

❼ expedite   ❽ squanders

❾ genesis   ❿ sublime

E ❶ appropriate   ❷ illiteracy

❸ obscure   ❹ introverted

❺ diverge   ❻ offensive

❼ decent   ❽ alleviate

❾ compulsory   ❿ denounce

F ❶ convene 모으다, 소집하다

❷ bombastic 과장된, 허풍떠는

❸ fastidious 까다로운

❹ malady (만성적인) 병, 병폐

❺ divulge 누설하다   ❻ sanction 제재

❼ alienation 소원, 이간, 소외

❽ agile 민첩한   ❾ dejected 낙심한, 낙담한

❿ insomnia 불면증

⓫ subsidize 보조금을 지급하다

⓬ stringent 엄격한   ⓭ reproach 비난하다; 비난

⓮ forgo ~없이 지내다

G ❶ affectation   ❷ bewildered

❸ clumsy   ❹ erratic

❺ lure   ❻ misgivings

❼ chronic   ❽ camouflage

❾ sulky   ❿ impeded

⓫ abstentions   ⓬ terminate

⓭ obsession   ⓮ pious

⓯ endowed   ⓰ acrid

DAY 19 P. 119

721 debased   722 disregarded

723 contour   724 prompt

725 confederate   726 heed

727 utmost   728 unruly

729 infinity   730 prodigious

731 culpable   732 amiable

733 incontrovertible   734 auspicious

735 Contention   736 oppressed

737 inquisitive   738 dissolution

739 punitive   740 deploy

741 orbital   742 prudish

743 vigilant   744 tangible

745 recompensed   746 desolate

747 equivocal   748 hoax

749 adjoining   750 reign

751 equilibrium   752 accentuate

753 catastrophe   754 traduced

755 reproved   756 Carnal

757 abstemious   758 plight

759 unanimity   760 proscribed

DAY 20 P. 123

761 forfeited   762 reassurance

763 fracture   764 preside

765 deviated   766 potent

767 hideous   768 cons

769 bleak   770 antecedent

771 cursory   772 flimsy

773 becoming   774 biannual

775 impounded   776 default

777 drudgery   778 stifled

779 relinquish   780 fluttered

781 ellipse   782 ambivalent

783 tedious   784 acrimonious

785 prophesied   786 abdicate

787 immerse   788 retarded

789 unraveled / unravelled   790 amplify

791 implementing   792 stabbed

793 rippled   794 dietary

795 defaced   796 barracks

797 incompatible   798 devoid

799 barred   800 vanguard

REVIEW TEST 10 P. 126

A
① orbital
② flimsy
③ stifle
④ relinquish
⑤ barred
⑥ implement
⑦ hoax
⑧ adjoining
⑨ preside
⑩ contour

B
① heedful 주의하는
② prodigy 천재
③ contend 논쟁하다
④ inquire 묻다
⑤ catastrophic 대재앙의
⑥ fractural 골절의
⑦ deviatory 벗어난
⑧ fluttery 펄럭이는
⑨ tedium 권태
⑩ abdication 사임, 포기

C
① debase
② prompt
③ utmost
④ culpable
⑤ amiable
⑥ punitive
⑦ tangible
⑧ hideous
⑨ becoming
⑩ amplify

D
① infinity
② deploy
③ accentuate
④ traduced
⑤ plight
⑥ cons
⑦ cursory
⑧ retarded
⑨ devoid
⑩ potent

E
① inauspicious
② persecute
③ careless
④ rule
⑤ retain
⑥ desolate
⑦ predict
⑧ compatible
⑨ boring
⑩ consensus

F
① flimsy (근거 등이) 빈약한, 속 보이는
② immerse 담그다
③ heed 주의, 조심; 주의하다
④ prodigious 거대한, 놀라운
⑤ inquisitive 질문을 좋아하는
⑥ tedious 지루한
⑦ culpable 비난할 만한
⑧ becoming 어울리는, 적당한
⑨ infinity 무한대
⑩ deploy 배치하다
⑪ accentuate 강조하다, 역설하다
⑫ traduce 비방하다
⑬ plight 곤경, 곤란
⑭ con 반대하여; 반대 투표

G
① disregarded
② incontrovertible

③ preside
④ default
⑤ ambivalent
⑥ unraveled / unravelled
⑦ dietary
⑧ acrimonious
⑨ Contention
⑩ catastrophe
⑪ fracture
⑫ prompt
⑬ fluttered
⑭ abdicate
⑮ debased
⑯ deviated

DAY 21 P. 131

801 incarnate	802 ingenuous
803 oblique	804 drawback
805 proliferate	806 foes
807 symmetrical	808 speck
809 villain	810 submerged
811 fiscal	812 junction
813 painstaking	814 edifice
815 aggregate	816 redundant
817 incurred	818 conspiracy
819 compliant	820 residual
821 buoyancy	822 consensus
823 monetary	824 effusive
825 exponent	826 imprinted
827 approximation	828 prolific
829 belied	830 ebb
831 ammunition	832 accomplice
833 defame	834 adored
835 affiliates	836 stingy
837 lethal	838 decipherable
839 verdict	840 impetus

DAY 22 P. 135

841 precluded	842 atypical
843 eccentric	844 cede
845 intrinsic	846 luster
847 assailed	848 appended
849 subdued	850 aggrieved
851 morale	852 assuaged
853 whip	854 coherent
855 ruthless	856 municipal

857 aggressive 858 carnage
859 holocaust 860 levity
861 coalesced 862 bilateral
863 jeered 864 solidified
865 massacre 866 nomadic
867 abominated 868 manifold
869 spacious 870 sinister
871 oblivion 872 encircle
873 inherent 874 edict
875 upright 876 epidemic
877 adherents 878 dubious
879 opulent 880 motifs

REVIEW TEST 11　　　　　P. 138

A ❶ bilateral ❷ upright
　❸ verdict ❹ cede
　❺ speck ❻ villain
　❼ subdue ❽ consensus
　❾ luster ❿ conspiracy

B ❶ proliferative 번식하는
　❷ preclusion 배제, 제외
　❸ assailable 공격할 수 있는
　❹ aggress 공격하다
　❺ solidification 단결, 응고
　❻ nomad 유목민 ❼ oblivious 망각의
　❽ inherence 타고남 ❾ adhere 들러붙다
　❿ ruthlessly 무자비하게

C ❶ drawback ❷ defame
　❸ adore ❹ stingy
　❺ lethal ❻ eccentric
　❼ intrinsic ❽ append
　❾ aggrieve ❿ assuage

D ❶ incarnate ❷ painstaking
　❸ compliant ❹ residual
　❺ effusive ❻ ammunition
　❼ municipal ❽ carnage
　❾ epidemic ❿ motifs

E ❶ asymmetrical ❷ productive
　❸ indecipherable ❹ typical

❺ incoherent ❻ abhor
❼ surround ❽ shabby
❾ financial ❿ immoral

F ❶ buoyancy 부력
　❷ consensus 일치, 합의, 여론
　❸ accomplice 공범자 ❹ manifold 다방면의, 많은
　❺ preclude 방해하다, 가로막다
　❻ aggressive 공격적인
　❼ adherent 지지자; 점착성의
　❽ lethal 치명적인, 죽음을 초래하는
　❾ append 추가하다
　❿ incarnate 사람의 모습을 한, 화신의; 구체화하다
　⓫ painstaking 노고를 아끼지 않는
　⓬ compliant 고분고분한, 순응하는
　⓭ residual 남은
　⓮ effusive 열렬한, 감정이 넘쳐 흐르는

G ❶ foes ❷ submerged
　❸ incurred ❹ imprinted
　❺ verdict ❻ impetus
　❼ coalesced ❽ spacious
　❾ proliferate ❿ assailed
　⓫ solidified ⓬ nomadic
　⓭ oblivion ⓮ inherent
　⓯ ruthless ⓰ drawback

DAY 23　　　　　P. 143

881 marred 882 anomaly
883 contaminated 884 sterile
885 concordance 886 jeopardy
887 overthrew 888 salient
889 elongated 890 jurisdiction
891 plumage 892 counterfeit
893 obliged 894 abducted
895 coerce 896 peripheral
897 affluent 898 indicted
899 dismal 900 collaboration
901 placebo 902 splendor
903 immortal 904 perjury
905 detained 906 constrained
907 depleted 908 mingled

909 incubate 910 malign
911 scrutiny 912 facile
913 abated 914 deflected
915 interrogated 916 bystander
917 deform 918 preposterous
919 innocuous 920 overdue

DAY 24   P. 147

921 addressed 922 chronicle
923 vanished 924 abject
925 trespass 926 immutable
927 carcass 928 amenities
929 decree 930 intrigue
931 pungent 932 seething
933 elude 934 pandemic
935 parasite 936 realm
937 intoxicates 938 receded
939 repent 940 jolt / jolting
941 ushered 942 propriety
943 artifice 944 assassinated
945 diffused 946 noxious
947 solace 948 impelled
949 implicated 950 inscriptions
951 inducted 952 disseminate
953 arduous 954 provocative
955 bellicose 956 inimical
957 epilogue 958 accretion
959 subvert 960 fertile

REVIEW TEST 12   P. 150

A ❶ incubate ❷ overdue
❸ decree ❹ arduous
❺ artifice ❻ address
❼ usher ❽ chronicle
❾ scrutiny ❿ realm

B ❶ concordal 일치하는 ❷ abduction 유괴
❸ indictment 기소 ❹ collaborate 협동하다
❺ malignance 악의 ❻ elusion 도피
❼ parasitic 기생충의 ❽ inscribe 새기다

❾ provoke 자극하다 ❿ fertilize 비옥하게 하다

C ❶ inimical ❷ dismal
❸ detain ❹ abate
❺ innocuous ❻ trespass
❼ diffuse ❽ implicate
❾ bellicose ❿ oblige

D ❶ anomaly ❷ salient
❸ peripheral ❹ depleted
❺ bystander ❻ amenities
❼ intrigue ❽ receded
❾ repent ❿ assassinated

E ❶ spoiled ❷ polluted
❸ fertile ❹ danger
❺ wealthy ❻ mortal
❼ appear ❽ miserable
❾ poisonous ❿ prologue

F ❶ interrogate 심문하다 ❷ solace 위안; 위안하다
❸ inimical 해로운 ❹ collaboration 협동
❺ parasite 기생충
❻ provocative 자극적인, 도발적인
❼ constrain 강요하다, 속박하다
❽ trespass 침입하다 ❾ anomaly 변칙, 예외
❿ salient 현저한, 두드러진 ⓫ peripheral 주변의
⓬ deplete 고갈시키다, 격감시키다
⓭ bystander 구경꾼, 방관자
⓮ amenity 쾌적함, 편의시설

G ❶ coerce ❷ counterfeit
❸ perjury ❹ pandemic
❺ intoxicates ❻ propriety
❼ impelled ❽ concordance
❾ abducted ❿ indicted
⓫ malign ⓬ addressed
⓭ inscriptions ⓮ fertile
⓯ obliged ⓰ dismal

DAY 25

P. 155

961 sober	962 diminution
963 affinity	964 lagged
965 cascade	966 stately
967 suspicion	968 disparity
969 roused	970 sporadic
971 unilateral	972 intermittent
973 fluctuation	974 lingered
975 clasped	976 constituent
977 relish	978 dearth
979 ponderous	980 alibi
981 prolonged	982 truce
983 precipitation	984 debris
985 scribble	986 testimony
987 indispensable	988 prophetic
989 plunged	990 foreshadowed
991 attenuated	992 unanimous
993 staunch	994 disarmament
995 arbitrate	996 bombarded
997 viable	998 nomad
999 seduced	1000 aperiodic

DAY 26

P. 159

1001 Voluntary	1002 autocracy
1003 impregnable	1004 pathetic
1005 partook	1006 interlude
1007 vindicating	1008 humanitarian
1009 curtailed	1010 sedate
1011 blazing	1012 threshold
1013 quake / quaking	1014 acronym
1015 volatile	1016 whirled
1017 replete	1018 discord
1019 surveillance	1020 effervesced
1021 wrangled	1022 symmetry
1023 postulated	1024 retrospective
1025 entangled	1026 surmounted
1027 prelude	1028 suffrage
1029 discrepancy	1030 torment
1031 cognate	1032 apparel
1333 auction	1334 offset
1335 stability	1336 anecdotes

1337 outrage	1338 stigmatized
1339 lenient	1340 dissent

REVIEW TEST 13

P. 162

A
❶ lag ❷ prolong
❸ precipitation ❹ scribble
❺ bombard ❻ stigmatized
❼ anecdotes ❽ quake
❾ offset ❿ humanitarian

B
❶ diminish 감소하다 ❷ suspect 의심하다
❸ fluctuate 변동하다 ❹ prophet 예언자
❺ arbitrative 중재하는 ❻ acronymic 두문자어의
❼ surveil 감시하다 ❽ symmetrical 대칭의
❾ entanglement 얽히게 함
❿ stable 안정된

C
❶ sober ❷ stately
❸ constituent ❹ unanimous
❺ aperiodic ❻ partake
❼ discord ❽ torment
❾ lenient ❿ dissent

D
❶ debris ❷ viable
❸ seduced ❹ pathetic
❺ sedate ❻ postulated
❼ surmounted ❽ disparity
❾ unilateral ❿ sporadic

E
❶ arouse ❷ evidence
❸ dispensable ❹ strengthened
❺ compulsory ❻ democracy
❼ reduced ❽ prospective
❾ anger ❿ dispute

F
❶ relish 맛, 풍미
❷ alibi 알리바이, 현장 부재 증명
❸ interlude 사이, (시간적) 간격
❹ replete 충만한, 충분히 공급된
❺ apparel 의복, 의류 ❻ prophetic 예언자의
❼ symmetry 대칭, 균형 ❽ stability 안정
❾ aperiodic 불규칙한 ❿ lenient 관대한
⓫ debris 부스러기, 파편

⑫ **viable** 생존 가능한, 실행 가능한

⑬ **seduce** 유혹하다　　⑭ **pathetic** 애처로운, 불쌍한

G　❶ affinity　　　　❷ plunged
　　❸ vindicating　　❹ threshold
　　❺ discrepancy　　❻ diminution
　　❼ suspicion　　　❽ fluctuation
　　❾ arbitrate　　　❿ acronym
　　⑪ surveillance　　⑫ entangled
　　⑬ sober　　　　　⑭ stately
　　⑮ constituent　　⑯ unanimous

DAY 27　　　　　　　　　　　P. 167

1041 protruded　　　1042 perishable
1043 jubilant　　　　1044 reservoir
1045 inconspicuous　1046 credulous
1047 stature　　　　1048 antedated
1049 vault　　　　　1050 complacent
1051 tyrannical　　　1052 elastic
1053 patent　　　　1054 fabulous
1055 statute　　　　1056 ignoble
1057 eloquent　　　1058 opportune
1059 outstretched　1060 encompass
1061 omnipresent　1062 apartheid
1063 unexampled　1064 compost
1065 abreast　　　　1066 fabricated
1067 aggression　　1068 blunt
1069 petition　　　　1070 embedded
1071 caustic　　　　1072 oozed
1073 peculiar　　　　1074 saluted
1075 curative　　　　1076 credentials
1077 lament　　　　1078 verity
1079 transit　　　　1080 replica

DAY 28　　　　　　　　　　　P. 171

1081 prerogative　　1082 stern
1083 nasty　　　　　1084 abridged
1085 quaint　　　　1086 amassed
1087 condemn　　　1088 culmination
1089 equity　　　　1090 erosion
1091 proponents　　1092 compelling

1093 reactionary　　1094 suppressant
1095 molecules　　1096 commensurate
1097 expansive　　1098 speculation
1099 indulged　　　1100 sustenance
1101 didactic　　　1102 distill
1103 malnutrition　1104 vexed
1105 nausea　　　　1106 appreciative
1107 superb　　　　1108 err
1109 friction　　　　1110 detergent
1111 litigate　　　　1112 siege
1113 hectic　　　　1114 illicit
1115 decimate　　　1116 befell
1117 contrive　　　1118 conspicuous
1119 stationary　　1120 resonates

REVIEW TEST 14　　　　　　P. 174

A　❶ transit　　　　❷ caustic
　　❸ friction　　　❹ quaint
　　❺ patent　　　　❻ encompassed
　　❼ elastic　　　　❽ culmination
　　❾ equity　　　　❿ unexampled

B　❶ perish 썩다, 죽다　❷ complacency 자기만족
　　❸ outstretch 펴다, 내밀다
　　❹ fabrication 위조　❺ aggressive 공격적인
　　❻ salutation 인사　❼ erode 침식하다
　　❽ molecular 분자의　❾ expand 팽창하다
　　❿ error 오류

C　❶ curative　　　❷ nasty
　　❸ abridge　　　❹ compelling
　　❺ didactic　　　❻ superb
　　❼ hectic　　　　❽ illicit
　　❾ befall　　　　❿ stationary

D　❶ protruded　　❷ omnipresent
　　❸ compost　　　❹ embedded
　　❺ amassed　　　❻ speculation
　　❼ nausea　　　　❽ appreciative
　　❾ litigate　　　　❿ contrive

E　❶ suspicious　　❷ noble

❸ sharp   ❹ appeal
❺ odd   ❻ advocate
❼ equivalent   ❽ nutrition
❾ inconspicuous   ❿ dictatorial

F ❶ ooze 스며나오다   ❷ vex 짜증나게 하다
❸ complacent 자기만족의
❹ erosion 부식, 침식   ❺ err 잘못하다
❻ nasty 불쾌한, 심술궂은
❼ compelling 설득력 있는, 강제적인
❽ protrude 내밀다, 튀어나오다
❾ omnipresent 편재하는, 어디에나 존재하는
❿ compost 혼합비료; ~에 퇴비를 주다
⓫ embed 깊숙이 박다   ⓬ amass 모으다, 축적하다
⓭ speculation 추측   ⓮ nausea 메스꺼움

G ❶ jubilant   ❷ fabulous
❸ eloquent   ❹ lament
❺ prerogative   ❻ condemn
❼ indulged   ❽ opportune
❾ perishable   ❿ outstretched
⓫ fabricated   ⓬ aggression
⓭ saluted   ⓮ molecules
⓯ expansive   ⓰ curative

DAY 29   P. 179

1121 antidote   1122 apparatus
1123 sanguinary   1124 outlive
1125 indecent   1126 relics
1127 coincidence   1128 exulted
1129 mandate   1130 premise
1131 panacea   1132 rascal
1133 insidious   1134 luminescent
1135 infrared   1136 allegory
1137 crude   1138 supposition
1139 synergize   1140 opaque
1141 condolence   1142 territorial
1143 anonymous   1144 morality
1145 inert   1146 impending
1147 respite   1148 encroach
1149 vouch   1150 eradicate
1151 reciprocal   1152 distress

1153 lucrative   1154 anterior
1155 manifest   1156 obtrudes
1157 straightaway   1158 polarized
1159 forage   1160 credibility

DAY 30   P. 183

1161 fervid   1162 tenure
1163 trifling   1164 creed
1165 alludes   1166 preeminent
1167 purge   1168 disclaimed
1169 Festive   1170 transcendent
1171 paternal   1172 avocation
1173 expounded   1174 appendix
1175 enraged   1176 covetous
1177 efface   1178 forestalled
1179 amphibians   1180 venerable
1181 exile   1182 befriends
1183 negligent   1184 annihilated
1185 patron   1186 convoking
1187 cramp   1188 pecuniary
1189 stout   1190 elucidate
1191 renouncing   1192 philanthropy
1193 unbiased   1194 incoherent
1195 extort   1196 intestine
1197 penchant   1198 novice
1199 wrath   1200 trustworthy

REVIEW TEST 15   P. 186

A ❶ intestine   ❷ creed
❸ wrath   ❹ apparatus
❺ appendix   ❻ morality
❼ impending   ❽ disclaim
❾ cramp   ❿ encroach

B ❶ coincide 동시에 일어나다
❷ exultation 환호   ❸ suppose 가정하다
❹ territory 영토   ❺ inertia 불활발, 굼뜸
❻ reciprocate 서로 주고받다
❼ credible 신뢰할 수 있는 ❽ enragement 격노
❾ exilic 추방된   ❿ extortion 강요

C
① outlive
② allude
③ festive
④ covetous
⑤ befriend
⑥ convoke
⑦ pecuniary
⑧ renounce
⑨ unbiased
⑩ anonymous

D
① panacea
② insidious
③ opaque
④ respite
⑤ eradicate
⑥ forage
⑦ preeminent
⑧ transcendent
⑨ efface
⑩ trustworthy

E
① refined
② sympathy
③ profitable
④ fervent
⑤ respectable
⑥ demolish
⑦ explain
⑧ coherent
⑨ expert
⑩ robust

F
① vouch 보증하다
② purge 마음[몸]을 깨끗이 하다, 없애다
③ negligent 태만한, 무관심한
④ penchant 강한 기호
⑤ inert 불활성의, 둔한
⑥ enrage 몹시 화나게 하다
⑦ exile 망명; 추방하다
⑧ anonymous 익명의
⑨ renounce 포기하다
⑩ panacea 만병통치약
⑪ insidious 음흉한, 잠행성의
⑫ opaque 불투명한
⑬ respite 일시적 중지
⑭ eradicate 근절하다

G
① antidote
② relics
③ mandate
④ infrared
⑤ distress
⑥ trifling
⑦ coincidence
⑧ exulted
⑨ supposition
⑩ territorial
⑪ reciprocal
⑫ credibility
⑬ extort
⑭ outlive
⑮ alludes
⑯ Festive

MEMO

내신 · 수능 · 토플이 가벼워지는
Vocabulary master
5단계 시리즈

절대어휘
5100

김호성, 전진완, 백영실, 고미선, 이나영, 박영은

5

수능 고난도 · 토플
1200

WORKBOOK

DARAKWON

WORKBOOK

✦ 해당 영어의 한국어 의미를 생각하면서 2번씩 적으시오.

01	1개 국어를 사용하는	**monolingual**	1개 국어를 사용하는	1개 국어를 사용하는
02	간청하다	**implore**	간청하다	간청하다
03	같은 거리의	**equidistant**	같은 거리의	같은 거리의
04	엄격, 혹독	**severity**	엄격, 혹독	엄격, 혹독
05	경멸하다; 경멸	**disdain**	경멸하다; 경멸	경멸하다; 경멸
06	고원, 대지	**plateau**	고원, 대지	고원, 대지
07	과다, 과도	**plethora**	과다, 과도	과다, 과도
08	구출하다; 구조	**salvage**	구출하다; 구조	구출하다; 구조
09	근육의	**muscular**	근육의	근육의
10	근절하다	**exterminate**	근절하다	근절하다
11	기능불량	**malfunction**	기능불량	기능불량
12	괴로운 생활을 하다	**languish**	괴로운 생활을 하다	괴로운 생활을 하다
13	기준	**criterion**	기준	기준
14	돌풍	**gust**	돌풍	돌풍
15	뒤이어 일어나다	**ensue**	뒤이어 일어나다	뒤이어 일어나다
16	불평가, 반항자	**malcontent**	불평가, 반항자	불평가, 반항자
17	발생하려고 하는	**nascent**	발생하려고 하는	발생하려고 하는
18	배은망덕한 사람	**ingrate**	배은망덕한 사람	배은망덕한 사람
19	부식하다[시키다]	**corrode**	부식하다[시키다]	부식하다[시키다]
20	분열시키는	**disruptive**	분열시키는	분열시키는
21	산화시키다	**oxidize**	산화시키다	산화시키다
22	신음하다	**moan**	신음하다	신음하다
23	실을 꿰다; 실	**thread**	실을 꿰다; 실	실을 꿰다; 실
24	실용주의적인	**pragmatic**	실용주의적인	실용주의적인
25	울퉁불퉁한	**bumpy**	울퉁불퉁한	울퉁불퉁한
26	유순한	**docile**	유순한	유순한
27	이종의, 이질의	**heterogeneous**	이종의, 이질의	이종의, 이질의
28	익히 알게 하다	**acquaint**	익히 알게 하다	익히 알게 하다
29	잘못된	**errant**	잘못된	잘못된
30	비만인	**obese**	비만인	비만인
31	지불능력이 있는	**solvent**	지불능력이 있는	지불능력이 있는
32	승선시키다	**embark**	승선시키다	승선시키다
33	추억에 잠기다	**reminisce**	추억에 잠기다	추억에 잠기다
34	흥겨움, 유쾌함	**gaiety**	흥겨움, 유쾌함	흥겨움, 유쾌함
35	튼튼한, 건장한	**robust**	튼튼한, 건장한	튼튼한, 건장한
36	편애	**predilection**	편애	편애
37	현미경의, 초소형의	**microscopic**	현미경의, 초소형의	현미경의, 초소형의
38	유출	**effusion**	유출	유출
39	흔들다, 흔들리다	**sway**	흔들다, 흔들리다	흔들다, 흔들리다
40	흔들다, 선동하다	**agitate**	흔들다, 선동하다	흔들다, 선동하다

✦ 다음을 영어는 한국어로 한국어는 영어로 적으시오.   정답 p.65

01	**acquaint**		01	통 간청하다
02	**agitate**		02	통 경멸하다 명 경멸
03	**bumpy**		03	통 구출하다 명 구조
04	**corrode**		04	통 근절하다
05	**criterion**		05	통 괴로운 생활을 하다
06	**disdain**		06	통 뒤이어 일어나다
07	**disruptive**		07	통 부식하다[시키다]
08	**docile**		08	통 산화시키다
09	**effusion**		09	통 신음하다
10	**embark**		10	통 익히 알게 하다
11	**ensue**		11	통 승선시키다
12	**equidistant**		12	통 추억에 잠기다
13	**errant**		13	통 흔들다, 흔들리다
14	**exterminate**		14	통 흔들다, 선동하다
15	**gaiety**		15	명 엄격, 혹독
16	**gust**		16	명 고원, 대지
17	**heterogeneous**		17	명 과다, 과도
18	**implore**		18	명 기능불량
19	**ingrate**		19	명 기준
20	**languish**		20	명 돌풍
21	**malcontent**		21	명 불평가, 반항자
22	**malfunction**		22	명 배은망덕한 사람
23	**microscopic**		23	통 실을 꿰다 명 실
24	**moan**		24	명 흥겨움, 유쾌함
25	**monolingual**		25	명 편애
26	**muscular**		26	명 유출
27	**nascent**		27	형 1개 국어를 사용하는
28	**obese**		28	형 같은 거리의
29	**oxidize**		29	형 근육의
30	**plateau**		30	형 발생하려고 하는
31	**plethora**		31	형 분열시키는
32	**pragmatic**		32	형 실용주의적인
33	**predilection**		33	형 울퉁불퉁한
34	**reminisce**		34	형 유순한
35	**robust**		35	형 이종의, 이질의
36	**salvage**		36	형 잘못된
37	**severity**		37	형 비만인
38	**solvent**		38	형 지불능력이 있는
39	**sway**		39	형 튼튼한, 건장한
40	**thread**		40	형 현미경의, 초소형의

✦ 해당 영어의 한국어 의미를 생각하면서 2번씩 적으시오.

01	가루받이하다	**pollinate**	가루받이하다	가루받이하다
02	위반하다	**infringe**	위반하다	위반하다
03	강제적인, 강박적인	**compulsive**	강제적인, 강박적인	강제적인, 강박적인
04	고도계	**altimeter**	고도계	고도계
05	내성적인 사람	**introvert**	내성적인 사람	내성적인 사람
06	눈사태, 쇄도	**avalanche**	눈사태, 쇄도	눈사태, 쇄도
07	독재군주, 독재자	**autocrat**	독재군주, 독재자	독재군주, 독재자
08	백치의, 바보 같은	**idiotic**	백치의, 바보 같은	백치의, 바보 같은
09	부패하다	**decompose**	부패하다	부패하다
10	속도	**velocity**	속도	속도
11	숨다, 잠재해 있다	**lurk**	숨다, 잠재해 있다	숨다, 잠재해 있다
12	쓸모 있다; 효용	**avail**	쓸모 있다; 효용	쓸모 있다: 효용
13	암호화하다	**encrypt**	암호화하다	암호화하다
14	양도할 수 없는	**inalienable**	양도할 수 없는	양도할 수 없는
15	얕보다	**disparage**	얕보다	얕보다
16	여행 스케줄	**itinerary**	여행 스케줄	여행 스케줄
17	연대순의	**chronological**	연대순의	연대순의
18	염려, 걱정	**apprehension**	염려, 걱정	염려, 걱정
19	우위에 서다, 무시하다	**override**	우위에 서다, 무시하다	우위에 서다, 무시하다
20	이주자, 국외 거주자	**expatriate**	이주자, 국외 거주자	이주자, 국외 거주자
21	인정 많은, 유익한	**beneficent**	인정 많은, 유익한	인정 많은, 유익한
22	일용품	**commodity**	일용품	일용품
23	자치의	**autonomous**	자치의	자치의
24	재미없는, 지루한	**insipid**	재미없는, 지루한	재미없는, 지루한
25	전제로 삼다	**presuppose**	전제로 삼다	전제로 삼다
26	절단	**severance**	절단	절단
27	절약하는	**frugal**	절약하는	절약하는
28	조용한, 고요한	**tranquil**	조용한, 고요한	조용한, 고요한
29	활기찬, 생기가 넘치는	**vibrant**	활기찬, 생기가 넘치는	활기찬, 생기가 넘치는
30	충성	**allegiance**	충성	충성
31	타기 쉬운	**combustible**	타기 쉬운	타기 쉬운
32	파생어; 파생적인	**derivative**	파생어; 파생적인	파생어; 파생적인
33	평가하다, 감정하다	**appraise**	평가하다, 감정하다	평가하다, 감정하다
34	제한하다	**circumscribe**	제한하다	제한하다
35	합금; 합금하다	**alloy**	합금; 합금하다	합금; 합금하다
36	해방시키다	**emancipate**	해방시키다	해방시키다
37	현명한, 분별력 있는	**judicious**	현명한, 분별력 있는	현명한, 분별력 있는
38	현존하고 있는	**extant**	현존하고 있는	현존하고 있는
39	화학요법	**chemotherapy**	화학요법	화학요법
40	힘드는	**laborious**	힘드는	힘드는

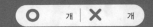
✦ 다음을 영어는 한국어로 한국어는 영어로 적으시오.

정답 p.65

01	**allegiance**		01	동 가루받이하다	
02	**alloy**		02	동 위반하다	
03	**altimeter**		03	동 부패하다	
04	**appraise**		04	동 숨다, 잠재해 있다	
05	**apprehension**		05	동 쓸모 있다 명 효용	
06	**autocrat**		06	동 암호화하다	
07	**autonomous**		07	동 얕보다	
08	**avail**		08	동 우위에 서다, 무시하다	
09	**avalanche**		09	동 전제로 삼다	
10	**beneficent**		10	동 평가하다, 감정하다	
11	**chemotherapy**		11	동 해방시키다	
12	**chronological**		12	명 고도계	
13	**circumscribe**		13	명 내성적인 사람	
14	**combustible**		14	명 눈사태, 쇄도	
15	**commodity**		15	명 독재군주, 독재자	
16	**compulsive**		16	동 제한하다	
17	**decompose**		17	명 속도	
18	**derivative**		18	명 여행 스케줄	
19	**disparage**		19	명 염려, 걱정	
20	**emancipate**		20	명 이주자, 국외 거주자	
21	**encrypt**		21	명 일용품	
22	**expatriate**		22	명 절단	
23	**extant**		23	명 충성	
24	**frugal**		24	명 합금 동 합금하다	
25	**idiotic**		25	명 화학요법	
26	**inalienable**		26	형 강제적인, 강박적인	
27	**infringe**		27	형 백치의, 바보같은	
28	**insipid**		28	형 양도할 수 없는	
29	**introvert**		29	형 연대순의	
30	**itinerary**		30	형 인정 많은, 유익한	
31	**judicious**		31	형 자치의	
32	**laborious**		32	형 재미없는, 지루한	
33	**lurk**		33	형 절약하는	
34	**override**		34	형 조용한, 고요한	
35	**pollinate**		35	형 활기찬, 생기가 넘치는	
36	**presuppose**		36	형 타기 쉬운	
37	**severance**		37	명 파생어 형 파생적인	
38	**tranquil**		38	형 현명한, 분별력 있는	
39	**velocity**		39	형 현존하고 있는	
40	**vibrant**		40	형 힘드는	

✦ 해당 영어의 한국어 의미를 생각하면서 2번씩 적으시오.

01	~의 탓으로 하다	**impute**	~의 탓으로 하다	~의 탓으로 하다
02	거추장스러운	**cumbersome**	거추장스러운	거추장스러운
03	경감시키다	**alleviate**	경감시키다	경감시키다
04	그럴듯한, 있음 직한	**feasible**	그럴듯한, 있음 직한	그럴듯한, 있음 직한
05	깜짝 놀라게 하는	**stunning**	깜짝 놀라게 하는	깜짝 놀라게 하는
06	나머지, 찌꺼기	**remnant**	나머지, 찌꺼기	나머지, 찌꺼기
07	냉소적인	**cynical**	냉소적인	냉소적인
08	다재다능한	**versatile**	다재다능한	다재다능한
09	단념시키다	**deter**	단념시키다	단념시키다
10	덕이 있는	**virtuous**	덕이 있는	덕이 있는
11	떼어내다	**detach**	떼어내다	떼어내다
12	매도하다, 비난하다	**declaim**	매도하다, 비난하다	매도하다, 비난하다
13	면제하다	**exempt**	면제하다	면제하다
14	명상적인	**contemplative**	명상적인	명상적인
15	무한한, 끝없는	**unbounded**	무한한, 끝없는	무한한, 끝없는
16	미의, 심미적인	**aesthetic**	미의, 심미적인	미의, 심미적인
17	보복하다	**retaliate**	보복하다	보복하다
18	복사하다	**duplicate**	복사하다	복사하다
19	어렴풋이 나타나다	**loom**	어렴풋이 나타나다	어렴풋이 나타나다
20	사전행동의	**proactive**	사전행동의	사전행동의
21	상처입기 쉬운	**vulnerable**	상처입기 쉬운	상처입기 쉬운
22	색다른, 기이한	**outlandish**	색다른, 기이한	색다른, 기이한
23	서정미	**lyricism**	서정미	서정미
24	세련, 정제, 개선	**refinement**	세련, 정제, 개선	세련, 정제, 개선
25	야만인	**barbarian**	야만인	야만인
26	연기하다	**defer**	연기하다	연기하다
27	완곡한 표현	**circumlocution**	완곡한 표현	완곡한 표현
28	외부의, 관련 없는	**extraneous**	외부의, 관련 없는	외부의, 관련 없는
29	우세한, 주된	**predominant**	우세한, 주된	우세한, 주된
30	육식성의	**carnivorous**	육식성의	육식성의
31	인구통계학	**demography**	인구통계학	인구통계학
32	인식할 수 있는	**discernible**	인식할 수 있는	인식할 수 있는
33	자만, 허영심	**vanity**	자만, 허영심	자만, 허영심
34	잘못된	**erroneous**	잘못된	잘못된
35	전능한	**omnipotent**	전능한	전능한
36	정체된, 흐르지 않는	**stagnant**	정체된, 흐르지 않는	정체된, 흐르지 않는
37	존경	**reverence**	존경	존경
38	충성, 충실함	**fidelity**	충성, 충실함	충성, 충실함
39	타락하여, 길을 잃고	**astray**	타락하여, 길을 잃고	타락하여, 길을 잃고
40	현명한; 현인	**sage**	현명한; 현인	현명한; 현인

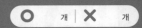
✦ 다음을 영어는 한국어로 한국어는 영어로 적으시오.

정답 p.66

01	**aesthetic**	01	동 ~의 탓으로 하다
02	**alleviate**	02	동 경감시키다
03	**astray**	03	동 단념시키다
04	**barbarian**	04	동 떼어내다
05	**carnivorous**	05	동 매도하다, 비난하다
06	**circumlocution**	06	동 면제하다
07	**contemplative**	07	동 보복하다
08	**cumbersome**	08	동 복사하다
09	**cynical**	09	동 어렴풋이 나타나다
10	**declaim**	10	동 연기하다
11	**defer**	11	명 나머지, 찌꺼기
12	**demography**	12	명 서정미
13	**detach**	13	명 세련, 정제, 개선
14	**deter**	14	명 야만인
15	**discernible**	15	명 완곡한 표현
16	**duplicate**	16	명 인구통계학
17	**erroneous**	17	명 자만, 허영심
18	**exempt**	18	명 존경
19	**extraneous**	19	명 충성, 충실함
20	**feasible**	20	부 타락하여, 길을 잃고
21	**fidelity**	21	형 거추장스러운
22	**impute**	22	형 그럴듯한, 있음 직한
23	**loom**	23	형 깜짝 놀라게 하는
24	**lyricism**	24	형 냉소적인
25	**omnipotent**	25	형 다재다능한
26	**outlandish**	26	형 덕이 있는
27	**predominant**	27	형 명상적인
28	**proactive**	28	형 무한한, 끝없는
29	**refinement**	29	형 미의, 심미적인
30	**remnant**	30	형 사전행동의
31	**retaliate**	31	형 상처입기 쉬운
32	**reverence**	32	형 색다른, 기이한
33	**sage**	33	형 외부의, 관련 없는
34	**stagnant**	34	형 우세한, 주된
35	**stunning**	35	형 육식성의
36	**unbounded**	36	형 인식할 수 있는
37	**vanity**	37	형 잘못된
38	**versatile**	38	형 전능한
39	**virtuous**	39	형 정체된, 흐르지 않는
40	**vulnerable**	40	형 현명한 명 현인

✦ 해당 영어의 한국어 의미를 생각하면서 2번씩 적으시오.

01	숨을 막다	**suffocate**	숨을 막다	숨을 막다
02	강건한, 튼튼한	**hardy**	강건한, 튼튼한	강건한, 튼튼한
03	거리낌없이 말하는	**outspoken**	거리낌없이 말하는	거리낌없이 말하는
04	경구	**epigram**	경구	경구
05	관료정치, 관료	**bureaucracy**	관료정치, 관료	관료정치, 관료
06	그릇된 생각	**fallacy**	그릇된 생각	그릇된 생각
07	농담	**jest**	농담	농담
08	이동식 계단, 경사로	**ramp**	이동식 계단, 경사로	이동식 계단, 경사로
09	도피하는	**elusive**	도피하는	도피하는
10	독실한	**devout**	독실한	독실한
11	맑은, 명쾌한	**lucid**	맑은, 명쾌한	맑은, 명쾌한
12	명백한, 노골적인	**explicit**	명백한, 노골적인	명백한, 노골적인
13	희석하다, 물을 타다	**dilute**	희석하다, 물을 타다	희석하다, 물을 타다
14	구전 지식, 민간전승	**lore**	구전 지식, 민간전승	구전 지식, 민간전승
15	박해하다, 괴롭히다	**persecute**	박해하다, 괴롭히다	박해하다, 괴롭히다
16	변덕	**whim**	변덕	변덕
17	보행의	**ambulatory**	보행의	보행의
18	비난	**censure**	비난	비난
19	서투른	**maladroit**	서투른	서투른
20	속이다, 달래다	**beguile**	속이다, 달래다	속이다, 달래다
21	신성모독	**blasphemy**	신성모독	신성모독
22	신화의	**mythical**	신화의	신화의
23	실수	**blunder**	실수	실수
24	앉아 있는	**sedentary**	앉아 있는	앉아 있는
25	언급하다, 주의를 돌리다	**advert**	언급하다, 주의를 돌리다	언급하다, 주의를 돌리다
26	열렬한, 정열적인	**ardent**	열렬한, 정열적인	열렬한, 정열적인
27	오래됨, 고대	**antiquity**	오래됨, 고대	오래됨, 고대
28	욕심이 많은	**acquisitive**	욕심이 많은	욕심이 많은
29	우울한, 음산한	**somber**	우울한, 음산한	우울한, 음산한
30	자다; 잠	**slumber**	자다; 잠	자다; 잠
31	자비로운, 자선의	**charitable**	자비로운, 자선의	자비로운, 자선의
32	자애로운, 인정 많은	**benevolent**	자애로운, 인정 많은	자애로운, 인정 많은
33	짐승의 가죽	**hide**	짐승의 가죽	짐승의 가죽
34	투명한	**transparent**	투명한	투명한
35	함정	**snare**	함정	함정
36	합법의, 정당한	**legitimate**	합법의, 정당한	합법의, 정당한
37	허가, 찬성	**approbation**	허가, 찬성	허가, 찬성
38	허점	**loophole**	허점	허점
39	호전적인	**belligerent**	호전적인	호전적인
40	훈계하다	**admonish**	훈계하다	훈계하다

✦ 다음을 영어는 한국어로 한국어는 영어로 적으시오. 정답 p.66

01	**acquisitive**		01	동 숨을 막다	
02	**admonish**		02	명 이동식 계단, 경사로	
03	**advert**		03	동 희석하다, 물을 타다	
04	**ambulatory**		04	동 박해하다, 괴롭히다	
05	**antiquity**		05	동 속이다, 달래다	
06	**approbation**		06	동 언급하다, 주의를 돌리다	
07	**ardent**		07	동 자다 명 잠	
08	**beguile**		08	동 훈계하다	
09	**belligerent**		09	명 경구	
10	**benevolent**		10	명 관료정치, 관료	
11	**blasphemy**		11	명 그릇된 생각	
12	**blunder**		12	명 농담	
13	**bureaucracy**		13	명 구전 지식, 민간전승	
14	**censure**		14	명 변덕	
15	**charitable**		15	명 비난	
16	**devout**		16	명 신성모독	
17	**dilute**		17	명 실수	
18	**elusive**		18	명 오래됨, 고대	
19	**epigram**		19	명 짐승의 가죽	
20	**explicit**		20	명 함정	
21	**fallacy**		21	명 허가, 찬성	
22	**hardy**		22	명 허점	
23	**hide**		23	형 강건한, 튼튼한	
24	**jest**		24	형 거리낌없이 말하는	
25	**legitimate**		25	형 도피하는	
26	**loophole**		26	형 독실한	
27	**lore**		27	형 맑은, 명쾌한	
28	**lucid**		28	형 명백한, 노골적인	
29	**maladroit**		29	형 보행의	
30	**mythical**		30	형 서투른	
31	**outspoken**		31	형 신화의	
32	**persecute**		32	형 앉아 있는	
33	**ramp**		33	형 열렬한, 정열적인	
34	**sedentary**		34	형 욕심이 많은	
35	**slumber**		35	형 우울한, 음산한	
36	**snare**		36	형 자비로운, 자선의	
37	**somber**		37	형 자애로운, 인정 많은	
38	**suffocate**		38	형 투명한	
39	**transparent**		39	형 합법의, 정당한	
40	**whim**		40	형 호전적인	

✦ 해당 영어의 한국어 의미를 생각하면서 2번씩 적으시오.

01	감독하다, 살피다	**oversee**	감독하다, 살피다	감독하다, 살피다
02	만족시키다	**gratify**	만족시키다	만족시키다
03	(귀찮게) 권유하다	**tout**	(귀찮게) 권유하다	(귀찮게) 권유하다
04	소름끼치게 하다	**appall**	소름끼치게 하다	소름끼치게 하다
05	피하다	**avert**	피하다	피하다
06	자존심을 상하게 하다	**humiliate**	자존심을 상하게 하다	자존심을 상하게 하다
07	간결한, 짧은	**laconic**	간결한, 짧은	간결한, 짧은
08	간청하다	**plead**	간청하다	간청하다
09	게양하다; 게양	**hoist**	게양하다; 게양	게양하다; 게양
10	결정적인, 최종적인	**definitive**	결정적인, 최종적인	결정적인, 최종적인
11	축복 기도	**benediction**	축복 기도	축복 기도
12	나빠지다, 떨어지다	**deteriorate**	나빠지다, 떨어지다	나빠지다, 떨어지다
13	낭비하는, 사치스러운	**extravagant**	낭비하는, 사치스러운	낭비하는, 사치스러운
14	노고; 애쓰다	**toil**	노고; 애쓰다	노고; 애쓰다
15	논박하다	**controvert**	논박하다	논박하다
16	당당한, 거만한	**pompous**	당당한, 거만한	당당한, 거만한
17	동시에 일어나다	**synchronize**	동시에 일어나다	동시에 일어나다
18	명랑, 쾌활	**vivacity**	명랑, 쾌활	명랑, 쾌활
19	모임, 집합, 합류점	**confluence**	모임, 집합, 합류점	모임, 집합, 합류점
20	변덕스러운	**wayward**	변덕스러운	변덕스러운
21	보복하다, 역습하다	**retort**	보복하다, 역습하다	보복하다, 역습하다
22	빈약한, 결핍된	**meager**	빈약한, 결핍된	빈약한, 결핍된
23	성공한, 승리를 얻은	**triumphant**	성공한, 승리를 얻은	성공한, 승리를 얻은
24	숨은, 잠복한	**latent**	숨은, 잠복한	숨은, 잠복한
25	신화	**mythology**	신화	신화
26	안색	**complexion**	안색	안색
27	알아채지 못하는	**oblivious**	알아채지 못하는	알아채지 못하는
28	양심적인	**conscientious**	양심적인	양심적인
29	열심, 정열	**ardor**	열심, 정열	열심, 정열
30	유순한, 다루기 쉬운	**amenable**	유순한, 다루기 쉬운	유순한, 다루기 쉬운
31	윤곽, 옆얼굴	**profile**	윤곽, 옆얼굴	윤곽, 옆얼굴
32	자극; 자극하다	**spur**	자극; 자극하다	자극; 자극하다
33	죽음, 서거	**demise**	죽음, 서거	죽음, 서거
34	철저한, 완전한	**downright**	철저한, 완전한	철저한, 완전한
35	추리적인, 사색적인	**speculative**	추리적인, 사색적인	추리적인, 사색적인
36	추방하다	**banish**	추방하다	추방하다
37	혐오감	**antipathy**	혐오감	혐오감
38	확고한, 단호한	**resolute**	확고한, 단호한	확고한, 단호한
39	확고한, 불변의	**steadfast**	확고한, 불변의	확고한, 불변의
40	황홀, 큰 기쁨	**rapture**	황홀, 큰 기쁨	황홀, 큰 기쁨

✦ 다음을 영어는 한국어로 한국어는 영어로 적으시오.   정답 p.67

01	**amenable**		01	통 감독하다, 살피다	
02	**antipathy**		02	통 만족시키다	
03	**appall**		03	통 (귀찮게) 권유하다	
04	**ardor**		04	통 소름끼치게 하다	
05	**avert**		05	통 피하다	
06	**banish**		06	통 자존심을 상하게 하다	
07	**benediction**		07	통 간청하다	
08	**complexion**		08	통 게양하다 명 게양	
09	**confluence**		09	통 나빠지다, 떨어지다	
10	**conscientious**		10	통 논박하다	
11	**controvert**		11	통 동시에 일어나다	
12	**definitive**		12	통 보복하다, 역습하다	
13	**demise**		13	통 추방하다	
14	**deteriorate**		14	명 축복 기도	
15	**downright**		15	명 노고 통 애쓰다	
16	**extravagant**		16	명 명랑, 쾌활	
17	**gratify**		17	명 모임, 집합, 합류점	
18	**hoist**		18	명 신화	
19	**humiliate**		19	명 안색	
20	**laconic**		20	명 열심, 정열	
21	**latent**		21	명 윤곽, 옆얼굴	
22	**meager**		22	명 자극 통 자극하다	
23	**mythology**		23	명 죽음, 서거	
24	**oblivious**		24	명 혐오감	
25	**oversee**		25	명 황홀, 큰 기쁨	
26	**plead**		26	형 간결한, 짧은	
27	**pompous**		27	형 결정적인, 최종적인	
28	**profile**		28	형 낭비하는, 사치스러운	
29	**rapture**		29	형 당당한, 거만한	
30	**resolute**		30	형 변덕스러운	
31	**retort**		31	형 빈약한, 결핍된	
32	**speculative**		32	형 성공한, 승리를 얻은	
33	**spur**		33	형 숨은, 잠복한	
34	**steadfast**		34	형 알아채지 못하는	
35	**synchronize**		35	형 양심적인	
36	**toil**		36	형 유순한, 다루기 쉬운	
37	**tout**		37	형 철저한, 완전한	
38	**triumphant**		38	형 추리적인, 사색적인	
39	**vivacity**		39	형 확고한, 단호한	
40	**wayward**		40	형 확고한, 불변의	

월   일

✦ 해당 영어의 한국어 의미를 생각하면서 2번씩 적으시오.

01	생기다, 축적하다	**accrue**	생기다, 축적하다	생기다, 축적하다
02	그만두게 하다	**dissuade**	그만두게 하다	그만두게 하다
03	은둔하다	**seclude**	은둔하다	은둔하다
04	모욕하다	**affront**	모욕하다	모욕하다
05	건방진	**haughty**	건방진	건방진
06	구슬려 ~하게 하다	**coax**	구슬려 ~하게 하다	구슬려 ~하게 하다
07	굴을 파다; 굴	**burrow**	굴을 파다; 굴	굴을 파다; 굴
08	기교, 요령, 재주	**knack**	기교, 요령, 재주	기교, 요령, 재주
09	기민한, 눈치가 빠른	**astute**	기민한, 눈치가 빠른	기민한, 눈치가 빠른
10	난독증	**dyslexia**	난독증	난독증
11	넘치는	**profuse**	넘치는	넘치는
12	늦어진, 뒤늦은	**belated**	늦어진, 뒤늦은	늦어진, 뒤늦은
13	다시 찾다, 상환하다	**redeem**	다시 찾다, 상환하다	다시 찾다, 상환하다
14	단호한	**emphatic**	단호한	단호한
15	독백	**soliloquy**	독백	독백
16	모순된, 상반된	**contradictory**	모순된, 상반된	모순된, 상반된
17	무감각한	**apathetic**	무감각한	무감각한
18	방출, 유출	**effluence**	방출, 유출	방출, 유출
19	보수적인	**conservative**	보수적인	보수적인
20	불변의	**invariable**	불변의	불변의
21	불확실한	**precarious**	불확실한	불확실한
22	비겁함	**cowardice**	비겁함	비겁함
23	빈둥거리다	**loiter**	빈둥거리다	빈둥거리다
24	수확; 산출하다	**yield**	수확; 산출하다	수확; 산출하다
25	숨겨두는 장소, 은닉처	**cache**	숨겨두는 장소, 은닉처	숨겨두는 장소, 은닉처
26	어린 아이의, 철없는	**puerile**	어린 아이의, 철없는	어린 아이의, 철없는
27	엄숙한	**solemn**	엄숙한	엄숙한
28	열심, 열의	**zeal**	열심, 열의	열심, 열의
29	영속하는	**perpetual**	영속하는	영속하는
30	우거진	**lush**	우거진	우거진
31	울부짖다	**wail**	울부짖다	울부짖다
32	유령, 환영	**apparition**	유령, 환영	유령, 환영
33	일시적인, 단기의	**transient**	일시적인, 단기의	일시적인, 단기의
34	우둔한, 어리석은	**imbecile**	우둔한, 어리석은	우둔한, 어리석은
35	죄어진, 쪼들리는	**pinched**	죄어진, 쪼들리는	죄어진, 쪼들리는
36	투표 용지	**ballot**	투표 용지	투표 용지
37	필수적인, 긴요한	**imperative**	필수적인, 긴요한	필수적인, 긴요한
38	한결 같은	**equable**	한결 같은	한결 같은
39	호흡하다	**respire**	호흡하다	호흡하다
40	희박해지다	**rarefy**	희박해지다	희박해지다

✦ 다음을 영어는 한국어로 한국어는 영어로 적으시오.   정답 p.67

01	**dissuade**		01	통 생기다, 축적하다	
02	**knack**		02	통 그만두게 하다	
03	**soliloquy**		03	통 은둔하다	
04	**astute**		04	통 모욕하다	
05	**redeem**		05	통 구슬려 ~하게 하다	
06	**cowardice**		06	통 다시 찾다, 상환하다	
07	**rarefy**		07	통 빈둥거리다	
08	**yield**		08	통 울부짖다	
09	**perpetual**		09	통 호흡하다	
10	**contradictory**		10	통 희박해지다	
11	**seclude**		11	통 굴을 파다 명 굴	
12	**haughty**		12	명 기교, 요령, 재주	
13	**pinched**		13	명 난독증	
14	**burrow**		14	명 독백	
15	**emphatic**		15	명 방출, 유출	
16	**imbecile**		16	명 비겁함	
17	**equable**		17	명 수확 통 산출하다	
18	**ballot**		18	명 숨겨두는 장소, 은닉처	
19	**transient**		19	명 열심, 열의	
20	**conservative**		20	명 유령, 환영	
21	**apparition**		21	명 투표 용지	
22	**apathetic**		22	형 건방진	
23	**puerile**		23	형 기민한, 눈치가 빠른	
24	**respire**		24	형 넘치는	
25	**invariable**		25	형 늦어진, 뒤늦은	
26	**lush**		26	형 단호한	
27	**wail**		27	형 모순된, 상반된	
28	**affront**		28	형 무감각한	
29	**profuse**		29	형 보수적인	
30	**coax**		30	형 불변의	
31	**effluence**		31	형 불확실한	
32	**accrue**		32	형 어린 아이의, 철없는	
33	**cache**		33	형 엄숙한	
34	**imperative**		34	형 영속하는	
35	**solemn**		35	형 우거진	
36	**loiter**		36	형 일시적인, 단기의	
37	**belated**		37	형 우둔한, 어리석은	
38	**precarious**		38	형 죄어진, 쪼들리는	
39	**dyslexia**		39	형 필수적인, 긴요한	
40	**zeal**		40	형 한결 같은	

✦ 해당 영어의 한국어 의미를 생각하면서 2번씩 적으시오.

01	참다	**forbear**	참다	참다
02	가늘게 찢다	**slit**	가늘게 찢다	가늘게 찢다
03	가장자리, 경계	**verge**	가장자리, 경계	가장자리, 경계
04	간결한, 간명한	**succinct**	간결한, 간명한	간결한, 간명한
05	간청하다	**solicit**	간청하다	간청하다
06	경향, 기질	**proclivity**	경향, 기질	경향, 기질
07	괴롭히다, 고문하다	**torture**	괴롭히다, 고문하다	괴롭히다, 고문하다
08	구어체의	**colloquial**	구어체의	구어체의
09	구출하다, 해방하다	**extricate**	구출하다, 해방하다	구출하다, 해방하다
10	굴복하다	**succumb**	굴복하다	굴복하다
11	다정한, 상냥한	**genial**	다정한, 상냥한	다정한, 상냥한
12	동화하다	**assimilate**	동화하다	동화하다
13	떨어져서	**aloof**	떨어져서	떨어져서
14	마비	**paralysis**	마비	마비
15	매듭	**knot**	매듭	매듭
16	명수, 명인, 달인	**whiz**	명수, 명인, 달인	명수, 명인, 달인
17	명예가 되는, 훌륭한	**creditable**	명예가 되는, 훌륭한	명예가 되는, 훌륭한
18	반대하다	**deprecate**	반대하다	반대하다
19	이중의, 두 세대용의	**duplex**	이중의, 두 세대용의	이중의, 두 세대용의
20	분류학	**taxonomy**	분류학	분류학
21	비난하다; 비난	**rebuke**	비난하다; 비난	비난하다; 비난
22	설득력 있는	**persuasive**	설득력 있는	설득력 있는
23	설명하다	**explicate**	설명하다	설명하다
24	시기하다	**begrudge**	시기하다	시기하다
25	악의	**animosity**	악의	악의
26	엿보다, 들여다보다	**peep**	엿보다, 들여다보다	엿보다, 들여다보다
27	원기왕성한	**exuberant**	원기왕성한	원기왕성한
28	음울한, 지루한	**dreary**	음울한, 지루한	음울한, 지루한
29	입수 가능한	**obtainable**	입수 가능한	입수 가능한
30	적절한	**pertinent**	적절한	적절한
31	정의를 내리다	**define**	정의를 내리다	정의를 내리다
32	제거하다	**dislodge**	제거하다	제거하다
33	주입하다	**indoctrinate**	주입하다	주입하다
34	천진난만한	**naive**	천진난만한	천진난만한
35	친척 관계, 유사	**kinship**	친척 관계, 유사	친척 관계, 유사
36	텅 빈	**vacuous**	텅 빈	텅 빈
37	포유동물	**mammal**	포유동물	포유동물
38	행사, 축제	**carnival**	행사, 축제	행사, 축제
39	획득하다	**procure**	획득하다	획득하다
40	희박한	**sparse**	희박한	희박한

✦ 다음을 영어는 한국어로 한국어는 영어로 적으시오.

정답 p.68

01	aloof		01	통 참다	
02	animosity		02	통 가늘게 찢다	
03	assimilate		03	통 간청하다	
04	begrudge		04	통 구출하다, 해방하다	
05	carnival		05	통 굴복하다	
06	colloquial		06	통 동화하다	
07	creditable		07	통 반대하다	
08	define		08	통 비난하다 명 비난	
09	deprecate		09	통 설명하다	
10	dislodge		10	통 시기하다	
11	dreary		11	통 엿보다, 들여다보다	
12	duplex		12	통 정의를 내리다	
13	explicate		13	통 제거하다	
14	extricate		14	통 주입하다	
15	exuberant		15	통 획득하다	
16	forbear		16	명 가장자리, 경계	
17	genial		17	명 경향, 기질	
18	indoctrinate		18	통 고문하다, 괴롭히다	
19	kinship		19	명 마비	
20	knot		20	명 매듭	
21	mammal		21	명 명수, 명인, 달인	
22	naive		22	명 분류학	
23	obtainable		23	명 악의	
24	paralysis		24	명 친척 관계, 유사	
25	peep		25	명 포유동물	
26	persuasive		26	명 행사, 축제	
27	pertinent		27	부 떨어져서	
28	proclivity		28	형 간결한, 간명한	
29	procure		29	형 구어체의	
30	rebuke		30	형 다정한, 상냥한	
31	slit		31	형 명예가 되는, 훌륭한	
32	solicit		32	형 이중의, 두 세대용의	
33	sparse		33	형 설득력 있는	
34	succinct		34	형 원기왕성한	
35	succumb		35	형 음울한, 지루한	
36	taxonomy		36	형 입수 가능한	
37	torture		37	형 적절한	
38	vacuous		38	형 천진난만한	
39	verge		39	형 텅 빈	
40	whiz		40	형 희박한	

✦ 해당 영어의 한국어 의미를 생각하면서 2번씩 적으시오.

01	인정하다	**concede**	인정하다	인정하다
02	공론가, 순이론가	**doctrinaire**	공론가, 순이론가	공론가, 순이론가
03	직업으로 삼다	**profess**	직업으로 삼다	직업으로 삼다
04	근면한	**assiduous**	근면한	근면한
05	기본의, 초보의	**rudimentary**	기본의, 초보의	기본의, 초보의
06	빙 돌아가는	**circuitous**	빙 돌아가는	빙 돌아가는
07	꾀다, 유혹하다	**allure**	꾀다, 유혹하다	꾀다, 유혹하다
08	달래다	**placate**	달래다	달래다
09	당황, 마음의 동요	**trepidation**	당황, 마음의 동요	당황, 마음의 동요
10	독단적 주장	**dogma**	독단적 주장	독단적 주장
11	진부한	**hackneyed**	진부한	진부한
12	많이 들어가는	**capacious**	많이 들어가는	많이 들어가는
13	맹세; 맹세하다	**pledge**	맹세; 맹세하다	맹세; 맹세하다
14	모욕, 냉대	**indignity**	모욕, 냉대	모욕, 냉대
15	(통치자의) 배우자	**consort**	(통치자의) 배우자	(통치자의) 배우자
16	복수	**vengeance**	복수	복수
17	부족한, 근소한	**scanty**	부족한, 근소한	부족한, 근소한
18	고수하다; 막대	**stick**	고수하다; 막대	고수하다; 막대
19	비애, 괴로움	**woe**	비애, 괴로움	비애, 괴로움
20	빈곤한	**destitute**	빈곤한	빈곤한
21	산책하다; 산책	**ramble**	산책하다; 산책	산책하다; 산책
22	상냥한	**affable**	상냥한	상냥한
23	은둔자	**recluse**	은둔자	은둔자
24	숙고하다	**pore**	숙고하다	숙고하다
25	실용주의의	**utilitarian**	실용주의의	실용주의의
26	악의	**spite**	악의	악의
27	어머니의	**maternal**	어머니의	어머니의
28	소비세	**excise**	소비세	소비세
29	연중 끊이지 않는	**perennial**	연중 끊이지 않는	연중 끊이지 않는
30	운동의, 움직이는	**kinetic**	운동의, 움직이는	운동의, 움직이는
31	이교도	**heretic**	이교도	이교도
32	자손	**posterity**	자손	자손
33	자신 없는, 소심한	**diffident**	자신 없는, 소심한	자신 없는, 소심한
34	잠자는, 휴지 상태의	**dormant**	잠자는, 휴지 상태의	잠자는, 휴지 상태의
35	조롱	**mockery**	조롱	조롱
36	통지하다	**apprise**	통지하다	통지하다
37	허심탄회	**candor**	허심탄회	허심탄회
38	헤픈, 절약하지 않은	**improvident**	헤픈, 절약하지 않은	헤픈, 절약하지 않은
39	협박, 위협	**menace**	협박, 위협	협박, 위협
40	화석학	**paleontology**	화석학	화석학

◆ 다음을 영어는 한국어로 한국어는 영어로 적으시오.   정답 p.68

01	**affable**	01	동 인정하다
02	**allure**	02	동 직업으로 삼다
03	**apprise**	03	동 달래다
04	**assiduous**	04	동 고수하다 명 막대
05	**candor**	05	동 산책하다 명 산책
06	**capacious**	06	동 숙고하다
07	**circuitous**	07	동 통지하다
08	**concede**	08	명 공론가, 순이론가
09	**consort**	09	동 꾀다, 유혹하다
10	**destitute**	10	명 당황, 마음의 동요
11	**diffident**	11	명 독단적 주장
12	**doctrinaire**	12	형 진부한
13	**dogma**	13	명 맹세 동 맹세하다
14	**dormant**	14	명 모욕, 냉대
15	**excise**	15	명 (통치자의) 배우자
16	**heretic**	16	명 복수
17	**improvident**	17	명 비애, 괴로움
18	**indignity**	18	명 은둔자
19	**kinetic**	19	명 악의
20	**maternal**	20	명 소비세
21	**menace**	21	명 이교도
22	**mockery**	22	명 자손
23	**paleontology**	23	명 조롱
24	**perennial**	24	명 허심탄회
25	**placate**	25	명 협박, 위협
26	**pledge**	26	명 화석학
27	**pore**	27	형 근면한
28	**posterity**	28	형 기본의, 초보의
29	**profess**	29	형 빙 돌아가는
30	**ramble**	30	형 많이 들어가는
31	**recluse**	31	형 부족한, 근소한
32	**rudimentary**	32	형 빈곤한
33	**scanty**	33	형 상냥한
34	**spite**	34	형 실용주의의
35	**stick**	35	형 어머니의
36	**trepidation**	36	형 연중 끊이지 않는
37	**utilitarian**	37	형 운동의, 움직이는
38	**vengeance**	38	형 자신 없는, 소심한
39	**wear-out**	39	형 잠자는, 휴지 상태의
40	**woe**	40	형 헤픈, 절약하지 않은

✦ 해당 영어의 한국어 의미를 생각하면서 2번씩 적으시오.

01	(목사를) 안수하다	**ordain**	(목사를) 안수하다	(목사를) 안수하다
02	(손가락으로) 튕기다	**flip**	(손가락으로) 튕기다	(손가락으로) 튕기다
03	숙고하다, 명상하다	**contemplate**	숙고하다, 명상하다	숙고하다, 명상하다
04	걱정하는, 염려하는	**solicitous**	걱정하는, 염려하는	걱정하는, 염려하는
05	힘든 일, 노력	**exertion**	힘든 일, 노력	힘든 일, 노력
06	고발, 검찰당국	**prosecution**	고발, 검찰당국	고발, 검찰당국
07	교묘한	**artful**	교묘한	교묘한
08	근시의, 근시안의	**shortsighted**	근시의, 근시안의	근시의, 근시안의
09	기리다, 찬미하다	**laud**	기리다, 찬미하다	기리다, 찬미하다
10	꼼꼼한	**scrupulous**	꼼꼼한	꼼꼼한
11	난해한, 심오한	**abstruse**	난해한, 심오한	난해한, 심오한
12	냉혹한, 가차없는	**relentless**	냉혹한, 가차없는	냉혹한, 가차없는
13	둔한, 무딘	**obtuse**	둔한, 무딘	둔한, 무딘
14	땀을 흘리다	**perspire**	땀을 흘리다	땀을 흘리다
15	말씨	**diction**	말씨	말씨
16	몰두된	**engrossed**	몰두된	몰두된
17	몹시 싫어하다	**loathe**	몹시 싫어하다	몹시 싫어하다
18	지나친	**immoderate**	지나친	지나친
19	미리, 사전에	**beforehand**	미리, 사전에	미리, 사전에
20	벌하다	**chastise**	벌하다	벌하다
21	별명, 가명	**alias**	별명, 가명	별명, 가명
22	비대칭의	**asymmetric**	비대칭의	비대칭의
23	사자, 사절	**emissary**	사자, 사절	사자, 사절
24	주인공, 주창자	**protagonist**	주인공, 주창자	주인공, 주창자
25	시작하다	**commence**	시작하다	시작하다
26	심한	**grievous**	심한	심한
27	쐐기를 박다; 쐐기	**wedge**	쐐기를 박다; 쐐기	쐐기를 박다; 쐐기
28	쓸모없게 된	**obsolete**	쓸모없게 된	쓸모없게 된
29	애매한	**hazy**	애매한	애매한
30	어림짐작; 추측하다	**conjecture**	어림짐작; 추측하다	어림짐작; 추측하다
31	의심 많은, 회의적인	**incredulous**	의심 많은, 회의적인	의심 많은, 회의적인
32	이교도; 이교도의	**heathen**	이교도; 이교도의	이교도; 이교도의
33	자극하다	**incite**	자극하다	자극하다
34	저장소	**repository**	저장소	저장소
35	죄인, 범죄자	**culprit**	죄인, 범죄자	죄인, 범죄자
36	지명하다	**nominate**	지명하다	지명하다
37	침전물	**sediment**	침전물	침전물
38	튼튼한, 왕성한	**lusty**	튼튼한, 왕성한	튼튼한, 왕성한
39	피난민	**refugee**	피난민	피난민
40	헐떡거리다	**pant**	헐떡거리다	헐떡거리다

✦ 다음을 영어는 한국어로 한국어는 영어로 적으시오.   정답 p.69

01	**abstruse**		01	통 (목사를) 안수하다	
02	**alias**		02	통 (손가락으로) 튕기다	
03	**artful**		03	통 숙고하다, 명상하다	
04	**asymmetric**		04	통 기리다, 찬미하다	
05	**beforehand**		05	통 땀을 흘리다	
06	**chastise**		06	통 몹시 싫어하다	
07	**commence**		07	통 벌하다	
08	**conjecture**		08	통 시작하다	
09	**contemplate**		09	통 쐐기를 박다 명 쐐기	
10	**culprit**		10	통 자극하다	
11	**diction**		11	통 지명하다	
12	**emissary**		12	명 힘든 일, 노력	
13	**engrossed**		13	명 고발, 검찰당국	
14	**exertion**		14	명 말씨	
15	**flip**		15	명 별명, 가명	
16	**grievous**		16	명 사자, 사절	
17	**hazy**		17	명 주인공, 주창자	
18	**heathen**		18	명 어림짐작 통 추측하다	
19	**immoderate**		19	명 이교도 형 이교도의	
20	**incite**		20	명 저장소	
21	**incredulous**		21	명 죄인, 범죄자	
22	**laud**		22	명 침전물	
23	**loathe**		23	명 피난민	
24	**lusty**		24	부 미리, 사전에	
25	**nominate**		25	형 걱정하는, 염려하는	
26	**obsolete**		26	형 교묘한	
27	**obtuse**		27	형 근시의, 근시안의	
28	**ordain**		28	형 꼼꼼한	
29	**pant**		29	형 난해한, 심오한	
30	**perspire**		30	형 냉혹한, 가차없는	
31	**protagonist**		31	형 둔한, 무딘	
32	**prosecution**		32	형 몰두된	
33	**refugee**		33	형 지나친	
34	**relentless**		34	형 비대칭의	
35	**repository**		35	형 심한	
36	**scrupulous**		36	형 쓸모없게 된	
37	**sediment**		37	형 애매한	
38	**shortsighted**		38	형 의심 많은, 회의적인	
39	**solicitous**		39	형 튼튼한, 왕성한	
40	**wedge**		40	통 헐떡거리다	

✦ 해당 영어의 한국어 의미를 생각하면서 2번씩 적으시오.

01	감정이입, 공감	**empathy**	감정이입, 공감	감정이입, 공감
02	게으른	**indolent**	게으른	게으른
03	겸손한	**unassuming**	겸손한	겸손한
04	공범, 연루	**complicity**	공범, 연루	공범, 연루
05	귀납(법)	**induction**	귀납(법)	귀납(법)
06	달래다, 충족시키다	**appease**	달래다, 충족시키다	달래다, 충족시키다
07	대량 학살	**slaughter**	대량 학살	대량 학살
08	들어올림, 격변	**upheaval**	들어올림, 격변	들어올림, 격변
09	마음 아픈, 사무치는	**poignant**	마음 아픈, 사무치는	마음 아픈, 사무치는
10	매우 활동적인	**hyperactive**	매우 활동적인	매우 활동적인
11	뭉치, 다발	**wad**	뭉치, 다발	뭉치, 다발
12	받아들이기 어려운	**implausible**	받아들이기 어려운	받아들이기 어려운
13	받침대	**underpinning**	받침대	받침대
14	보호, 관리	**custody**	보호, 관리	보호, 관리
15	보통의, 평범한	**mediocre**	보통의, 평범한	보통의, 평범한
16	부차적인	**incidental**	부차적인	부차적인
17	서로 얽히게 하다	**intertwine**	서로 얽히게 하다	서로 얽히게 하다
18	선입견	**preconception**	선입견	선입견
19	손짓으로 부르다	**beckon**	손짓으로 부르다	손짓으로 부르다
20	심한	**acute**	심한	심한
21	애국심	**patriotism**	애국심	애국심
22	오해, 잘못된 생각	**misconception**	오해, 잘못된 생각	오해, 잘못된 생각
23	완고한, 집요한	**persistent**	완고한, 집요한	완고한, 집요한
24	용감한	**gallant**	용감한	용감한
25	유전	**heredity**	유전	유전
26	은밀한	**covert**	은밀한	은밀한
27	입원	**hospitalization**	입원	입원
28	절제하는	**abstinent**	절제하는	절제하는
29	제안	**proposition**	제안	제안
30	주입	**infusion**	주입	주입
31	징집된	**conscript**	징집된	징집된
32	차별, 분리	**segregation**	차별, 분리	차별, 분리
33	착오, 실수	**lapse**	착오, 실수	착오, 실수
34	높이다, 고양하다	**exalt**	높이다, 고양하다	높이다, 고양하다
35	탈퇴하다	**secede**	탈퇴하다	탈퇴하다
36	퇴보하다	**degenerate**	퇴보하다	퇴보하다
37	평가하다	**assess**	평가하다	평가하다
38	피하다	**shun**	피하다	피하다
39	도전, 반항	**defiance**	도전, 반항	도전, 반항
40	흠, 결점	**blemish**	흠, 결점	흠, 결점

✦ 다음을 영어는 한국어로 한국어는 영어로 적으시오.   정답 p.69

01	**abstinent**	01	통 달래다, 충족시키다	
02	**acute**	02	통 서로 얽히게 하다	
03	**appease**	03	통 손짓으로 부르다	
04	**assess**	04	통 높이다, 고양하다	
05	**beckon**	05	통 탈퇴하다	
06	**blemish**	06	통 퇴보하다	
07	**complicity**	07	통 평가하다	
08	**conscript**	08	통 피하다	
09	**covert**	09	명 감정이입, 공감	
10	**custody**	10	명 공범, 연루	
11	**defiance**	11	명 귀납(법)	
12	**degenerate**	12	명 대량 학살	
13	**empathy**	13	명 들어올림, 격변	
14	**exalt**	14	명 뭉치, 다발	
15	**gallant**	15	명 받침대	
16	**heredity**	16	명 보호, 관리	
17	**hospitalization**	17	명 선입견	
18	**hyperactive**	18	명 애국심	
19	**implausible**	19	명 오해, 잘못된 생각	
20	**incidental**	20	명 용감한	
21	**indolent**	21	명 유전	
22	**induction**	22	명 입원	
23	**infusion**	23	명 제안	
24	**intertwine**	24	명 주입	
25	**lapse**	25	명 차별, 분리	
26	**mediocre**	26	명 착오, 실수	
27	**misconception**	27	명 도전, 반항	
28	**patriotism**	28	명 흠, 결점	
29	**persistent**	29	형 게으른	
30	**poignant**	30	형 겸손한	
31	**preconception**	31	형 마음 아픈, 사무치는	
32	**proposition**	32	형 매우 활동적인	
33	**secede**	33	형 받아들이기 어려운	
34	**segregation**	34	형 보통의, 평범한	
35	**shun**	35	형 부차적인	
36	**slaughter**	36	형 심한	
37	**unassuming**	37	형 완고한, 집요한	
38	**underpinning**	38	형 은밀한	
39	**upheaval**	39	형 절제하는	
40	**wad**	40	형 징집된	

✦ 해당 영어의 한국어 의미를 생각하면서 2번씩 적으시오.

01	확인하다	**ascertain**	확인하다	확인하다
02	경향, 의향	**inclination**	경향, 의향	경향, 의향
03	고독	**solitude**	고독	고독
04	골칫거리	**nuisance**	골칫거리	골칫거리
05	교훈	**precept**	교훈	교훈
06	그럴듯한	**plausible**	그럴듯한	그럴듯한
07	기반 시설	**infrastructure**	기반 시설	기반 시설
08	냉정한	**dispassionate**	냉정한	냉정한
09	놀라운, 믿기 어려운	**marvelous**	놀라운, 믿기 어려운	놀라운, 믿기 어려운
10	도중에서 뺏다	**intercept**	도중에서 뺏다	도중에서 뺏다
11	동요하게 하다	**perturb**	동요하게 하다	동요하게 하다
12	야간 외출금지	**curfew**	야간 외출금지	야간 외출금지
13	무례한, 건방진	**insolent**	무례한, 건방진	무례한, 건방진
14	미끄러운, 매끄러운	**lubricious**	미끄러운, 매끄러운	미끄러운, 매끄러운
15	발췌	**excerpt**	발췌	발췌
16	방탕한	**prodigal**	방탕한	방탕한
17	변덕스러운	**capricious**	변덕스러운	변덕스러운
18	분리된, 불연속의	**discrete**	분리된, 불연속의	분리된, 불연속의
19	비웃다, 조롱하다	**deride**	비웃다, 조롱하다	비웃다, 조롱하다
20	꼼꼼한, 세심한	**meticulous**	꼼꼼한, 세심한	꼼꼼한, 세심한
21	시끄러운	**vociferous**	시끄러운	시끄러운
22	시련, 고난	**ordeal**	시련, 고난	시련, 고난
23	신의, 신성의	**divine**	신의, 신성의	신의, 신성의
24	암묵적인	**implicit**	암묵적인	암묵적인
25	예민한	**incisive**	예민한	예민한
26	옹졸한, 관대하지 않은	**intolerant**	옹졸한, 관대하지 않은	옹졸한, 관대하지 않은
27	우스운, 바보 같은	**ludicrous**	우스운, 바보 같은	우스운, 바보 같은
28	일시적인	**transitory**	일시적인	일시적인
29	자명한	**self-evident**	자명한	자명한
30	자주 가다, 출몰하다	**haunt**	자주 가다, 출몰하다	자주 가다, 출몰하다
31	적의 있는	**hostile**	적의 있는	적의 있는
32	~에 좋은	**conducive**	~에 좋은	~에 좋은
33	절친한 친구	**confidant**	절친한 친구	절친한 친구
34	조숙한	**precocious**	조숙한	조숙한
35	주의, 교리	**doctrine**	주의, 교리	주의, 교리
36	욕설, 명예훼손	**slander**	욕설, 명예훼손	욕설, 명예훼손
37	체류; 체류하다	**sojourn**	체류; 체류하다	체류; 체류하다
38	허위의, 가짜의	**pseudo**	허위의, 가짜의	허위의, 가짜의
39	확신, 확실	**certitude**	확신, 확실	확신, 확실
40	달래다, 회유하다	**conciliate**	달래다, 회유하다	달래다, 회유하다

✦ 다음을 영어는 한국어로 한국어는 영어로 적으시오.

정답 p.70

01	**ascertain**	01	통	확인하다
02	**capricious**	02	통	도중에서 뺏다
03	**certitude**	03	통	동요하게 하다
04	**conciliate**	04	통	비웃다, 조롱하다
05	**conducive**	05	통	자주 가다, 출몰하다
06	**confidant**	06	통	달래다, 회유하다
07	**curfew**	07	명	경향, 의향
08	**deride**	08	명	고독
09	**discrete**	09	명	골칫거리
10	**dispassionate**	10	명	교훈
11	**divine**	11	명	기반 시설
12	**doctrine**	12	명	야간 외출금지
13	**excerpt**	13	명	발췌
14	**haunt**	14	명	시련
15	**hostile**	15	명	절친한 친구
16	**implicit**	16	명	주의, 교리
17	**incisive**	17	명	욕설, 명예훼손
18	**inclination**	18	명	체류
19	**infrastructure**	19	명	확신
20	**insolent**	20	형	그럴듯한
21	**intercept**	21	형	냉정한
22	**intolerant**	22	형	놀라운, 믿기 어려운
23	**lubricious**	23	형	무례한, 건방진
24	**ludicrous**	24	형	미끄러운, 매끄러운
25	**marvelous**	25	형	방탕한
26	**meticulous**	26	형	변덕스러운
27	**nuisance**	27	형	분리된, 불연속의
28	**ordeal**	28	형	꼼꼼한, 세심한
29	**perturb**	29	형	시끄러운
30	**plausible**	30	형	신의, 신성의
31	**precept**	31	형	암묵적인
32	**precocious**	32	형	예민한
33	**prodigal**	33	형	옹졸한, 관대하지 않은
34	**pseudo**	34	형	우스운, 바보 같은
35	**self-evident**	35	형	일시적인
36	**slander**	36	형	자명한
37	**sojourn**	37	형	적의 있는
38	**solitude**	38	형	~에 좋은
39	**transitory**	39	형	조숙한
40	**vociferous**	40	형	허위의, 가짜의

✦ 해당 영어의 한국어 의미를 생각하면서 2번씩 적으시오.

01	가까이 있는	**adjacent**	가까이 있는	가까이 있는
02	가로지르다	**traverse**	가로지르다	가로지르다
03	간섭하기 좋아하는	**meddlesome**	간섭하기 좋아하는	간섭하기 좋아하는
04	강한 욕망, 정욕	**lust**	강한 욕망, 정욕	강한 욕망, 정욕
05	어떤 지방 특유의; 풍토병	**endemic**	어떤 지방 특유의; 풍토병	어떤 지방 특유의; 풍토병
06	고유한, 토착의	**indigenous**	고유한, 토착의	고유한, 토착의
07	구속되지 않는	**unbridled**	구속되지 않는	구속되지 않는
08	귀족다운, 당당한	**lordly**	귀족다운, 당당한	귀족다운, 당당한
09	동종의	**homogeneous**	동종의	동종의
10	명목상의	**nominal**	명목상의	명목상의
11	무관심, 무감정	**apathy**	무관심, 무감정	무관심, 무감정
12	무엇이든 알고 있는	**omniscient**	무엇이든 알고 있는	무엇이든 알고 있는
13	방부성의, 살균의	**antiseptic**	방부성의, 살균의	방부성의, 살균의
14	배반	**treachery**	배반	배반
15	벽화; 벽에 그린	**mural**	벽화; 벽에 그린	벽화; 벽에 그린
16	불명예스러운	**dishonorable**	불명예스러운	불명예스러운
17	불화	**feud**	불화	불화
18	빈정거리는	**sarcastic**	빈정거리는	빈정거리는
19	빗나가다	**digress**	빗나가다	빗나가다
20	빛을 내는	**radiant**	빛을 내는	빛을 내는
21	선언하다, 증명하다	**proclaim**	선언하다, 증명하다	선언하다, 증명하다
22	성급한, 극성스러운	**impetuous**	성급한, 극성스러운	성급한, 극성스러운
23	속이다	**delude**	속이다	속이다
24	쇠퇴하다; 쇠퇴	**wane**	쇠퇴하다; 쇠퇴	쇠퇴하다; 쇠퇴
25	신진대사	**metabolism**	신진대사	신진대사
26	심한 고통	**agony**	심한 고통	심한 고통
27	악의, 앙심, 원한	**grudge**	악의, 앙심, 원한	악의, 앙심, 원한
28	예의에 벗어난	**uncivil**	예의에 벗어난	예의에 벗어난
29	원주, 원둘레	**circumference**	원주, 원둘레	원주, 원둘레
30	동의어, 유의어	**synonym**	동의어, 유의어	동의어, 유의어
31	유익한	**beneficial**	유익한	유익한
32	시무룩한, 음울한	**sullen**	시무룩한, 음울한	시무룩한, 음울한
33	의심스러운 것	**dubiety**	의심스러운 것	의심스러운 것
34	입증하다	**verify**	입증하다	입증하다
35	주술, 마술	**witchcraft**	주술, 마술	주술, 마술
36	지구상의	**terrestrial**	지구상의	지구상의
37	최면의; 수면제	**soporific**	최면의; 수면제	최면의; 수면제
38	탄력 있는	**resilient**	탄력 있는	탄력 있는
39	테두리, 가장자리	**rim**	테두리, 가장자리	테두리, 가장자리
40	환희	**glee**	환희	환희

✦ 다음을 영어는 한국어로 한국어는 영어로 적으시오. 정답 p.70

01	adjacent	01	통 가로지르다
02	agony	02	통 빗나가다
03	antiseptic	03	통 선언하다, 증명하다
04	apathy	04	통 속이다
05	beneficial	05	통 쇠퇴하다 명 쇠퇴
06	circumference	06	통 입증하다
07	delude	07	명 강한 욕망, 정욕
08	digress	08	명 무관심, 무감정
09	dishonorable	09	명 배반
10	dubiety	10	명 벽화 형 벽에 그린
11	endemic	11	명 불화
12	feud	12	명 신진대사
13	glee	13	명 심한 고통
14	grudge	14	명 악의, 앙심, 원한
15	homogeneous	15	명 원주, 원둘레
16	impetuous	16	명 동의어, 유의어
17	indigenous	17	명 의심스러운 것
18	lordly	18	명 주술, 마술
19	lust	19	명 테두리, 가장자리
20	meddlesome	20	명 환희
21	metabolism	21	형 가까이 있는
22	mural	22	형 간섭하기 좋아하는
23	nominal	23	형 어떤 지방 특유의 명 풍토병
24	omniscient	24	형 고유한, 토착의
25	proclaim	25	형 구속되지 않는
26	radiant	26	형 귀족다운, 당당한
27	resilient	27	형 동종의
28	rim	28	형 명목상의
29	sarcastic	29	형 무엇이든 알고 있는
30	soporific	30	형 방부성의, 살균의
31	sullen	31	형 불명예스러운
32	synonym	32	형 빈정거리는
33	terrestrial	33	형 빛을 내는
34	traverse	34	형 성급한, 극성스러운
35	treachery	35	형 예의에 벗어난
36	unbridled	36	형 유익한
37	uncivil	37	형 시무룩한, 음울한
38	verify	38	형 지구상의
39	wane	39	형 최면의 명 수면제
40	witchcraft	40	형 탄력 있는

✦ 해당 영어의 한국어 의미를 생각하면서 2번씩 적으시오.

01	단축하다	**abbreviate**	단축하다	단축하다
02	내던지다, 버리다	**jettison**	내던지다, 버리다	내던지다, 버리다
03	강제적인	**compulsory**	강제적인	강제적인
04	곤경	**predicament**	곤경	곤경
05	골치 아픈	**troublesome**	골치 아픈	골치 아픈
06	국외로 추방하다	**deport**	국외로 추방하다	국외로 추방하다
07	꾀가 많은, 교활한	**wily**	꾀가 많은, 교활한	꾀가 많은, 교활한
08	끊임없는	**incessant**	끊임없는	끊임없는
09	더딘	**tardy**	더딘	더딘
10	도덕관념이 없는	**amoral**	도덕관념이 없는	도덕관념이 없는
11	막다	**obstruct**	막다	막다
12	쌍안경	**binoculars**	쌍안경	쌍안경
13	일정한 모양이 없는	**amorphous**	일정한 모양이 없는	일정한 모양이 없는
14	비틀거리다	**falter**	비틀거리다	비틀거리다
15	사법의, 재판의	**judicial**	사법의, 재판의	사법의, 재판의
16	산만한	**discursive**	산만한	산만한
17	아첨, 아부	**flattery**	아첨, 아부	아첨, 아부
18	우뚝 솟은	**lofty**	우뚝 솟은	우뚝 솟은
19	우연의, 부주의한	**inadvertent**	우연의, 부주의한	우연의, 부주의한
20	위선(자); 위선의	**hypocrite**	위선(자); 위선의	위선(자); 위선의
21	유권자	**electorate**	유권자	유권자
22	유산	**legacy**	유산	유산
23	유연한	**pliable**	유연한	유연한
24	의지, 결단	**volition**	의지, 결단	의지, 결단
25	2원자의	**diatomic**	2원자의	2원자의
26	전문가, 감식가	**connoisseur**	전문가, 감식가	전문가, 감식가
27	정도에서 벗어난	**aberrant**	정도에서 벗어난	정도에서 벗어난
28	주의, 교리	**tenet**	주의, 교리	주의, 교리
29	중대한	**momentous**	중대한	중대한
30	중추적인	**pivotal**	중추적인	중추적인
31	초자연적인; 주술	**occult**	초자연적인; 주술	초자연적인; 주술
32	파고들다, 뒤지다	**delve**	파고들다, 뒤지다	파고들다, 뒤지다
33	팽창하다[시키다]	**distend**	팽창하다[시키다]	팽창하다[시키다]
34	넓어지다, 팽창하다	**dilate**	넓어지다, 팽창하다	넓어지다, 팽창하다
35	폐렴	**pneumonia**	폐렴	폐렴
36	학대하다	**maltreat**	학대하다	학대하다
37	허용하다, 인가하다	**authorize**	허용하다, 인가하다	허용하다, 인가하다
38	허용할 수 있는	**permissible**	허용할 수 있는	허용할 수 있는
39	목쉰	**hoarse**	목쉰	목쉰
40	획득, 습득	**acquisition**	획득, 습득	획득, 습득

✦ 다음을 영어는 한국어로 한국어는 영어로 적으시오.   정답 p.71

01	**abbreviate**		01	통 단축하다
02	**aberrant**		02	통 내던지다, 버리다
03	**acquisition**		03	통 국외로 추방하다
04	**amoral**		04	통 막다
05	**amorphous**		05	통 비틀거리다
06	**authorize**		06	통 파고들다, 뒤지다
07	**binoculars**		07	통 팽창하다[시키다]
08	**compulsory**		08	통 넓어지다, 팽창하다
09	**connoisseur**		09	통 학대하다
10	**delve**		10	통 허가하다, 인가하다
11	**deport**		11	명 곤경
12	**diatomic**		12	명 쌍안경
13	**dilate**		13	명 아첨, 아부
14	**discursive**		14	명 위선(자) 형 위선의
15	**distend**		15	명 유권자
16	**electorate**		16	명 유산
17	**falter**		17	명 의지, 결단
18	**flattery**		18	명 전문가, 감식가
19	**hoarse**		19	명 주의, 교리
20	**hypocrite**		20	명 폐렴
21	**inadvertent**		21	명 획득, 습득
22	**incessant**		22	형 강제적인
23	**jettison**		23	형 골치 아픈
24	**judicial**		24	형 꾀가 많은, 교활한
25	**legacy**		25	형 끊임없는
26	**lofty**		26	형 더딘
27	**maltreat**		27	형 도덕관념이 없는
28	**momentous**		28	형 일정한 모양이 없는
29	**obstruct**		29	형 사법의, 재판의
30	**occult**		30	형 산만한
31	**permissible**		31	형 우뚝 솟은
32	**pivotal**		32	형 우연의, 부주의한
33	**pliable**		33	형 유연한
34	**pneumonia**		34	형 2원자의
35	**predicament**		35	형 정도에서 벗어난
36	**tardy**		36	형 중대한
37	**tenet**		37	형 중추적인
38	**troublesome**		38	형 초자연적인 명 주술
39	**volition**		39	형 허용할 수 있는
40	**wily**		40	형 목쉰

✦ 해당 영어의 한국어 의미를 생각하면서 2번씩 적으시오.

01	만만치 않은	**formidable**	만만치 않은	만만치 않은
02	읽다, 통독하다	**peruse**	읽다, 통독하다	읽다, 통독하다
03	간곡히 타이르다	**exhort**	간곡히 타이르다	간곡히 타이르다
04	감독하다	**supervise**	감독하다	감독하다
05	결단력이 없는	**irresolute**	결단력이 없는	결단력이 없는
06	경건	**piety**	경건	경건
07	계발, 계몽	**enlightenment**	계발, 계몽	계발, 계몽
08	치우치지 않은, 공정한	**impartial**	치우치지 않은, 공정한	치우치지 않은, 공정한
09	과장하다, 확장하다	**aggrandize**	과장하다, 확장하다	과장하다, 확장하다
10	즉흥으로	**extempore**	즉흥으로	즉흥으로
11	극작가	**playwright**	극작가	극작가
12	꾸미기, 장식	**adornment**	꾸미기, 장식	꾸미기, 장식
13	당뇨병	**diabetes**	당뇨병	당뇨병
14	돌연변이	**mutation**	돌연변이	돌연변이
15	마음이 맞는, 쾌적한	**congenial**	마음이 맞는, 쾌적한	마음이 맞는, 쾌적한
16	매일의, 낮의	**diurnal**	매일의, 낮의	매일의, 낮의
17	맹세, 선서	**oath**	맹세, 선서	맹세, 선서
18	명백한	**overt**	명백한	명백한
19	무언의	**tacit**	무언의	무언의
20	배반, 반역(죄)	**treason**	배반, 반역(죄)	배반, 반역(죄)
21	복종하는, 순종하는	**submissive**	복종하는, 순종하는	복종하는, 순종하는
22	분개한	**indignant**	분개한	분개한
23	뻔뻔스러운	**impudent**	뻔뻔스러운	뻔뻔스러운
24	서명	**autograph**	서명	서명
25	숨은, 수수께끼 같은	**cryptic**	숨은, 수수께끼 같은	숨은, 수수께끼 같은
26	원숙, 성숙	**maturation**	원숙, 성숙	원숙, 성숙
27	유사, 닮음	**resemblance**	유사, 닮음	유사, 닮음
28	유행, 널리 퍼짐	**prevalence**	유행, 널리 퍼짐	유행, 널리 퍼짐
29	이교의, 이단의	**heterodox**	이교의, 이단의	이교의, 이단의
30	이론화하다	**theorize**	이론화하다	이론화하다
31	임의의, 멋대로인	**arbitrary**	임의의, 멋대로인	임의의, 멋대로인
32	전염병의, 전염성의	**infectious**	전염병의, 전염성의	전염병의, 전염성의
33	전조, 징조	**omen**	전조, 징조	전조, 징조
34	정기간행의; 정기간행물	**periodical**	정기간행의; 정기간행물	정기간행의; 정기간행물
35	진부한, 평범한	**banal**	진부한, 평범한	진부한, 평범한
36	초조해하는	**uptight**	초조해하는	초조해하는
37	콧김을 내뿜다; 거센 콧김	**snort**	콧김을 내뿜다; 거센 콧김	콧김을 내뿜다; 거센 콧김
38	탈출할 수 없는	**inextricable**	탈출할 수 없는	탈출할 수 없는
39	투쟁적인, 호전적인	**combative**	투쟁적인, 호전적인	투쟁적인, 호전적인
40	화장실	**lavatory**	화장실	화장실

✦ 다음을 영어는 한국어로 한국어는 영어로 적으시오.   정답 p.71

01	adornment		01	图 읽다, 통독하다	
02	aggrandize		02	图 간곡히 타이르다	
03	arbitrary		03	图 감독하다	
04	autograph		04	图 과장하다, 확장하다	
05	banal		05	图 이론화하다	
06	combative		06	图 콧김을 내뿜다 图 거센 콧김	
07	congenial		07	图 경건	
08	cryptic		08	图 계발, 계몽	
09	diabetes		09	图 극작가	
10	diurnal		10	图 꾸미기, 장식	
11	enlightenment		11	图 당뇨병	
12	exhort		12	图 돌연변이	
13	extempore		13	图 맹세, 선서	
14	formidable		14	图 배반, 반역(죄)	
15	heterodox		15	图 서명	
16	impartial		16	图 원숙, 성숙	
17	impudent		17	图 유사, 닮음	
18	indignant		18	图 유행, 널리 퍼짐	
19	inextricable		19	图 전조, 징조	
20	infectious		20	图 화장실	
21	irresolute		21	图 즉흥으로	
22	lavatory		22	图 만만치 않은	
23	maturation		23	图 결단력이 없는	
24	mutation		24	图 치우치지 않은, 공정한	
25	oath		25	图 마음이 맞는, 쾌적한	
26	omen		26	图 매일의, 낮의	
27	overt		27	图 명백한	
28	periodical		28	图 무언의	
29	peruse		29	图 복종하는, 순종하는	
30	piety		30	图 분개한	
31	playwright		31	图 뻔뻔스러운	
32	prevalence		32	图 숨은, 수수께끼 같은	
33	resemblance		33	图 이교의, 이단의	
34	snort		34	图 임의의, 멋대로인	
35	submissive		35	图 전염병의, 전염성의	
36	supervise		36	图 정기간행의 图 정기간행물	
37	tacit		37	图 진부한, 평범한	
38	theorize		38	图 초조해 하는	
39	treason		39	图 탈출할 수 없는	
40	uptight		40	图 투쟁적인, 호전적인	

✦ 해당 영어의 한국어 의미를 생각하면서 2번씩 적으시오.

01	거친, 조잡한	**coarse**	거친, 조잡한	거친, 조잡한
02	경외	**awe**	경외	경외
03	공중 위생	**sanitation**	공중 위생	공중 위생
04	길들이다	**habituate**	길들이다	길들이다
05	깊은	**profound**	깊은	깊은
06	괜찮은, 점잖은	**decent**	괜찮은, 점잖은	괜찮은, 점잖은
07	대략의	**approximate**	대략의	대략의
08	대학생; 대학(생)의	**undergraduate**	대학생; 대학(생)의	대학생; 대학(생)의
09	절제하는	**temperate**	절제하는	절제하는
10	떨다, 오싹하다; 오싹한	**shudder**	떨다, 오싹하다; 오싹한	떨다, 오싹하다; 오싹한
11	망가뜨리다	**mangle**	망가뜨리다	망가뜨리다
12	몹시 싫어하다	**detest**	몹시 싫어하다	몹시 싫어하다
13	반항적인	**rebellious**	반항적인	반항적인
14	발효시키다	**ferment**	발효시키다	발효시키다
15	복종, 경의	**deference**	복종, 경의	복종, 경의
16	분투를 요하는	**strenuous**	분투를 요하는	분투를 요하는
17	불타는	**fiery**	불타는	불타는
18	비준하다	**ratify**	비준하다	비준하다
19	생각에 잠긴	**pensive**	생각에 잠긴	생각에 잠긴
20	선전	**propaganda**	선전	선전
21	습격	**assault**	습격	습격
22	신기함	**novelty**	신기함	신기함
23	신탁소	**oracle**	신탁소	신탁소
24	악마의	**demonic**	악마의	악마의
25	악화시키다	**exacerbate**	악화시키다	악화시키다
26	야행성의, 밤의	**nocturnal**	야행성의, 밤의	야행성의, 밤의
27	어미를 변화시키다	**inflect**	어미를 변화시키다	어미를 변화시키다
28	얼굴, 외관	**visage**	얼굴, 외관	얼굴, 외관
29	열렬한	**fervent**	열렬한	열렬한
30	열정, 흥미	**zest**	열정, 흥미	열정, 흥미
31	염색체	**chromosome**	염색체	염색체
32	예리한, 빈틈없는	**shrewd**	예리한, 빈틈없는	예리한, 빈틈없는
33	위선적인	**hypocritical**	위선적인	위선적인
34	적격의, 적임의	**eligible**	적격의, 적임의	적격의, 적임의
35	주위의, 포위하는	**ambient**	주위의, 포위하는	주위의, 포위하는
36	진정시키다	**pacify**	진정시키다	진정시키다
37	집행유예	**probation**	집행유예	집행유예
38	천정, 정점	**zenith**	천정, 정점	천정, 정점
39	필요의, 필수의	**requisite**	필요의, 필수의	필요의, 필수의
40	텅 빈, 공허한	**void**	텅 빈, 공허한	텅 빈, 공허한

✦ 다음을 영어는 한국어로 한국어는 영어로 적으시오.　　　　　　　　정답 p.72

01	**ambient**	
02	**approximate**	
03	**assault**	
04	**awe**	
05	**chromosome**	
06	**coarse**	
07	**decent**	
08	**deference**	
09	**demonic**	
10	**detest**	
11	**eligible**	
12	**exacerbate**	
13	**ferment**	
14	**fervent**	
15	**fiery**	
16	**habituate**	
17	**hypocritical**	
18	**inflect**	
19	**mangle**	
20	**nocturnal**	
21	**novelty**	
22	**oracle**	
23	**pacify**	
24	**pensive**	
25	**probation**	
26	**profound**	
27	**propaganda**	
28	**ratify**	
29	**rebellious**	
30	**requisite**	
31	**sanitation**	
32	**shrewd**	
33	**shudder**	
34	**strenuous**	
35	**temperate**	
36	**undergraduate**	
37	**visage**	
38	**void**	
39	**zenith**	
40	**zest**	

01	통 길들이다	
02	통 떨다, 오싹하다　명 오싹함	
03	통 망가뜨리다	
04	통 몹시 싫어하다	
05	통 발효시키다	
06	통 비준하다	
07	통 악화시키다	
08	통 어미를 변화시키다	
09	통 진정시키다	
10	명 경외	
11	명 공중 위생	
12	명 대학생　형 대학(생)의	
13	명 복종, 경의	
14	명 선전	
15	명 습격	
16	명 신기함	
17	명 신탁소	
18	명 얼굴, 외관	
19	명 열정, 흥미	
20	명 염색체	
21	명 집행유예	
22	명 천정, 정점	
23	형 거친, 조잡한	
24	형 깊은	
25	형 괜찮은, 점잖은	
26	형 대략의	
27	형 절제하는	
28	형 반항적인	
29	형 분투를 요하는	
30	형 불타는	
31	형 생각에 잠긴	
32	형 악마의	
33	형 야행성의, 밤의	
34	형 열렬한	
35	형 예리한, 빈틈없는	
36	형 위선적인	
37	형 적격의, 적임의	
38	형 주위의, 포위하는	
39	형 필요의, 필수의	
40	형 텅 빈, 공허한	

✦ 해당 영어의 한국어 의미를 생각하면서 2번씩 적으시오.

01	(전문가의) 의견, 격언	**dictum**	(전문가의) 의견, 격언	(전문가의) 의견, 격언
02	~보다 낫다	**outdo**	~보다 낫다	~보다 낫다
03	괴롭히다	**harass**	괴롭히다	괴롭히다
04	환호하다; 환호	**acclaim**	환호하다; 환호	환호하다; 환호
05	경의	**homage**	경의	경의
06	교습, 수업료	**tuition**	교습, 수업료	교습, 수업료
07	그럴듯한, 외양만 좋은	**specious**	그럴듯한, 외양만 좋은	그럴듯한, 외양만 좋은
08	꿀꺽꿀꺽 마시다	**gulp**	꿀꺽꿀꺽 마시다	꿀꺽꿀꺽 마시다
09	나약한	**feeble**	나약한	나약한
10	남을 얕잡아보는	**contemptuous**	남을 얕잡아보는	남을 얕잡아보는
11	뉘우치는, 참회의	**contrite**	뉘우치는, 참회의	뉘우치는, 참회의
12	대표자; 파견하다	**delegate**	대표자; 파견하다	대표자; 파견하다
13	손상시키다	**detract**	손상시키다	손상시키다
14	면죄, 방면, 용서	**absolution**	면죄, 방면, 용서	면죄, 방면, 용서
15	몹시 불쾌한	**vile**	몹시 불쾌한	몹시 불쾌한
16	무아의 경지, 황홀경	**ecstasy**	무아의 경지, 황홀경	무아의 경지, 황홀경
17	비유적인, 은유의	**figurative**	비유적인, 은유의	비유적인, 은유의
18	비참한, 불쌍한	**wretched**	비참한, 불쌍한	비참한, 불쌍한
19	사기쳐서 빼앗다	**swindle**	사기쳐서 빼앗다	사기쳐서 빼앗다
20	사람을 납득시키는	**cogent**	사람을 납득시키는	사람을 납득시키는
21	사진촬영에 적합한	**photogenic**	사진촬영에 적합한	사진촬영에 적합한
22	서투른	**inept**	서투른	서투른
23	미연에 방지하다	**preempt**	미연에 방지하다	미연에 방지하다
24	성전, 경전	**scripture**	성전, 경전	성전, 경전
25	시약	**reagent**	시약	시약
26	싸다, 덮다	**muffle**	싸다, 덮다	싸다, 덮다
27	악의 있는	**malicious**	악의 있는	악의 있는
28	이행	**implementation**	이행	이행
29	인자한	**benign**	인자한	인자한
30	자부심, 자만	**conceit**	자부심, 자만	자부심, 자만
31	수놓기, 자수	**embroidery**	수놓기, 자수	수놓기, 자수
32	장애, 방해	**impediment**	장애, 방해	장애, 방해
33	정복	**subjugation**	정복	정복
34	침, 타액	**saliva**	침, 타액	침, 타액
35	큰 재난	**calamity**	큰 재난	큰 재난
36	터무니 없는, 과도한	**exorbitant**	터무니 없는, 과도한	터무니 없는, 과도한
37	평온한	**placid**	평온한	평온한
38	향	**incense**	향	향
39	횡령하다	**defraud**	횡령하다	횡령하다
40	흩뿌리다	**sprinkle**	흩뿌리다	흩뿌리다

✦ 다음을 영어는 한국어로 한국어는 영어로 적으시오.

정답 p.72

01	absolution		01	통 ~보다 낫다	
02	acclaim		02	통 괴롭히다	
03	benign		03	통 환호하다 명 환호	
04	calamity		04	통 꿀꺽꿀꺽 마시다	
05	cogent		05	통 손상시키다	
06	conceit		06	통 사기쳐서 빼앗다	
07	contemptuous		07	통 미연에 방지하다	
08	contrite		08	통 싸다, 덮다	
09	defraud		09	통 횡령하다	
10	delegate		10	통 흩뿌리다	
11	detract		11	명 (전문가의) 의견, 격언	
12	dictum		12	명 경의	
13	ecstasy		13	명 교습, 수업료	
14	embroidery		14	명 대표자 통 대표하다	
15	exorbitant		15	명 면죄, 방면, 용서	
16	feeble		16	명 무아의 경지, 황홀경	
17	figurative		17	명 성전, 경전	
18	gulp		18	명 시약	
19	harass		19	명 이행	
20	homage		20	명 자부심, 자만	
21	impediment		21	명 수놓기, 자수	
22	implementation		22	명 장애, 방해	
23	incense		23	명 정복	
24	inept		24	명 침, 타액	
25	malicious		25	명 큰 재난	
26	muffle		26	명 향	
27	outdo		27	형 그럴듯한, 외양만 좋은	
28	photogenic		28	형 나약한	
29	placid		29	형 남을 얕잡아보는	
30	preempt		30	형 뉘우치는, 참회의	
31	reagent		31	형 몹시 불쾌한	
32	saliva		32	형 비유적인, 은유의	
33	scripture		33	형 비참한, 불쌍한	
34	specious		34	형 사람을 납득시키는	
35	sprinkle		35	형 사진촬영에 적합한	
36	subjugation		36	형 서투른	
37	swindle		37	형 악의 있는	
38	tuition		38	형 인자한	
39	vile		39	형 터무니 없는, 과도한	
40	wretched		40	형 평온한	

✦ 해당 영어의 한국어 의미를 생각하면서 2번씩 적으시오.

01	(명예를) 손상하는, 경멸적인	**derogatory**	(명예를) 손상하는, 경멸적인	(명예를) 손상하는, 경멸적인
02	(품위를) 떨어뜨리다	**demean**	(품위를) 떨어뜨리다	(품위를) 떨어뜨리다
03	누설하다	**divulge**	누설하다	누설하다
04	~없이 지내다	**forgo**	~없이 지내다	~없이 지내다
05	가장, (…인) 체함	**affectation**	가장, (…인) 체함	가장, (…인) 체함
06	보조금을 지급하다	**subsidize**	보조금을 지급하다	보조금을 지급하다
07	거절하다	**rebuff**	거절하다	거절하다
08	경건한	**pious**	경건한	경건한
09	과장된, 과대한	**bombastic**	과장된, 과대한	과장된, 과대한
10	괴롭히다, 에워싸다	**beset**	괴롭히다, 에워싸다	괴롭히다, 에워싸다
11	까다로운	**fastidious**	까다로운	까다로운
12	낙심한, 낙담한	**dejected**	낙심한, 낙담한	낙심한, 낙담한
13	내성적인	**introspective**	내성적인	내성적인
14	당황케 하다; 당황	**dismay**	당황케 하다; 당황	당황케 하다; 당황
15	또렷한; 또렷하게 발음하다	**articulate**	또렷한; 또렷하게 발음하다	또렷한; 또렷하게 발음하다
16	막연한	**vague**	막연한	막연한
17	만성의, 상습적인	**chronic**	만성의, 상습적인	만성의, 상습적인
18	매우 쓴, 신랄한	**acrid**	매우 쓴, 신랄한	매우 쓴, 신랄한
19	목가적인, 전원의	**pastoral**	목가적인, 전원의	목가적인, 전원의
20	몫, 양	**quantum**	몫, 양	몫, 양
21	보복	**reprisal**	보복	보복
22	부적당한, 어울리지 않는	**incongruous**	부적당한, 어울리지 않는	부적당한, 어울리지 않는
23	불면증	**insomnia**	불면증	불면증
24	불안, 걱정	**misgiving**	불안, 걱정	불안, 걱정
25	비난하다; 비난	**reproach**	비난하다; 비난	비난하다; 비난
26	살해하다	**slay**	살해하다	살해하다
27	모으다, 소집하다	**convene**	모으다, 소집하다	모으다, 소집하다
28	순종적인	**complaisant**	순종적인	순종적인
29	엄격한	**stringent**	엄격한	엄격한
30	외향적인	**extrovert**	외향적인	외향적인
31	용기	**fortitude**	용기	용기
32	위장	**camouflage**	위장	위장
33	읽고 쓸 줄 아는 능력	**literacy**	읽고 쓸 줄 아는 능력	읽고 쓸 줄 아는 능력
34	자치권	**autonomy**	자치권	자치권
35	장엄한	**sublime**	장엄한	장엄한
36	저항하다	**withstand**	저항하다	저항하다
37	절대권, 독재	**dictatorship**	절대권, 독재	절대권, 독재
38	주다, 부여하다	**endow**	주다, 부여하다	주다, 부여하다
39	평가절하하다	**depreciate**	평가절하하다	평가절하하다
40	후하게 주다; 아주 후한	**lavish**	후하게 주다; 아주 후한	후하게 주다; 아주 후한

✦ 다음을 영어는 한국어로 한국어는 영어로 적으시오.   정답 p.73

01	**acrid**		01	통 (품위를) 떨어뜨리다
02	**affectation**		02	통 누설하다
03	**articulate**		03	통 ~없이 지내다
04	**autonomy**		04	통 보조금을 지급하다
05	**beset**		05	통 거절하다
06	**bombastic**		06	통 괴롭히다, 에워싸다
07	**camouflage**		07	통 비난하다 명 비난
08	**chronic**		08	통 살해하다
09	**complaisant**		09	통 모으다, 소집하다
10	**convene**		10	통 저항하다
11	**dejected**		11	통 주다, 부여하다
12	**demean**		12	통 평가절하다
13	**depreciate**		13	통 후하게 주다 형 아주 후한
14	**derogatory**		14	명 가장, (…인) 체함
15	**dictatorship**		15	통 당황케 하다 명 당황
16	**dismay**		16	명 몫, 양
17	**divulge**		17	명 보복
18	**endow**		18	명 불면증
19	**extrovert**		19	명 불안, 걱정
20	**fastidious**		20	명 용기
21	**forgo**		21	명 위장
22	**fortitude**		22	명 읽고 쓸 줄 아는 능력
23	**incongruous**		23	명 자치권
24	**insomnia**		24	명 절대권, 독재
25	**introspective**		25	형 (명예를) 손상하는, 경멸적인
26	**lavish**		26	형 경건한
27	**literacy**		27	형 과장된, 과대한
28	**misgiving**		28	형 까다로운
29	**pastoral**		29	형 낙심한, 낙담한
30	**pious**		30	형 내성적인
31	**quantum**		31	형 또렷한 통 또렷하게 발음하다
32	**rebuff**		32	형 막연한
33	**reprisal**		33	형 만성의, 상습적인
34	**reproach**		34	형 매우 쓴, 신랄한
35	**slay**		35	형 목가적인, 전원의
36	**stringent**		36	형 부적당한, 어울리지 않는
37	**sublime**		37	형 순종적인
38	**subsidize**		38	형 엄격한
39	**vague**		39	형 외향적인
40	**withstand**		40	형 장엄한

✦ 해당 영어의 한국어 의미를 생각하면서 2번씩 적으시오.

01	(만성적인) 병, 병폐	**malady**	(만성적인) 병, 병폐	(만성적인) 병, 병폐
02	억누르다	**repress**	억누르다	억누르다
03	강박관념, 집념	**obsession**	강박관념, 집념	강박관념, 집념
04	검시, 부검	**autopsy**	검시, 부검	검시, 부검
05	골이 난, 뚱한, 부루퉁한	**sulky**	골이 난, 뚱한, 부루퉁한	골이 난, 뚱한, 부루퉁한
06	과소평가하다	**belittle**	과소평가하다	과소평가하다
07	구멍, 배출구; 발산하다	**vent**	구멍, 배출구; 발산하다	구멍, 배출구; 발산하다
08	기권	**abstention**	기권	기권
09	기원, 발생	**genesis**	기원, 발생	기원, 발생
10	깨지기 쉬운	**brittle**	깨지기 쉬운	깨지기 쉬운
11	끝내다	**terminate**	끝내다	끝내다
12	낭비하다	**squander**	낭비하다	낭비하다
13	당황하게 하다	**bewilder**	당황하게 하다	당황하게 하다
14	동시발생의	**concurrent**	동시발생의	동시발생의
15	소원, 이간, 소외	**alienation**	소원, 이간, 소외	소원, 이간, 소외
16	민첩한	**agile**	민첩한	민첩한
17	방해하다	**impede**	방해하다	방해하다
18	변덕스러운	**erratic**	변덕스러운	변덕스러운
19	병적인	**morbid**	병적인	병적인
20	불쾌한, 밉살스러운	**obnoxious**	불쾌한, 밉살스러운	불쾌한, 밉살스러운
21	비난하다, 헐뜯다	**decry**	비난하다, 헐뜯다	비난하다, 헐뜯다
22	쇄도	**deluge**	쇄도	쇄도
23	수혈	**transfusion**	수혈	수혈
24	신속히 처리하다	**expedite**	신속히 처리하다	신속히 처리하다
25	쐐기돌, 기초석	**keystone**	쐐기돌, 기초석	쐐기돌, 기초석
26	악화시키다	**aggravate**	악화시키다	악화시키다
27	안내원	**courier**	안내원	안내원
28	어설픈, 서투른	**clumsy**	어설픈, 서투른	어설픈, 서투른
29	연합	**coalition**	연합	연합
30	유혹하다	**lure**	유혹하다	유혹하다
31	제재	**sanction**	제재	제재
32	주거의	**residential**	주거의	주거의
33	차분한, 침착한	**serene**	차분한, 침착한	차분한, 침착한
34	천한, 품위 없는	**vulgar**	천한, 품위 없는	천한, 품위 없는
35	취사선택하는	**eclectic**	취사선택하는	취사선택하는
36	탈수증	**dehydration**	탈수증	탈수증
37	통합하다	**integrate**	통합하다	통합하다
38	필수의, 의무적인	**obligatory**	필수의, 의무적인	필수의, 의무적인
39	한 점에 모이다	**converge**	한 점에 모이다	한 점에 모이다
40	휴식 시간	**intermission**	휴식 시간	휴식 시간

✦ 다음을 영어는 한국어로 한국어는 영어로 적으시오.   정답 p.73

01	**abstention**		01	통 억누르다
02	**aggravate**		02	통 과소평가하다
03	**agile**		03	통 끝내다
04	**alienation**		04	통 낭비하다
05	**autopsy**		05	통 당황하게 하다
06	**belittle**		06	통 방해하다
07	**bewilder**		07	통 비난하다, 헐뜯다
08	**brittle**		08	통 신속히 처리하다
09	**clumsy**		09	통 악화시키다
10	**coalition**		10	통 유혹하다
11	**concurrent**		11	통 통합하다
12	**converge**		12	통 한 점에 모이다
13	**courier**		13	명 (만성적인) 병, 병폐
14	**decry**		14	명 강박관념, 집념
15	**dehydration**		15	명 검시, 부검
16	**deluge**		16	명 구멍, 배출구 통 발산하다
17	**eclectic**		17	명 기권
18	**erratic**		18	명 기원, 발생
19	**expedite**		19	명 소원, 이간, 소외
20	**genesis**		20	명 쇄도
21	**impede**		21	명 수혈
22	**integrate**		22	명 쐐기돌, 기초석
23	**intermission**		23	명 안내원
24	**keystone**		24	명 연합
25	**lure**		25	명 제재
26	**malady**		26	명 탈수증
27	**morbid**		27	명 휴식 시간
28	**obligatory**		28	형 골이 난, 뚱한, 부루퉁한
29	**obnoxious**		29	형 깨지기 쉬운
30	**obsession**		30	형 동시발생의
31	**repress**		31	형 민첩한
32	**residential**		32	형 변덕스러운
33	**sanction**		33	형 병적인
34	**serene**		34	형 불쾌한, 밉살스러운
35	**squander**		35	형 어설픈, 서투른
36	**sulky**		36	형 주거의
37	**terminate**		37	형 차분한, 침착한
38	**transfusion**		38	형 천한, 품위 없는
39	**vent**		39	형 취사선택하는
40	**vulgar**		40	형 필수의, 의무적인

✦ 해당 영어의 한국어 의미를 생각하면서 2번씩 적으시오.

01	압박을 가하다	**oppress**	압박을 가하다	압박을 가하다
02	보답하다	**recompense**	보답하다	보답하다
03	강조하다, 역설하다	**accentuate**	강조하다, 역설하다	강조하다, 역설하다
04	거대한	**prodigious**	거대한	거대한
05	곤경, 곤란	**plight**	곤경, 곤란	곤경, 곤란
06	골탕먹임, 속이기	**hoax**	골탕먹임, 속이기	골탕먹임, 속이기
07	궤도의	**orbital**	궤도의	궤도의
08	금지하다	**proscribe**	금지하다	금지하다
09	길한, 행운의	**auspicious**	길한, 행운의	길한, 행운의
10	논쟁	**contention**	논쟁	논쟁
11	논쟁의 여지가 없는	**incontrovertible**	논쟁의 여지가 없는	논쟁의 여지가 없는
12	확실치 않은, 모호한	**equivocal**	확실치 않은, 모호한	확실치 않은, 모호한
13	대참사	**catastrophe**	대참사	대참사
14	동맹한, 연합한	**confederate**	동맹한, 연합한	동맹한, 연합한
15	만장일치	**unanimity**	만장일치	만장일치
16	만져서 알 수 있는	**tangible**	만져서 알 수 있는	만져서 알 수 있는
17	무시하다, 경시하다	**disregard**	무시하다, 경시하다	무시하다, 경시하다
18	무한대	**infinity**	무한대	무한대
19	배치하다	**deploy**	배치하다	배치하다
20	비난할 만한	**culpable**	비난할 만한	비난할 만한
21	비방하다	**traduce**	비방하다	비방하다
22	상냥한, 붙임성 있는	**amiable**	상냥한, 붙임성 있는	상냥한, 붙임성 있는
23	세속의	**carnal**	세속의	세속의
24	신속한	**prompt**	신속한	신속한
25	윤곽	**contour**	윤곽	윤곽
26	인접하다	**adjoin**	인접하다	인접하다
27	자지 않고 지키는	**vigilant**	자지 않고 지키는	자지 않고 지키는
28	나무라다, 꾸짖다	**reprove**	나무라다, 꾸짖다	나무라다, 꾸짖다
29	절제하는	**abstemious**	절제하는	절제하는
30	고상한 체하는	**prudish**	고상한 체하는	고상한 체하는
31	주의; 주의하다	**heed**	주의; 주의하다	주의; 주의하다
32	질문을 좋아하는	**inquisitive**	질문을 좋아하는	질문을 좋아하는
33	징벌의	**punitive**	징벌의	징벌의
34	최대한	**utmost**	최대한	최대한
35	통치	**reign**	통치	통치
36	평형, 균형	**equilibrium**	평형, 균형	평형, 균형
37	품위를 떨어뜨리다	**debase**	품위를 떨어뜨리다	품위를 떨어뜨리다
38	해산, 분해	**dissolution**	해산, 분해	해산, 분해
39	황량한, 황폐한	**desolate**	황량한, 황폐한	황량한, 황폐한
40	제멋대로 하는	**unruly**	제멋대로 하는	제멋대로 하는

✦ 다음을 영어는 한국어로 한국어는 영어로 적으시오.   정답 p.74

01	abstemious		01	통 압박을 가하다
02	accentuate		02	통 보답하다
03	adjoin		03	통 강조하다, 역설하다
04	amiable		04	통 금지하다
05	auspicious		05	통 무시하다, 경시하다
06	carnal		06	통 배치하다
07	catastrophe		07	통 비방하다
08	confederate		08	통 인접하다
09	contention		09	통 나무라다, 꾸짖다
10	contour		10	통 품위를 떨어뜨리다
11	culpable		11	명 곤경, 곤란
12	debase		12	명 골탕먹임, 속이기
13	deploy		13	명 논쟁
14	desolate		14	명 대참사
15	disregard		15	명 만장일치
16	dissolution		16	명 무한대
17	equilibrium		17	명 윤곽
18	equivocal		18	명 주의 통 주의하다
19	heed		19	명 통치
20	hoax		20	명 평형, 균형
21	incontrovertible		21	명 해산, 분해
22	infinity		22	형 거대한
23	inquisitive		23	형 궤도의
24	oppress		24	형 길한, 행운의
25	orbital		25	형 논쟁의 여지가 없는
26	plight		26	형 확실치 않은, 모호한
27	prodigious		27	형 동맹한, 연합한
28	prompt		28	형 만져서 알 수 있는
29	proscribe		29	형 비난할 만한
30	prudish		30	형 상냥한, 붙임성 있는
31	punitive		31	형 세속의
32	recompense		32	형 신속한
33	reign		33	형 자지 않고 지키는
34	reprove		34	형 절제하는
35	tangible		35	형 고상한 체하는
36	traduce		36	형 질문을 좋아하는
37	unanimity		37	형 징벌의
38	unruly		38	형 최대한
39	utmost		39	형 황량한, 황폐한
40	vigilant		40	형 제멋대로 하는

✦ 해당 영어의 한국어 의미를 생각하면서 2번씩 적으시오.

01	(근거 등이) 빈약한	**flimsy**	(근거 등이) 빈약한	(근거 등이) 빈약한
02	잃다; 벌금	**forfeit**	잃다; 벌금	잃다; 벌금
03	압수하다, 가두다	**impound**	압수하다, 가두다	압수하다, 가두다
04	강력한, 힘센	**potent**	강력한, 힘센	강력한, 힘센
05	결여된	**devoid**	결여된	결여된
06	골절; 부러뜨리다	**fracture**	골절; 부러뜨리다	골절; 부러뜨리다
07	담그다	**immerse**	담그다	담그다
08	매서운, 신랄한	**acrimonious**	매서운, 신랄한	매서운, 신랄한
09	반대하여; 반대 투표	**con**	반대하여; 반대 투표	반대하여; 반대 투표
10	방해하다, 길을 막다	**bar**	방해하다, 길을 막다	방해하다, 길을 막다
11	막사, 병영	**barracks**	막사, 병영	막사, 병영
12	빗나가다	**deviate**	빗나가다	빗나가다
13	사임하다, 포기하다	**abdicate**	사임하다, 포기하다	사임하다, 포기하다
14	서두르는, 대강의	**cursory**	서두르는, 대강의	서두르는, 대강의
15	선봉, 선두	**vanguard**	선봉, 선두	선봉, 선두
16	속력을 늦추다	**retard**	속력을 늦추다	속력을 늦추다
17	손상시키다	**deface**	손상시키다	손상시키다
18	숨을 막다, 진압하다	**stifle**	숨을 막다, 진압하다	숨을 막다, 진압하다
19	식사의	**dietary**	식사의	식사의
20	안심, 안도감	**reassurance**	안심, 안도감	안심, 안도감
21	앞서는	**antecedent**	앞서는	앞서는
22	양립할 수 없는	**incompatible**	양립할 수 없는	양립할 수 없는
23	양면 가치의	**ambivalent**	양면 가치의	양면 가치의
24	어울리는, 적당한	**becoming**	어울리는, 적당한	어울리는, 적당한
25	연 2회의	**biannual**	연 2회의	연 2회의
26	예언하다	**prophesy**	예언하다	예언하다
27	오싹한	**hideous**	오싹한	오싹한
28	이행하다	**implement**	이행하다	이행하다
29	잔물결이 일다; 잔물결	**ripple**	잔물결이 일다; 잔물결	잔물결이 일다; 잔물결
30	주관하다	**preside**	주관하다	주관하다
31	지루한	**tedious**	지루한	지루한
32	찌르다	**stab**	찌르다	찌르다
33	천역, 고역	**drudgery**	천역, 고역	천역, 고역
34	타원	**ellipse**	타원	타원
35	태만, 채무 불이행	**default**	태만, 채무 불이행	태만, 채무 불이행
36	펄럭이다	**flutter**	펄럭이다	펄럭이다
37	포기하다	**relinquish**	포기하다	포기하다
38	풀다	**unravel**	풀다	풀다
39	확대하다, 증폭시키다	**amplify**	확대하다, 증폭시키다	확대하다, 증폭시키다
40	황폐한, 쓸쓸한	**bleak**	황폐한, 쓸쓸한	황폐한, 쓸쓸한

✦ 다음을 영어는 한국어로 한국어는 영어로 적으시오.

정답 p.74

01	**abdicate**		01	통 잃다 명 벌금
02	**acrimonious**		02	통 압수하다, 가두다
03	**ambivalent**		03	통 담그다
04	**amplify**		04	통 방해하다, 길을 막다
05	**antecedent**		05	통 빗나가다
06	**bar**		06	통 사임하다, 포기하다
07	**barracks**		07	통 속력을 늦추다
08	**becoming**		08	통 손상시키다
09	**biannual**		09	통 숨을 막다, 진압하다
10	**bleak**		10	통 예언하다
11	**con**		11	통 이행하다
12	**cursory**		12	통 잔물결이 일다 명 잔물결
13	**deface**		13	통 주관하다
14	**default**		14	통 찌르다
15	**deviate**		15	통 펄럭이다
16	**devoid**		16	통 포기하다
17	**dietary**		17	통 풀다
18	**drudgery**		18	통 확대하다, 증폭시키다
19	**ellipse**		19	명 골절 통 부러뜨리다
20	**flimsy**		20	명 막사, 병영
21	**flutter**		21	명 선봉, 선두
22	**forfeit**		22	명 안심, 안도감
23	**fracture**		23	명 천역, 고역
24	**hideous**		24	명 타원
25	**immerse**		25	명 태만, 채무 불이행
26	**implement**		26	부 반대하여 명 반대 투표
27	**impound**		27	형 (근거 등이) 빈약한
28	**incompatible**		28	형 강력한, 힘센
29	**potent**		29	형 결여된
30	**preside**		30	형 매서운, 신랄한
31	**prophesy**		31	형 서두르는, 대강의
32	**reassurance**		32	형 식사의
33	**relinquish**		33	형 앞서는
34	**retard**		34	형 양립할 수 없는
35	**ripple**		35	형 양면 가치의
36	**stab**		36	형 어울리는, 적당한
37	**stifle**		37	형 연 2회의
38	**tedious**		38	형 오싹한
39	**unravel**		39	형 지루한
40	**vanguard**		40	형 황폐한, 쓸쓸한

✦ 해당 영어의 한국어 의미를 생각하면서 2번씩 적으시오.

01	(손해 등을) 초래하다	**incur**	(손해 등을) 초래하다	(손해 등을) 초래하다
02	(음악) 연주자	**exponent**	(음악) 연주자	(음악) 연주자
03	강하게 인상지우다, 새기다	**imprint**	강하게 인상지우다, 새기다	강하게 인상지우다, 새기다
04	열렬한	**effusive**	열렬한	열렬한
05	거짓됨을 나타내다	**belie**	거짓됨을 나타내다	거짓됨을 나타내다
06	건축물	**edifice**	건축물	건축물
07	결점	**drawback**	결점	결점
08	계열사	**affiliate**	계열사	계열사
09	고분고분한, 순응하는	**compliant**	고분고분한, 순응하는	고분고분한, 순응하는
10	공격 수단, 탄약	**ammunition**	공격 수단, 탄약	공격 수단, 탄약
11	공범자	**accomplice**	공범자	공범자
12	근사치	**approximation**	근사치	근사치
13	남은	**residual**	남은	남은
14	노고를 아끼지 않는	**painstaking**	노고를 아끼지 않는	노고를 아끼지 않는
15	다산의, 풍부한	**prolific**	다산의, 풍부한	다산의, 풍부한
16	대칭적인	**symmetrical**	대칭적인	대칭적인
17	매우 좋아하다	**adore**	매우 좋아하다	매우 좋아하다
18	명예를 훼손하다	**defame**	명예를 훼손하다	명예를 훼손하다
19	모으다	**aggregate**	모으다	모으다
20	물에 잠그다	**submerge**	물에 잠그다	물에 잠그다
21	번식하다	**proliferate**	번식하다	번식하다
22	부력	**buoyancy**	부력	부력
23	비스듬한, 완곡한	**oblique**	비스듬한, 완곡한	비스듬한, 완곡한
24	사람의 모습을 한, 화신의	**incarnate**	사람의 모습을 한, 화신의	사람의 모습을 한, 화신의
25	솔직담백한, 순진한	**ingenuous**	솔직담백한, 순진한	솔직담백한, 순진한
26	썰물	**ebb**	썰물	썰물
27	악당	**villain**	악당	악당
28	음모, 불법공모	**conspiracy**	음모, 불법공모	음모, 불법공모
29	인색한	**stingy**	인색한	인색한
30	일치, 합의, 여론	**consensus**	일치, 합의, 여론	일치, 합의, 여론
31	자극	**impetus**	자극	자극
32	작은 얼룩, 오점	**speck**	작은 얼룩, 오점	작은 얼룩, 오점
33	재정상의	**fiscal**	재정상의	재정상의
34	적	**foe**	적	적
35	접합, 합류점	**junction**	접합, 합류점	접합, 합류점
36	치명적인	**lethal**	치명적인	치명적인
37	판독할 수 있는	**decipherable**	판독할 수 있는	판독할 수 있는
38	평결	**verdict**	평결	평결
39	풍부한, 장황한	**redundant**	풍부한, 장황한	풍부한, 장황한
40	화폐의	**monetary**	화폐의	화폐의

✦ 다음을 영어는 한국어로 한국어는 영어로 적으시오. 정답 p.75

01	accomplice		01	통 (손해 등을) 초래하다	
02	adore		02	통 강하게 인상지우다, 새기다	
03	affiliate		03	통 거짓됨을 나타내다	
04	aggregate		04	통 매우 좋아하다	
05	ammunition		05	통 명예를 훼손하다	
06	approximation		06	통 모으다	
07	belie		07	통 물에 잠그다	
08	buoyancy		08	통 번식하다	
09	compliant		09	명 (음악) 연주자	
10	consensus		10	명 건축물	
11	conspiracy		11	명 결점	
12	decipherable		12	명 계열사	
13	defame		13	명 공격 수단, 탄약	
14	drawback		14	명 공범자	
15	ebb		15	명 근사치	
16	edifice		16	명 부력	
17	effusive		17	명 썰물	
18	exponent		18	명 악당	
19	fiscal		19	명 음모, 불법공모	
20	foe		20	명 일치, 합의, 여론	
21	impetus		21	명 자극	
22	imprint		22	명 작은 얼룩, 오점	
23	incarnate		23	명 적	
24	incur		24	명 접합, 합류점	
25	ingenuous		25	명 평결	
26	junction		26	형 열렬한	
27	lethal		27	형 고분고분한, 순응하는	
28	monetary		28	형 남은	
29	oblique		29	형 노고를 아끼지 않는	
30	painstaking		30	형 다산의, 풍부한	
31	proliferate		31	형 대칭적인	
32	prolific		32	형 비스듬한, 완곡한	
33	redundant		33	형 사람의 모습을 한, 화신의	
34	residual		34	형 솔직 담백한, 순진한	
35	speck		35	형 인색한	
36	stingy		36	형 재정상의	
37	submerge		37	형 치명적인	
38	symmetrical		38	형 판독할 수 있는	
39	verdict		39	형 풍부한, 장황한	
40	villain		40	형 화폐의	

✦ 해당 영어의 한국어 의미를 생각하면서 2번씩 적으시오.

01	방해하다, 가로막다	**preclude**	방해하다, 가로막다	방해하다, 가로막다
02	경솔	**levity**	경솔	경솔
03	고유의, 타고난	**inherent**	고유의, 타고난	고유의, 타고난
04	공격적인	**aggressive**	공격적인	공격적인
05	광택; 광택을 내다	**luster**	광택; 광택을 내다	광택; 광택을 내다
06	괴롭히다	**aggrieve**	괴롭히다	괴롭히다
07	권리를 양도하다	**cede**	권리를 양도하다	권리를 양도하다
08	넓은	**spacious**	넓은	넓은
09	다방면의, 많은	**manifold**	다방면의, 많은	다방면의, 많은
10	대량 학살; 대학살하다	**massacre**	대량 학살; 대학살하다	대량 학살; 대학살하다
11	대량 학살, 시체	**carnage**	대량 학살, 시체	대량 학살, 시체
12	대학살, 홀로코스트	**holocaust**	대학살, 홀로코스트	대학살, 홀로코스트
13	사기, 의욕	**morale**	사기, 의욕	사기, 의욕
14	똑바로 선	**upright**	똑바로 선	똑바로 선
15	망각	**oblivion**	망각	망각
16	맹렬히 공격하다	**assail**	맹렬히 공격하다	맹렬히 공격하다
17	무자비한	**ruthless**	무자비한	무자비한
18	별난	**eccentric**	별난	별난
19	본질적인	**intrinsic**	본질적인	본질적인
20	사악한	**sinister**	사악한	사악한
21	수상쩍은, 모호한	**dubious**	수상쩍은, 모호한	수상쩍은, 모호한
22	시의, 지방 자치의	**municipal**	시의, 지방 자치의	시의, 지방 자치의
23	야유하다; 조롱	**jeer**	야유하다; 조롱	야유하다; 조롱
24	양자 간의	**bilateral**	양자 간의	양자 간의
25	에워싸다	**encircle**	에워싸다	에워싸다
26	연합하다, 합병하다	**coalesce**	연합하다, 합병하다	연합하다, 합병하다
27	완화하다	**assuage**	완화하다	완화하다
28	유목민의	**nomadic**	유목민의	유목민의
29	유행병; 유행의	**epidemic**	유행병; 유행의	유행병; 유행의
30	응고하다	**solidify**	응고하다	응고하다
31	일관성 있는	**coherent**	일관성 있는	일관성 있는
32	전형적이 아닌	**atypical**	전형적이 아닌	전형적이 아닌
33	진압하다	**subdue**	진압하다	진압하다
34	주제	**motif**	주제	주제
35	지지자; 점착성의	**adherent**	지지자; 점착성의	지지자; 점착성의
36	채찍; 채찍질하다	**whip**	채찍; 채찍질하다	채찍; 채찍질하다
37	추가하다	**append**	추가하다	추가하다
38	칙령, 포고	**edict**	칙령, 포고	칙령, 포고
39	혐오하다, 증오하다	**abominate**	혐오하다, 증오하다	혐오하다, 증오하다
40	화려한, 부유한	**opulent**	화려한, 부유한	화려한, 부유한

✦ 다음을 영어는 한국어로 한국어는 영어로 적으시오.   정답 p.75

01	**abominate**	01	통 방해하다, 가로막다
02	**adherent**	02	통 괴롭히다
03	**aggressive**	03	통 권리를 양도하다
04	**aggrieve**	04	통 야유하다 명 조롱
05	**append**	05	통 에워싸다
06	**assail**	06	통 연합하다, 합병하다
07	**assuage**	07	통 완화하다
08	**atypical**	08	통 응고하다
09	**bilateral**	09	통 진압하다
10	**carnage**	10	통 추가하다
11	**cede**	11	통 혐오하다, 증오하다
12	**coalesce**	12	명 경솔
13	**coherent**	13	명 광택 통 광택을 내다
14	**dubious**	14	명 대량 학살 통 대학살하다
15	**eccentric**	15	명 대량 학살, 시체
16	**edict**	16	명 대학살, 홀로코스트
17	**encircle**	17	명 망각
18	**epidemic**	18	통 맹렬히 공격하다
19	**holocaust**	19	명 유행병 형 유행의
20	**inherent**	20	명 주제
21	**intrinsic**	21	명 지지자 형 점착성의
22	**jeer**	22	명 채찍 통 채찍질하다
23	**levity**	23	명 칙령, 포고
24	**luster**	24	형 고유의, 타고난
25	**manifold**	25	형 공격적인
26	**massacre**	26	형 넓은
27	**morale**	27	형 다방면의, 많은
28	**motif**	28	명 사기, 의욕
29	**municipal**	29	형 똑바로 선
30	**nomadic**	30	형 무자비한
31	**oblivion**	31	형 별난
32	**opulent**	32	형 본질적인
33	**preclude**	33	형 사악한
34	**ruthless**	34	형 수상쩍은, 모호한
35	**sinister**	35	형 시의, 지방 자치의
36	**solidify**	36	형 양자 간의
37	**spacious**	37	형 유목민의
38	**subdue**	38	형 일관성 있는
39	**upright**	39	형 전형적이 아닌
40	**whip**	40	형 화려한, 부유한

✦ 해당 영어의 한국어 의미를 생각하면서 2번씩 적으시오.

01	강요하다, 은혜를 베풀다	**oblige**	강요하다, 은혜를 베풀다	강요하다, 은혜를 베풀다
02	손상시키다	**mar**	손상시키다	손상시키다
03	감금하다	**detain**	감금하다	감금하다
04	강요하다, 억압하다	**coerce**	강요하다, 억압하다	강요하다, 억압하다
05	강요하다, 속박하다	**constrain**	강요하다, 속박하다	강요하다, 속박하다
06	고갈시키다	**deplete**	고갈시키다	고갈시키다
07	관할권	**jurisdiction**	관할권	관할권
08	구경꾼, 방관자	**bystander**	구경꾼, 방관자	구경꾼, 방관자
09	기소하다	**indict**	기소하다	기소하다
10	깃, 깃털	**plumage**	깃, 깃털	깃, 깃털
11	기간이 지난	**overdue**	기간이 지난	기간이 지난
12	뒤엎다	**overthrow**	뒤엎다	뒤엎다
13	면밀한 조사	**scrutiny**	면밀한 조사	면밀한 조사
14	무해한	**innocuous**	무해한	무해한
15	변칙, 예외	**anomaly**	변칙, 예외	변칙, 예외
16	품다, 부화하다	**incubate**	품다, 부화하다	품다, 부화하다
17	불모의	**sterile**	불모의	불모의
18	불사의, 불멸의	**immortal**	불사의, 불멸의	불사의, 불멸의
19	빗나가게 하다	**deflect**	빗나가게 하다	빗나가게 하다
20	섞다, 섞이다	**mingle**	섞다, 섞이다	섞다, 섞이다
21	손쉬운, 힘들지 않은	**facile**	손쉬운, 힘들지 않은	손쉬운, 힘들지 않은
22	심문하다	**interrogate**	심문하다	심문하다
23	앞뒤가 바뀐, 터무니없는	**preposterous**	앞뒤가 바뀐, 터무니없는	앞뒤가 바뀐, 터무니없는
24	연장하다, 길게 하다	**elongate**	연장하다, 길게 하다	연장하다, 길게 하다
25	오염시키다	**contaminate**	오염시키다	오염시키다
26	완화시키다	**abate**	완화시키다	완화시키다
27	속임약, 위약	**placebo**	속임약, 위약	속임약, 위약
28	위조의	**counterfeit**	위조의	위조의
29	위증(죄)	**perjury**	위증(죄)	위증(죄)
30	위험	**jeopardy**	위험	위험
31	유괴하다	**abduct**	유괴하다	유괴하다
32	음산한	**dismal**	음산한	음산한
33	일치	**concordance**	일치	일치
34	주변의	**peripheral**	주변의	주변의
35	변형시키다	**deform**	변형시키다	변형시키다
36	풍부한, 풍족한	**affluent**	풍부한, 풍족한	풍부한, 풍족한
37	해로운	**malign**	해로운	해로운
38	현저한, 두드러진	**salient**	현저한, 두드러진	현저한, 두드러진
39	협동	**collaboration**	협동	협동
40	훌륭함, 화려함	**splendor**	훌륭함, 화려함	훌륭함, 화려함

✦ 다음을 영어는 한국어로 한국어는 영어로 적으시오.   정답 p.76

01	abate		01	동 강요하다, 은혜를 베풀다
02	abduct		02	동 손상시키다
03	affluent		03	동 감금하다
04	anomaly		04	동 강요하다, 억압하다
05	bystander		05	동 강요하다, 속박하다
06	coerce		06	동 고갈시키다
07	collaboration		07	동 기소하다
08	concordance		08	동 뒤엎다
09	constrain		09	동 품다, 부화하다
10	contaminate		10	동 빛나가게 하다
11	counterfeit		11	동 섞다, 섞이다
12	deflect		12	동 심문하다
13	deform		13	동 연장하다, 길게하다
14	deplete		14	동 오염시키다
15	detain		15	동 완화시키다
16	dismal		16	동 유괴하다
17	elongate		17	동 변형시키다
18	facile		18	명 관할권
19	immortal		19	명 구경꾼, 방관자
20	incubate		20	명 깃, 깃털
21	indict		21	명 면밀한 조사
22	innocuous		22	명 변칙, 예외
23	interrogate		23	명 속임약, 위약
24	jeopardy		24	명 위증(죄)
25	jurisdiction		25	명 위험
26	malign		26	명 일치
27	mar		27	명 협동
28	mingle		28	명 훌륭함, 화려함
29	oblige		29	형 기간이 지난
30	overdue		30	형 무해한
31	overthrow		31	형 불모의
32	peripheral		32	형 불사의, 불멸의
33	perjury		33	형 손쉬운, 힘들지 않은
34	placebo		34	형 앞뒤가 바뀐, 터무니없는
35	plumage		35	형 위조의
36	preposterous		36	형 음산한
37	salient		37	형 주변의
38	scrutiny		38	형 풍부한, 풍족한
39	splendor		39	형 해로운
40	sterile		40	형 현저한, 두드러진

✦ 해당 영어의 한국어 의미를 생각하면서 2번씩 적으시오.

01	연설하다; 연설	**address**	연설하다; 연설	연설하다; 연설
02	이끌다, 인도하다	**induct**	이끌다, 인도하다	이끌다, 인도하다
03	안내하다; 안내원	**usher**	안내하다; 안내원	안내하다; 안내원
04	고된, 끈기있는	**arduous**	고된, 끈기있는	고된, 끈기있는
05	관련시키다	**implicate**	관련시키다	관련시키다
06	기생충	**parasite**	기생충	기생충
07	기술, 책략	**artifice**	기술, 책략	기술, 책략
08	몰아대다, 추진하다	**impel**	몰아대다, 추진하다	몰아대다, 추진하다
09	물러가다	**recede**	물러가다	물러가다
10	법령	**decree**	법령	법령
11	벗어나다	**elude**	벗어나다	벗어나다
12	불변의	**immutable**	불변의	불변의
13	비문	**inscription**	비문	비문
14	비옥한	**fertile**	비옥한	비옥한
15	비참한	**abject**	비참한	비참한
16	사라지다	**vanish**	사라지다	사라지다
17	(병이) 세계적으로 유행하는	**pandemic**	(병이) 세계적으로 유행하는	(병이) 세계적으로 유행하는
18	시체, 송장	**carcass**	시체, 송장	시체, 송장
19	심하게 흔들다	**jolt**	심하게 흔들다	심하게 흔들다
20	(씨를) 흩뿌리다	**disseminate**	(씨를) 흩뿌리다	(씨를) 흩뿌리다
21	암살하다	**assassinate**	암살하다	암살하다
22	연대기	**chronicle**	연대기	연대기
23	영역	**realm**	영역	영역
24	예의바름, 예의	**propriety**	예의바름, 예의	예의바름, 예의
25	위안; 위안하다	**solace**	위안; 위안하다	위안; 위안하다
26	음모	**intrigue**	음모	음모
27	자극적인, 도발적인	**provocative**	자극적인, 도발적인	자극적인, 도발적인
28	자극하는, 얼얼한	**pungent**	자극하는, 얼얼한	자극하는, 얼얼한
29	전복시키다	**subvert**	전복시키다	전복시키다
30	증가, 첨가(물)	**accretion**	증가, 첨가(물)	증가, 첨가(물)
31	취하게 하다	**intoxicate**	취하게 하다	취하게 하다
32	침입하다	**trespass**	침입하다	침입하다
33	쾌적함, 편의 시설	**amenity**	쾌적함, 편의 시설	쾌적함, 편의 시설
34	퍼뜨리다	**diffuse**	퍼뜨리다	퍼뜨리다
35	펄펄 끓는	**seething**	펄펄 끓는	펄펄 끓는
36	해로운	**inimical**	해로운	해로운
37	해로운, 유독한	**noxious**	해로운, 유독한	해로운, 유독한
38	호전적인	**bellicose**	호전적인	호전적인
39	후회하다, 회개하다	**repent**	후회하다, 회개하다	후회하다, 회개하다
40	끝맺음 말	**epilogue**	끝맺음 말	끝맺음 말

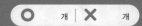
✦ 다음을 영어는 한국어로 한국어는 영어로 적으시오.

정답 p.76

01	abject		01	통 연설하다 명 연설	
02	accretion		02	통 이끌다, 인도하다	
03	address		03	통 안내하다 명 안내원	
04	amenity		04	통 관련시키다	
05	arduous		05	통 몰아대다, 추진하다	
06	artifice		06	통 물러가다	
07	assassinate		07	통 벗어나다	
08	bellicose		08	통 사라지다	
09	carcass		09	통 심하게 흔들다	
10	chronicle		10	통 (씨를) 흩뿌리다	
11	decree		11	통 암살하다	
12	diffuse		12	통 전복시키다	
13	disseminate		13	통 취하게 하다	
14	elude		14	통 침입하다	
15	epilogue		15	통 퍼뜨리다	
16	fertile		16	통 후회하다, 회개하다	
17	immutable		17	명 기생충	
18	impel		18	명 기술, 책략	
19	implicate		19	명 법령	
20	induct		20	명 비문	
21	inimical		21	명 시체, 송장	
22	inscription		22	명 연대기	
23	intoxicate		23	명 영역	
24	intrigue		24	명 예의바름, 예의	
25	jolt		25	명 위안 통 위안하다	
26	noxious		26	명 음모	
27	pandemic		27	명 증가, 첨가(물)	
28	parasite		28	명 쾌적함, 편의 시설	
29	propriety		29	명 끝맺음 말	
30	provocative		30	형 고된, 끈기있는	
31	pungent		31	형 불변의	
32	realm		32	형 비옥한	
33	recede		33	형 비참한	
34	repent		34	형 (병이) 세계적으로 유행하는	
35	seething		35	형 자극적인, 도발적인	
36	solace		36	형 자극하는, 얼얼한	
37	subvert		37	형 펄펄 끓는, 비등하는	
38	trespass		38	형 해로운	
39	usher		39	형 해로운, 유독한	
40	vanish		40	형 호전적인	

✦ 해당 영어의 한국어 의미를 생각하면서 2번씩 적으시오.

01	가늘게 하다	**attenuate**	가늘게 하다	가늘게 하다
02	연장하다	**prolong**	연장하다	연장하다
03	폭격하다	**bombard**	폭격하다	폭격하다
04	징조를 보이다	**foreshadow**	징조를 보이다	징조를 보이다
05	감소, 감축	**diminution**	감소, 감축	감소, 감축
06	견고한, 충실한	**staunch**	견고한, 충실한	견고한, 충실한
07	구성하는; 구성 성분	**constituent**	구성하는; 구성 성분	구성하는; 구성 성분
08	긴요한, 필요 불가결한	**indispensable**	긴요한, 필요 불가결한	긴요한, 필요 불가결한
09	꼭 쥐다	**clasp**	꼭 쥐다	꼭 쥐다
10	낙서하다	**scribble**	낙서하다	낙서하다
11	던져 넣다; 뛰어듦	**plunge**	던져 넣다; 뛰어듦	던져 넣다; 뛰어듦
12	뒤떨어지다	**lag**	뒤떨어지다	뒤떨어지다
13	때때로 중단되는, 간헐성의	**intermittent**	때때로 중단되는, 간헐성의	때때로 중단되는, 간헐성의
14	만장일치의	**unanimous**	만장일치의	만장일치의
15	맛, 풍미	**relish**	맛, 풍미	맛, 풍미
16	무장 해제, 군축	**disarmament**	무장 해제, 군축	무장 해제, 군축
17	묵직한, 육중한	**ponderous**	묵직한, 육중한	묵직한, 육중한
18	변동	**fluctuation**	변동	변동
19	부스러기, 파편	**debris**	부스러기, 파편	부스러기, 파편
20	부족	**dearth**	부족	부족
21	불규칙한	**aperiodic**	불규칙한	불규칙한
22	불균형, 격차	**disparity**	불균형, 격차	불균형, 격차
23	산발적인	**sporadic**	산발적인	산발적인
24	생존[실행] 가능한	**viable**	생존[실행] 가능한	생존[실행] 가능한
25	알리바이, 현장 부재 증명	**alibi**	알리바이, 현장 부재 증명	알리바이, 현장 부재 증명
26	예언자의	**prophetic**	예언자의	예언자의
27	오래 머물다	**linger**	오래 머물다	오래 머물다
28	웅대한, 장엄한	**stately**	웅대한, 장엄한	웅대한, 장엄한
29	유목민	**nomad**	유목민	유목민
30	유혹하다	**seduce**	유혹하다	유혹하다
31	인공폭포	**cascade**	인공폭포	인공폭포
32	일방적인	**unilateral**	일방적인	일방적인
33	일으키다	**rouse**	일으키다	일으키다
34	좋아함, 공감, 관련성	**affinity**	좋아함, 공감, 관련성	좋아함, 공감, 관련성
35	중재하다	**arbitrate**	중재하다	중재하다
36	증언	**testimony**	증언	증언
37	냉정한, 술 취하지 않은	**sober**	냉정한, 술 취하지 않은	냉정한, 술 취하지 않은
38	투하, 추락, 강수	**precipitation**	투하, 추락, 강수	투하, 추락, 강수
39	혐의	**suspicion**	혐의	혐의
40	휴전, 정전	**truce**	휴전, 정전	휴전, 정전

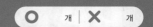
✦ 다음을 영어는 한국어로 한국어는 영어로 적으시오.

정답 p.77

01	affinity		01	통 가늘게 하다
02	alibi		02	통 연장하다
03	aperiodic		03	통 폭격하다
04	arbitrate		04	통 징조를 보이다
05	attenuate		05	통 꼭 쥐다
06	bombard		06	통 낙서하다
07	cascade		07	통 던져 넣다 명 뛰어듦
08	clasp		08	통 뒤떨어지다
09	constituent		09	통 오래 머물다
10	dearth		10	통 유혹하다
11	debris		11	통 일으키다
12	diminution		12	통 중재하다
13	disarmament		13	명 감소, 감축
14	disparity		14	명 맛, 풍미
15	fluctuation		15	명 무장 해제, 군축
16	foreshadow		16	명 변동
17	indispensable		17	명 부스러기, 파편
18	intermittent		18	명 부족
19	lag		19	명 불균형, 격차
20	linger		20	명 알리바이, 현장 부재 증명
21	nomad		21	명 유목민
22	plunge		22	명 인공폭포
23	ponderous		23	명 좋아함, 공감, 관련성
24	precipitation		24	명 증언
25	prolong		25	명 투하, 추락, 강수
26	prophetic		26	명 혐의
27	relish		27	명 휴전, 정전
28	rouse		28	형 견고한, 충실한
29	scribble		29	형 구성하는 명 구성 성분
30	seduce		30	형 긴요한, 필요 불가결한
31	sober		31	형 때때로 중단되는, 간헐성의
32	sporadic		32	형 만장일치의
33	stately		33	형 묵직한, 육중한
34	staunch		34	형 불규칙한
35	suspicion		35	형 산발적인
36	testimony		36	형 생존[실행] 가능한
37	truce		37	형 예언자의
38	unanimous		38	형 웅대한, 장엄한
39	unilateral		39	형 일방적인
40	viable		40	형 냉정한, 술 취하지 않은

✦ 해당 영어의 한국어 의미를 생각하면서 2번씩 적으시오.

01	상쇄하다	**offset**	상쇄하다	상쇄하다
02	정당함을 입증하다	**vindicate**	정당함을 입증하다	정당함을 입증하다
03	감시	**surveillance**	감시	감시
04	같은 종류의, 유사한	**cognate**	같은 종류의, 유사한	같은 종류의, 유사한
05	경매	**auction**	경매	경매
06	관대한	**lenient**	관대한	관대한
07	괴롭히다; 고문	**torment**	괴롭히다; 고문	괴롭히다; 고문
08	극복하다	**surmount**	극복하다	극복하다
09	난폭; 격분하게 하다	**outrage**	난폭; 격분하게 하다	난폭; 격분하게 하다
10	대칭, 균형	**symmetry**	대칭, 균형	대칭, 균형
11	덜덜 떨다, 진동하다	**quake**	덜덜 떨다, 진동하다	덜덜 떨다, 진동하다
12	독재 정치	**autocracy**	독재 정치	독재 정치
13	두문자어	**acronym**	두문자어	두문자어
14	뒤얽히게 하다	**entangle**	뒤얽히게 하다	뒤얽히게 하다
15	모순, 불일치	**discrepancy**	모순, 불일치	모순, 불일치
16	문턱	**threshold**	문턱	문턱
17	변덕스러운, 휘발성의	**volatile**	변덕스러운, 휘발성의	변덕스러운, 휘발성의
18	부글부글 거품이 일다	**effervesce**	부글부글 거품이 일다	부글부글 거품이 일다
19	불일치, 불화	**discord**	불일치, 불화	불일치, 불화
20	불타다	**blaze**	불타다	불타다
21	사이, (시간적) 간격	**interlude**	사이, (시간적) 간격	사이, (시간적) 간격
22	빙빙 돌다; 선회	**whirl**	빙빙 돌다; 선회	빙빙 돌다; 선회
23	안정	**stability**	안정	안정
24	애처로운, 불쌍한	**pathetic**	애처로운, 불쌍한	애처로운, 불쌍한
25	언쟁, 논쟁; 언쟁하다	**wrangle**	언쟁, 논쟁; 언쟁하다	언쟁, 논쟁; 언쟁하다
26	오명을 씌우다	**stigmatize**	오명을 씌우다	오명을 씌우다
27	요구하다, 가정하다	**postulate**	요구하다, 가정하다	요구하다, 가정하다
28	의복, 의류	**apparel**	의복, 의류	의복, 의류
29	이의를 말하다	**dissent**	이의를 말하다	이의를 말하다
30	인도주의의; 인도주의자	**humanitarian**	인도주의의; 인도주의자	인도주의의; 인도주의자
31	일화	**anecdote**	일화	일화
32	자발적인	**voluntary**	자발적인	자발적인
33	전조, 서막	**prelude**	전조, 서막	전조, 서막
34	짧게 줄이다	**curtail**	짧게 줄이다	짧게 줄이다
35	차분한	**sedate**	차분한	차분한
36	찬성 투표, 선거권	**suffrage**	찬성 투표, 선거권	찬성 투표, 선거권
37	참여하다	**partake**	참여하다	참여하다
38	철벽의, 확고한	**impregnable**	철벽의, 확고한	철벽의, 확고한
39	충만한	**replete**	충만한	충만한
40	회고의	**retrospective**	회고의	회고의

✦ 다음을 영어는 한국어로 한국어는 영어로 적으시오.

정답 p.77

01	**acronym**		01	동 상쇄하다
02	**anecdote**		02	동 정당함을 입증하다
03	**apparel**		03	동 괴롭히다 명 고문
04	**auction**		04	동 극복하다
05	**autocracy**		05	동 덜덜 떨다, 진동하다
06	**blaze**		06	동 뒤얽히게 하다
07	**cognate**		07	동 부글부글 거품이 일다
08	**curtail**		08	동 빙빙 돌다 명 선회
09	**discord**		09	동 오명을 씌우다
10	**discrepancy**		10	동 요구하다, 가정하다
11	**dissent**		11	동 이의를 말하다
12	**effervesce**		12	동 짧게 줄이다
13	**entangle**		13	동 참여하다
14	**humanitarian**		14	명 감시
15	**impregnable**		15	명 경매
16	**interlude**		16	명 난폭 동 격분하게 하다
17	**lenient**		17	명 대칭, 균형
18	**offset**		18	명 독재 정치
19	**outrage**		19	명 두문자어
20	**partake**		20	명 모순, 불일치
21	**pathetic**		21	명 문턱
22	**postulate**		22	명 불일치, 불화
23	**prelude**		23	명 불타다
24	**quake**		24	명 사이, (시간적) 간격
25	**replete**		25	명 안정
26	**retrospective**		26	명 언쟁, 논쟁 동 언쟁하다
27	**sedate**		27	명 의복, 의류
28	**stability**		28	명 일화
29	**stigmatize**		29	명 전조, 서막
30	**suffrage**		30	명 찬성 투표, 선거권
31	**surmount**		31	형 같은 종류의, 유사한
32	**surveillance**		32	형 관대한
33	**symmetry**		33	형 변덕스러운, 휘발성의
34	**threshold**		34	형 애처로운, 불쌍한
35	**torment**		35	형 인도주의의 명 인도주의자
36	**vindicate**		36	형 자발적인
37	**volatile**		37	형 차분한
38	**voluntary**		38	형 철벽의, 확고한
39	**whirl**		39	형 충만한
40	**wrangle**		40	형 회고의

✦ 해당 영어의 한국어 의미를 생각하면서 2번씩 적으시오.

01	인종차별 격리정책	**apartheid**	인종차별 격리정책	인종차별 격리정책
02	병행하여	**abreast**	병행하여	병행하여
03	위조하다	**fabricate**	위조하다	위조하다
04	기묘한, 특유의	**peculiar**	기묘한, 특유의	기묘한, 특유의
05	깊숙이 박다	**embed**	깊숙이 박다	깊숙이 박다
06	내밀다, 튀어나오다	**protrude**	내밀다, 튀어나오다	내밀다, 튀어나오다
07	눈에 띄지 않는	**inconspicuous**	눈에 띄지 않는	눈에 띄지 않는
08	맞이하다	**salute**	맞이하다	맞이하다
09	멋진, 전설적인	**fabulous**	멋진, 전설적인	멋진, 전설적인
10	무딘, 퉁명스러운	**blunt**	무딘, 퉁명스러운	무딘, 퉁명스러운
11	법령	**statute**	법령	법령
12	치유력이 있는	**curative**	치유력이 있는	치유력이 있는
13	복제(품)	**replica**	복제(품)	복제(품)
14	스며나오다	**ooze**	스며나오다	스며나오다
15	슬퍼하다, 애도하다	**lament**	슬퍼하다, 애도하다	슬퍼하다, 애도하다
16	시기가 좋은, 적절한	**opportune**	시기가 좋은, 적절한	시기가 좋은, 적절한
17	신랄한	**caustic**	신랄한	신랄한
18	신용 증명서; 신임의	**credential**	신용 증명서; 신임의	신용 증명서; 신임의
19	신장	**stature**	신장	신장
20	썩기 쉬운	**perishable**	썩기 쉬운	썩기 쉬운
21	앞당기다	**antedate**	앞당기다	앞당기다
22	웅변을 잘 하는	**eloquent**	웅변을 잘 하는	웅변을 잘 하는
23	자기만족의	**complacent**	자기만족의	자기만족의
24	잘 속는, 쉽게 믿는	**credulous**	잘 속는, 쉽게 믿는	잘 속는, 쉽게 믿는
25	저수지, 저장(소)	**reservoir**	저수지, 저장(소)	저수지, 저장(소)
26	전례가 없는	**unexampled**	전례가 없는	전례가 없는
27	전제적인, 폭군적인	**tyrannical**	전제적인, 폭군적인	전제적인, 폭군적인
28	지하실, 둥근 천장	**vault**	지하실, 둥근 천장	지하실, 둥근 천장
29	진리, 진실	**verity**	진리, 진실	진리, 진실
30	침략, 공격성	**aggression**	침략, 공격성	침략, 공격성
31	탄력 있는	**elastic**	탄력 있는	탄력 있는
32	탄원, 청원	**petition**	탄원, 청원	탄원, 청원
33	통과, 통행	**transit**	통과, 통행	통과, 통행
34	특허(권); 특허의	**patent**	특허(권); 특허의	특허(권); 특허의
35	편재하는	**omnipresent**	편재하는	편재하는
36	펼친	**outstretched**	펼친	펼친
37	포위하다, 포함하다	**encompass**	포위하다, 포함하다	포위하다, 포함하다
38	품위 없는, 천한, 비열한	**ignoble**	품위 없는, 천한, 비열한	품위 없는, 천한, 비열한
39	혼합비료; 퇴비를 주다	**compost**	혼합비료; 퇴비를 주다	혼합비료; 퇴비를 주다
40	환호하는	**jubilant**	환호하는	환호하는

✦ 다음을 영어는 한국어로 한국어는 영어로 적으시오.   정답 p.78

01	**abreast**		01	동 위조하다	
02	**aggression**		02	동 깊숙이 박다	
03	**antedate**		03	동 내밀다, 튀어나오다	
04	**apartheid**		04	동 맞이하다	
05	**blunt**		05	동 스며나오다	
06	**caustic**		06	동 슬퍼하다, 애도하다	
07	**complacent**		07	동 앞당기다	
08	**compost**		08	명 탄원, 청원	
09	**credential**		09	동 포위하다, 포함하다	
10	**credulous**		10	명 인종차별 격리정책	
11	**curative**		11	명 법령	
12	**elastic**		12	명 복제(품)	
13	**eloquent**		13	명 신용 증명서 형 신임의	
14	**embed**		14	명 신장	
15	**encompass**		15	명 저수지, 저장(소)	
16	**fabricate**		16	명 지하실, 둥근 천장	
17	**fabulous**		17	명 진리, 진실	
18	**ignoble**		18	명 침략, 공격성	
19	**inconspicuous**		19	명 통과, 통행	
20	**jubilant**		20	명 특허(권) 형 특허의	
21	**lament**		21	명 혼합비료 동 퇴비를 주다	
22	**omnipresent**		22	부 병행하여	
23	**ooze**		23	형 기묘한, 특유의	
24	**opportune**		24	형 눈에 띄지 않는	
25	**outstretched**		25	형 멋진, 전설적인	
26	**patent**		26	형 무딘, 퉁명스러운	
27	**peculiar**		27	형 치유력이 있는	
28	**perishable**		28	형 시기가 좋은, 적절한	
29	**petition**		29	형 신랄한	
30	**protrude**		30	형 썩기 쉬운	
31	**replica**		31	형 웅변을 잘 하는	
32	**reservoir**		32	형 자기만족의	
33	**salute**		33	형 잘 속는, 쉽게 믿는	
34	**stature**		34	형 전례가 없는	
35	**statute**		35	형 전제적인, 폭군적인	
36	**transit**		36	형 탄력 있는	
37	**tyrannical**		37	형 편재하는	
38	**unexampled**		38	형 펼친	
39	**vault**		39	형 품위 없는, 천한, 비열한	
40	**verity**		40	형 환호하는	

✦ 해당 영어의 한국어 의미를 생각하면서 2번씩 적으시오.

01	요약하다	**abridge**	요약하다	요약하다
02	모으다, 축적하다	**amass**	모으다, 축적하다	모으다, 축적하다
03	감사의	**appreciative**	감사의	감사의
04	공명하다	**resonate**	공명하다	공명하다
05	공정, 공평	**equity**	공정, 공평	공정, 공평
06	광대한	**expansive**	광대한	광대한
07	교훈적인	**didactic**	교훈적인	교훈적인
08	용케 ~하다	**contrive**	용케 ~하다	용케 ~하다
09	기묘한	**quaint**	기묘한	기묘한
10	눈에 띄는	**conspicuous**	눈에 띄는	눈에 띄는
11	마찰, 불화	**friction**	마찰, 불화	마찰, 불화
12	빠지다, 만족시키다	**indulge**	빠지다, 만족시키다	빠지다, 만족시키다
13	많은 사람을 죽이다	**decimate**	많은 사람을 죽이다	많은 사람을 죽이다
14	메스꺼움	**nausea**	메스꺼움	메스꺼움
15	반동적인, 반동의	**reactionary**	반동적인, 반동의	반동적인, 반동의
16	부식, 침식	**erosion**	부식, 침식	부식, 침식
17	분자	**molecule**	분자	분자
18	불법의	**illicit**	불법의	불법의
19	불쾌한, 심술궂은	**nasty**	불쾌한, 심술궂은	불쾌한, 심술궂은
20	비난하다	**condemn**	비난하다	비난하다
21	생계	**sustenance**	생계	생계
22	설득력 있는	**compelling**	설득력 있는	설득력 있는
23	세제	**detergent**	세제	세제
24	몹시 바쁜	**hectic**	몹시 바쁜	몹시 바쁜
25	소송하다	**litigate**	소송하다	소송하다
26	액수가 상응하는	**commensurate**	액수가 상응하는	액수가 상응하는
27	억제제	**suppressant**	억제제	억제제
28	엄격한, 가혹한	**stern**	엄격한, 가혹한	엄격한, 가혹한
29	영양실조	**malnutrition**	영양실조	영양실조
30	일어나다, 생기다	**befall**	일어나다, 생기다	일어나다, 생기다
31	잘못하다	**err**	잘못하다	잘못하다
32	정점	**culmination**	정점	정점
33	정지된	**stationary**	정지된	정지된
34	증류하다	**distill**	증류하다	증류하다
35	지지자	**proponent**	지지자	지지자
36	짜증나게 하다	**vex**	짜증나게 하다	짜증나게 하다
37	최고의, 최상의	**superb**	최고의, 최상의	최고의, 최상의
38	추측	**speculation**	추측	추측
39	특권	**prerogative**	특권	특권
40	포위, 공격	**siege**	포위, 공격	포위, 공격

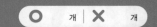
✦ 다음을 영어는 한국어로 한국어는 영어로 적으시오. 정답 p.78

01	abridge	
02	amass	
03	appreciative	
04	befall	
05	commensurate	
06	compelling	
07	condemn	
08	conspicuous	
09	contrive	
10	culmination	
11	decimate	
12	detergent	
13	didactic	
14	distill	
15	equity	
16	erosion	
17	err	
18	expansive	
19	friction	
20	hectic	
21	illicit	
22	indulge	
23	litigate	
24	malnutrition	
25	molecule	
26	nasty	
27	nausea	
28	prerogative	
29	proponent	
30	quaint	
31	reactionary	
32	resonate	
33	siege	
34	speculation	
35	stationary	
36	stern	
37	superb	
38	suppressant	
39	sustenance	
40	vex	

01	동 모으다, 축적하다	
02	동 공명하다	
03	동 용케 ~하다	
04	동 빠지다, 만족시키다	
05	동 많은 사람을 죽이다	
06	동 비난하다	
07	동 소송하다	
08	동 일어나다, 생기다	
09	동 잘못하다	
10	동 증류하다	
11	동 짜증나게 하다	
12	동 요약하다	
13	명 공정, 공평	
14	명 마찰, 불화	
15	명 메스꺼움	
16	명 부식, 침식	
17	명 분자	
18	명 생계	
19	명 세제	
20	명 억제제	
21	명 영양실조	
22	명 정점	
23	명 지지자	
24	명 추측	
25	명 특권	
26	명 포위, 공격	
27	형 감사의	
28	형 광대한	
29	형 교훈적인	
30	형 기묘한	
31	형 눈에 띄는	
32	형 반동적인, 반동의	
33	형 불법의	
34	형 불쾌한, 심술궂은	
35	형 설득력 있는	
36	형 몹시 바쁜	
37	형 액수가 상응하는	
38	형 엄격한, 가혹한	
39	형 정지된	
40	형 최고의, 최상의	

✦ 해당 영어의 한국어 의미를 생각하면서 2번씩 적으시오.

01	강요하다	**obtrude**	강요하다	강요하다
02	~보다 오래 살다	**outlive**	~보다 오래 살다	~보다 오래 살다
03	고민, 비통; 괴롭히다	**distress**	고민, 비통; 괴롭히다	고민, 비통; 괴롭히다
04	극성을 갖게 하다	**polarize**	극성을 갖게 하다	극성을 갖게 하다
05	근절하다	**eradicate**	근절하다	근절하다
06	기구	**apparatus**	기구	기구
07	도덕성	**morality**	도덕성	도덕성
08	돈이 벌리는	**lucrative**	돈이 벌리는	돈이 벌리는
09	만병통치약	**panacea**	만병통치약	만병통치약
10	분명한, 명백한	**manifest**	분명한, 명백한	분명한, 명백한
11	빛을 내는, 발광성의	**luminescent**	빛을 내는, 발광성의	빛을 내는, 발광성의
12	보증하다	**vouch**	보증하다	보증하다
13	불투명한	**opaque**	불투명한	불투명한
14	악당	**rascal**	악당	악당
15	불활성의, 둔한	**inert**	불활성의. 둔한	불활성의. 둔한
16	비유, 우화	**allegory**	비유, 우화	비유, 우화
17	서로의, 호혜적인	**reciprocal**	서로의, 호혜적인	서로의, 호혜적인
18	신용	**credibility**	신용	신용
19	애도	**condolence**	애도	애도
20	영토의	**territorial**	영토의	영토의
21	우연의 일치	**coincidence**	우연의 일치	우연의 일치
22	위임 통치권	**mandate**	위임 통치권	위임 통치권
23	유물, 유적	**relic**	유물, 유적	유물, 유적
24	음흉한, 잠행성의	**insidious**	음흉한, 잠행성의	음흉한, 잠행성의
25	익명의	**anonymous**	익명의	익명의
26	임박한	**impending**	임박한	임박한
27	적외선의	**infrared**	적외선의	적외선의
28	전면의, 앞의	**anterior**	전면의, 앞의	전면의, 앞의
29	전제	**premise**	전제	전제
30	조잡한	**crude**	조잡한	조잡한
31	일시적 중지	**respite**	일시적 중지	일시적 중지
32	즉시, 곧바로	**straightaway**	즉시, 곧바로	즉시, 곧바로
33	찾아다니다	**forage**	찾아다니다	찾아다니다
34	추잡한, 부적절한	**indecent**	추잡한, 부적절한	추잡한, 부적절한
35	추측, 가정	**supposition**	추측, 가정	추측, 가정
36	침입하다, 침해하다	**encroach**	침입하다, 침해하다	침입하다, 침해하다
37	크게 기뻐하다	**exult**	크게 기뻐하다	크게 기뻐하다
38	피비린내 나는	**sanguinary**	피비린내 나는	피비린내 나는
39	해독제	**antidote**	해독제	해독제
40	협력 작용시키다	**synergize**	협력 작용시키다	협력 작용시키다

✦ 다음을 영어는 한국어로 한국어는 영어로 적으시오. 정답 p.79

01	allegory		01	통 강요하다
02	anonymous		02	통 ~보다 오래 살다
03	anterior		03	통 극성을 갖게 하다
04	antidote		04	통 근절하다
05	apparatus		05	형 분명한, 명백한
06	coincidence		06	통 보증하다
07	condolence		07	통 찾아다니다
08	credibility		08	통 침입하다, 침해하다
09	crude		09	통 크게 기뻐하다
10	distress		10	통 협력 작용시키다
11	encroach		11	명 고민, 비통 통 괴롭히다
12	eradicate		12	명 기구
13	exult		13	명 도덕성
14	forage		14	명 만병통치약
15	impending		15	명 악당
16	indecent		16	명 비유, 우화
17	inert		17	명 신용
18	infrared		18	명 애도
19	insidious		19	명 우연의 일치
20	lucrative		20	명 위임 통치권
21	luminescent		21	명 유물, 유적
22	mandate		22	명 전제
23	manifest		23	명 일시적 중지
24	morality		24	명 추측, 가정
25	obtrude		25	명 해독제
26	opaque		26	부 즉시, 곧바로
27	outlive		27	형 돈이 벌리는
28	panacea		28	형 빛을 내는, 발광성의
29	polarize		29	형 불투명한
30	premise		30	형 불활성의, 둔한
31	rascal		31	형 서로의, 호혜적인
32	reciprocal		32	형 영토의
33	relic		33	형 음흉한, 잠행성의
34	respite		34	형 익명의
35	sanguinary		35	형 임박한
36	straightaway		36	형 적외선의
37	supposition		37	형 전면의, 앞의
38	synergize		38	형 조잡한
39	territorial		39	형 추잡한, 부적절한
40	vouch		40	형 피비린내 나는

✦ 해당 영어의 한국어 의미를 생각하면서 2번씩 적으시오.

01	불러 모으다	**convoke**	불러 모으다	불러 모으다
02	포기하다	**renounce**	포기하다	포기하다
03	친구가 되다	**befriend**	친구가 되다	친구가 되다
04	강요하다	**extort**	강요하다	강요하다
05	강한 기호	**penchant**	강한 기호	강한 기호
06	경련	**cramp**	경련	경련
07	교의, 신조	**creed**	교의, 신조	교의, 신조
08	권리를 포기하다	**disclaim**	권리를 포기하다	권리를 포기하다
09	금전의, 벌금의	**pecuniary**	금전의, 벌금의	금전의, 벌금의
10	강건한, 튼튼한	**stout**	강건한, 튼튼한	강건한, 튼튼한
11	마음[몸]을 깨끗이 하다	**purge**	마음[몸]을 깨끗이 하다	마음[몸]을 깨끗이 하다
12	망명; 추방하다	**exile**	망명; 추방하다	망명; 추방하다
13	몹시 화나게 하다	**enrage**	몹시 화나게 하다	몹시 화나게 하다
14	보유(권), 종신 재직권	**tenure**	보유(권), 종신 재직권	보유(권), 종신 재직권
15	부록, 추가	**appendix**	부록, 추가	부록, 추가
16	부업, 취미	**avocation**	부업, 취미	부업, 취미
17	분노	**wrath**	분노	분노
18	상세히 설명하다	**expound**	상세히 설명하다	상세히 설명하다
19	설명하다	**elucidate**	설명하다	설명하다
20	신뢰할 수 있는	**trustworthy**	신뢰할 수 있는	신뢰할 수 있는
21	아버지의	**paternal**	아버지의	아버지의
22	암시하다	**allude**	암시하다	암시하다
23	앞서다	**forestall**	앞서다	앞서다
24	양서류의; 양서류	**amphibian**	양서류의; 양서류	양서류의; 양서류
25	열렬한, 열정적인	**fervid**	열렬한, 열정적인	열렬한, 열정적인
26	자선, 박애	**philanthropy**	자선, 박애	자선, 박애
27	일관되지 않은	**incoherent**	일관되지 않은	일관되지 않은
28	장	**intestine**	장	장
29	몹시 탐내는	**covetous**	몹시 탐내는	몹시 탐내는
30	전멸시키다	**annihilate**	전멸시키다	전멸시키다
31	존경할만한	**venerable**	존경할만한	존경할만한
32	지우다, 말살하다	**efface**	지우다, 말살하다	지우다, 말살하다
33	초보자	**novice**	초보자	초보자
34	축제의	**festive**	축제의	축제의
35	탁월한	**preeminent**	탁월한	탁월한
36	초월적인	**transcendent**	초월적인	초월적인
37	태만한, 무관심한	**negligent**	태만한, 무관심한	태만한, 무관심한
38	편견이 없는	**unbiased**	편견이 없는	편견이 없는
39	하찮은, 사소한	**trifling**	하찮은, 사소한	하찮은, 사소한
40	후원자	**patron**	후원자	후원자

◆ 다음을 영어는 한국어로 한국어는 영어로 적으시오. 정답 p.79

01	allude		01	통 불러 모으다	
02	amphibian		02	통 포기하다	
03	annihilate		03	통 친구가 되다	
04	appendix		04	통 강요하다	
05	avocation		05	통 권리를 포기하다	
06	befriend		06	통 마음[몸]을 깨끗이 하다	
07	convoke		07	통 몹시 화나게 하다	
08	covetous		08	통 상세히 설명하다	
09	cramp		09	통 설명하다	
10	creed		10	통 암시하다	
11	disclaim		11	통 앞서다	
12	efface		12	형 몹시 탐내는	
13	elucidate		13	통 전멸시키다	
14	enrage		14	통 지우다, 말살하다	
15	exile		15	명 강한 기호	
16	expound		16	명 경련	
17	extort		17	명 교의, 신조	
18	fervid		18	명 망명 통 추방하다	
19	festive		19	명 보유(권), 종신 재직권	
20	forestall		20	명 부록, 추가	
21	incoherent		21	명 부업, 취미	
22	intestine		22	명 분노	
23	negligent		23	명 자선, 박애	
24	novice		24	명 장	
25	paternal		25	명 초보자	
26	patron		26	명 후원자	
27	pecuniary		27	형 금전의, 벌금의	
28	penchant		28	형 강건한, 튼튼한	
29	philanthropy		29	형 신뢰할 수 있는	
30	preeminent		30	형 아버지의	
31	purge		31	형 양서류의 명 양서류	
32	renounce		32	형 열렬한, 열정적인	
33	stout		33	형 일관되지 않은	
34	tenure		34	형 존경할만한	
35	transcendent		35	형 축제의	
36	trifling		36	형 탁월한	
37	trustworthy		37	형 초월적인	
38	unbiased		38	형 태만한, 무관심한	
39	venerable		39	형 편견이 없는	
40	wrath		40	형 하찮은, 사소한	

3rd Edition

절대어휘 5100

5 수능 고난도·토플 1200

*WORKBOOK
ANSWER KEY

DAY 01　P. 4

01	동 익히 알게 하다	01	implore
02	동 흔들다, 선동하다	02	disdain
03	형 울퉁불퉁한	03	salvage
04	동 부식하[시키다]	04	exterminate
05	명 기준	05	languish
06	동 경멸하다 명 경멸	06	ensue
07	형 분열시키는	07	corrode
08	형 유순한	08	oxidize
09	명 유출	09	moan
10	동 승선시키다	10	acquaint
11	동 뒤이어 일어나다	11	embark
12	형 같은 거리의	12	reminisce
13	형 잘못된	13	sway
14	동 근절하다	14	agitate
15	명 흥겨움, 유쾌함	15	severity
16	명 돌풍	16	plateau
17	형 이종의, 이질의	17	plethora
18	동 간청하다	18	malfunction
19	명 배은망덕한 사람	19	criterion
20	동 괴로운 생활을 하다	20	gust
21	명 불평가, 반항자	21	malcontent
22	명 기능불량	22	ingrate
23	형 현미경의, 초소형의	23	thread
24	동 신음하다	24	gaiety
25	형 1개 국어를 사용하는	25	predilection
26	형 근육의	26	effusion
27	형 발생하려고 하는	27	monolingual
28	형 비만인	28	equidistant
29	동 산화시키다	29	muscular
30	명 고원, 대지	30	nascent
31	명 과다, 과도	31	disruptive
32	형 실용주의적인	32	pragmatic
33	명 편애	33	bumpy
34	동 추억에 잠기다	34	docile
35	형 튼튼한, 건장한	35	heterogeneous
36	동 구출하다 명 구조	36	errant
37	명 엄격, 혹독	37	obese
38	형 지불능력이 있는	38	solvent
39	동 흔들다, 흔들리다	39	robust
40	동 실을 꿰다 명 실	40	microscopic

DAY 02　P. 6

01	명 충성	01	pollinate
02	명 합금 동 합금하다	02	infringe
03	명 고도계	03	decompose
04	동 평가하다, 감정하다	04	lurk
05	명 염려, 걱정	05	avail
06	명 독재군주, 독재자	06	encrypt
07	형 자치의	07	disparage
08	동 쓸모 있다 명 효용	08	override
09	명 눈사태, 쇄도	09	presuppose
10	형 인정 많은, 유익한	10	appraise
11	명 화학요법	11	emancipate
12	형 연대순의	12	altimeter
13	동 제한하다	13	introvert
14	형 타기 쉬운	14	avalanche
15	명 일용품	15	autocrat
16	형 강제적인, 강박적인	16	circumscribe
17	동 부패하다	17	velocity
18	명 파생어 형 파생적인	18	itinerary
19	동 얕보다	19	apprehension
20	동 해방시키다	20	expatriate
21	동 암호화하다	21	commodity
22	명 이주자, 국외 거주자	22	severance
23	형 현존하고 있는	23	allegiance
24	형 절약하는	24	alloy
25	형 백치의, 바보 같은	25	chemotherapy
26	형 양도할 수 없는	26	compulsive
27	동 위반하다	27	idiotic
28	형 재미없는, 지루한	28	inalienable
29	명 내성적인 사람	29	chronological
30	명 여행 스케줄	30	beneficent
31	형 현명한, 분별력 있는	31	autonomous
32	형 힘드는	32	insipid
33	동 숨다, 잠재해 있다	33	frugal
34	동 우위에 서다, 무시하다	34	tranquil
35	동 가루받이하다	35	vibrant
36	동 전제로 삼다	36	combustible
37	명 절단	37	derivative
38	형 조용한, 고요한	38	judicious
39	명 속도	39	extant
40	형 진동하는	40	laborious

DAY 03 P. 8

01 혱 미의, 심미적인	01 impute		
02 동 경감시키다	02 alleviate		
03 부 타락하여, 길을 잃고	03 deter		
04 명 야만인	04 detach		
05 혱 육식성의	05 declaim		
06 명 완곡한 표현	06 exempt		
07 혱 명상적인	07 retaliate		
08 혱 거추장스러운	08 duplicate		
09 혱 냉소적인	09 loom		
10 동 매도하다, 비난하다	10 defer		
11 동 연기하다	11 remnant		
12 명 인구통계학	12 lyricism		
13 동 떼어내다	13 refinement		
14 동 단념시키다	14 barbarian		
15 혱 인식할 수 있는	15 circumlocution		
16 동 복사하다	16 demography		
17 혱 잘못된	17 vanity		
18 동 면제하다	18 reverence		
19 혱 외부의, 관련 없는	19 fidelity		
20 혱 그럴듯한, 있음 직한	20 astray		
21 명 충성, 충실함	21 cumbersome		
22 동 ~의 탓으로 하다	22 feasible		
23 동 어렴풋이 나타나다	23 stunning		
24 명 서정미	24 cynical		
25 혱 전능한	25 versatile		
26 혱 색다른, 기이한	26 virtuous		
27 혱 우세한, 주된	27 contemplative		
28 혱 사전행동의	28 unbounded		
29 명 세련, 정제, 개선	29 aesthetic		
30 명 나머지, 찌꺼기	30 proactive		
31 동 보복하다	31 vulnerable		
32 명 존경	32 outlandish		
33 혱 현명한 명 현인	33 extraneous		
34 혱 정체된, 흐르지 않는	34 predominant		
35 혱 깜짝 놀라게 하는	35 carnivorous		
36 혱 무한한, 끝없는	36 discernible		
37 명 자만, 허영심	37 erroneous		
38 혱 다재다능한	38 omnipotent		
39 혱 덕이 있는	39 stagnant		
40 혱 상처입기 쉬운	40 sage		

DAY 04 P. 10

01 혱 욕심이 많은	01 suffocate
02 동 훈계하다	02 ramp
03 동 언급하다, 주의를 돌리다	03 dilute
04 혱 보행의	04 persecute
05 명 오래됨, 고대	05 beguile
06 명 허가, 찬성	06 advert
07 혱 열렬한, 정열적인	07 slumber
08 동 속이다, 달래다	08 admonish
09 혱 호전적인	09 epigram
10 혱 자애로운, 인정 많은	10 bureaucracy
11 명 신성모독	11 fallacy
12 명 실수	12 jest
13 명 관료정치, 관료	13 lore
14 명 비난	14 whim
15 혱 자비로운, 자선의	15 censure
16 혱 독실한	16 blasphemy
17 동 희석하다, 물을 타다	17 blunder
18 혱 도피하는	18 antiquity
19 명 경구	19 hide
20 혱 명백한, 노골적인	20 snare
21 명 그릇된 생각	21 approbation
22 혱 강건한, 튼튼한	22 loophole
23 명 짐승의 가죽	23 hardy
24 명 농담	24 outspoken
25 혱 합법의, 정당한	25 elusive
26 명 허점	26 devout
27 명 구전 지식, 민간전승	27 lucid
28 혱 맑은, 명쾌한	28 explicit
29 혱 서투른	29 ambulatory
30 혱 신화의	30 maladroit
31 혱 거리낌없이 말하는	31 mythical
32 동 박해하다, 괴롭히다	32 sedentary
33 명 이동식 계단, 경사로	33 ardent
34 혱 앉아 있는	34 acquisitive
35 동 자다 명 잠	35 somber
36 명 함정	36 charitable
37 혱 우울한, 음산한	37 benevolent
38 동 숨을 막다	38 transparent
39 혱 투명한	39 legitimate
40 명 변덕	40 belligerent

01	형 유순한, 다루기 쉬운	01	oversee
02	명 혐오감	02	gratify
03	동 소름끼치게 하다	03	tout
04	명 열심, 정열	04	appall
05	동 피하다	05	avert
06	동 추방하다	06	humiliate
07	명 축복 기도	07	plead
08	명 안색	08	hoist
09	명 모임, 집합, 합류점	09	deteriorate
10	형 양심적인	10	controvert
11	동 논박하다	11	synchronize
12	형 결정적인, 최종적인	12	retort
13	명 죽음, 서거	13	banish
14	동 나빠지다, 떨어지다	14	benediction
15	형 철저한, 완전한	15	toil
16	형 낭비하는, 사치스러운	16	vivacity
17	동 만족시키다	17	confluence
18	동 게양하다 명 게양	18	mythology
19	동 자존심을 상하게 하다	19	complexion
20	형 간결한, 짧은	20	ardor
21	형 숨은, 잠복한	21	profile
22	형 빈약한, 결핍된	22	spur
23	명 신화	23	demise
24	형 알아채지 못하는	24	antipathy
25	동 감독하다, 살피다	25	rapture
26	동 간청하다	26	laconic
27	형 당당한, 거만한	27	definitive
28	명 윤곽, 옆얼굴	28	extravagant
29	명 황홀, 큰 기쁨	29	pompous
30	형 확고한, 단호한	30	wayward
31	동 보복하다, 역습하다	31	meager
32	형 추리적인, 사색적인	32	triumphant
33	명 자극 동 자극하다	33	latent
34	형 확고한, 불변의	34	oblivious
35	동 동시에 일어나다	35	conscientious
36	명 노고 동 애쓰다	36	amenable
37	동 (귀찮게) 권유하다	37	downright
38	형 성공한, 승리를 얻은	38	speculative
39	명 명랑, 쾌활	39	resolute
40	형 변덕스러운	40	steadfast

01	동 그만두게 하다	01	accrue
02	명 기교, 요령, 재주	02	dissuade
03	명 독백	03	seclude
04	형 기민한, 눈치가 빠른	04	affront
05	동 다시 찾다, 상환하다	05	coax
06	명 비겁함	06	redeem
07	동 희박해지다	07	loiter
08	명 수확 동 산출하다	08	wail
09	형 영속하는	09	respire
10	형 모순된, 상반된	10	rarefy
11	동 은둔하다	11	burrow
12	형 건방진	12	knack
13	형 죄어진, 쪼들리는	13	dyslexia
14	동 굴을 파다 명 굴	14	soliloquy
15	형 단호한	15	effluence
16	형 우둔한, 어리석은	16	cowardice
17	형 한결 같은	17	yield
18	명 투표 용지	18	cache
19	형 일시적인, 단기의	19	zeal
20	형 보수적인	20	apparition
21	명 유령, 환영	21	ballot
22	형 무감각한	22	haughty
23	형 어린 아이의, 철없는	23	astute
24	동 호흡하다	24	profuse
25	형 불변의	25	belated
26	형 우거진	26	emphatic
27	동 울부짖다	27	contradictory
28	동 모욕하다	28	apathetic
29	형 넘치는	29	conservative
30	동 구슬려 ~하게 하다	30	invariable
31	명 방출, 유출	31	precarious
32	동 생기다, 축적하다	32	puerile
33	명 숨겨두는 장소, 은닉처	33	solemn
34	형 필수적인, 긴요한	34	perpetual
35	형 엄숙한	35	lush
36	동 빈둥거리다	36	transient
37	형 늦어진, 뒤늦은	37	imbecile
38	형 불확실한	38	pinched
39	명 난독증	39	imperative
40	명 열심, 열의	40	equable

DAY 07 P. 16

01	부 떨어져서	01	forbear
02	명 악의	02	slit
03	동 동화하다	03	solicit
04	동 시기하다	04	extricate
05	명 행사, 축제	05	succumb
06	형 구어체의	06	assimilate
07	형 명예가 되는, 훌륭한	07	deprecate
08	동 정의를 내리다	08	rebuke
09	동 반대하다	09	explicate
10	동 제거하다	10	begrudge
11	형 음울한, 지루한	11	peep
12	형 이중의, 두 세대용의	12	define
13	동 설명하다	13	dislodge
14	동 구출하다, 해방하다	14	indoctrinate
15	형 원기왕성한	15	procure
16	동 참다	16	verge
17	형 다정한, 상냥한	17	proclivity
18	동 주입하다	18	torture
19	명 친척 관계, 유사	19	paralysis
20	명 매듭	20	knot
21	명 포유동물	21	whiz
22	형 천진난만한	22	taxonomy
23	형 입수 가능한	23	animosity
24	명 마비	24	kinship
25	동 엿보다, 들여다보다	25	mammal
26	형 설득력 있는	26	carnival
27	형 적절한	27	aloof
28	명 경향, 기질	28	succinct
29	동 획득하다	29	colloquial
30	동 비난하다 명 비난	30	genial
31	동 가늘게 찢다	31	creditable
32	동 간청하다	32	duplex
33	형 희박한	33	persuasive
34	형 간결한, 간명한	34	exuberant
35	동 굴복하다	35	dreary
36	명 분류학	36	obtainable
37	동 괴롭히다, 고문하다	37	pertinent
38	형 텅 빈	38	naive
39	명 가장자리, 경계	39	vacuous
40	명 명수, 명인, 달인	40	sparse

DAY 08 P. 18

01	형 상냥한	01	concede
02	동 꾀다, 유혹하다	02	profess
03	동 통지하다	03	placate
04	형 근면한	04	stick
05	명 허심탄회	05	ramble
06	형 많이 들어가는	06	pore
07	형 빙 돌아가는	07	apprise
08	동 인정하다	08	doctrinaire
09	명 (통치자의) 배우자	09	allure
10	형 빈곤한	10	trepidation
11	형 자신 없는, 소심한	11	dogma
12	명 공론가, 순이론가	12	wear-out
13	명 독단적 주장	13	pledge
14	형 잠자는, 휴지 상태의	14	indignity
15	명 소비세	15	consort
16	명 이교도	16	vengeance
17	형 헤픈, 절약하지 않은	17	woe
18	명 모욕, 냉대	18	recluse
19	형 운동의, 움직이는	19	spite
20	형 어머니의	20	excise
21	명 협박, 위협	21	heretic
22	명 조롱	22	posterity
23	명 화석학	23	mockery
24	형 연중 끊이지 않는	24	candor
25	동 달래다	25	menace
26	명 맹세 동 맹세하다	26	paleontology
27	동 숙고하다	27	assiduous
28	명 자손	28	rudimentary
29	동 직업으로 삼다	29	circuitous
30	동 산책하다 명 산책	30	capacious
31	명 은둔자	31	scanty
32	형 기본의, 초보의	32	destitute
33	형 부족한, 근소한	33	affable
34	명 악의	34	utilitarian
35	동 고수하다 명 막대	35	maternal
36	명 당황, 마음의 동요	36	perennial
37	형 실용주의의	37	kinetic
38	명 복수	38	diffident
39	형 진부한	39	dormant
40	명 비애, 괴로움	40	improvident

DAY 09

P. 20

01	형 난해한, 심오한	01	ordain
02	명 별명, 가명	02	flip
03	형 교묘한	03	contemplate
04	형 비대칭의	04	laud
05	부 미리, 사전에	05	perspire
06	동 벌하다	06	loathe
07	동 시작하다	07	chastise
08	명 어림짐작 동 추측하다	08	commence
09	동 숙고하다, 명상하다	09	wedge
10	명 죄인, 범죄자	10	incite
11	명 말씨	11	nominate
12	명 사자, 사절	12	exertion
13	형 몰두된	13	prosecution
14	명 힘든 일, 노력	14	diction
15	동 (손가락으로) 튕기다	15	alias
16	형 심한	16	emissary
17	형 애매한	17	protagonist
18	명 이교도; 이교도의	18	conjecture
19	형 지나친	19	heathen
20	동 자극하다	20	repository
21	형 의심 많은, 회의적인	21	culprit
22	동 기리다, 찬미하다	22	sediment
23	동 몹시 싫어하다	23	refugee
24	형 튼튼한, 왕성한	24	beforehand
25	동 지명하다	25	solicitous
26	형 쓸모없게 된	26	artful
27	형 둔한, 무딘	27	shortsighted
28	동 (목사를) 안수하다	28	scrupulous
29	동 헐떡거리다	29	abstruse
30	동 땀을 흘리다	30	relentless
31	명 주인공, 주창자	31	obtuse
32	명 고발, 검찰당국	32	engrossed
33	명 피난민	33	immoderate
34	형 냉혹한, 가차없는	34	asymmetric
35	명 저장소	35	grievous
36	형 꼼꼼한	36	obsolete
37	명 침전물	37	hazy
38	형 근시의, 근시안의	38	incredulous
39	형 걱정하는, 염려하는	39	lusty
40	동 쐐기를 박다 명 쐐기	40	pant

DAY 10

P. 22

01	형 절제하는	01	appease
02	형 심한	02	intertwine
03	동 달래다, 충족시키다	03	beckon
04	동 평가하다	04	exalt
05	동 손짓으로 부르다	05	secede
06	명 흠, 결점	06	degenerate
07	명 공범, 연루	07	assess
08	동 징집하다	08	shun
09	형 은밀한	09	empathy
10	명 보호, 관리	10	complicity
11	명 도전, 반항	11	induction
12	동 퇴보하다	12	slaughter
13	명 감정이입, 공감	13	upheaval
14	동 높이다, 고양하다	14	wad
15	형 용감한	15	underpinning
16	명 유전	16	custody
17	명 입원	17	preconception
18	형 매우 활동적인	18	patriotism
19	형 받아들이기 어려운	19	misconception
20	형 부차적인	20	gallant
21	형 게으른	21	heredity
22	명 귀납(법)	22	hospitalization
23	명 주입	23	proposition
24	동 서로 얽히게 하다	24	infusion
25	명 착오, 실수	25	segregation
26	형 보통의, 평범한	26	lapse
27	명 오해, 잘못된 생각	27	defiance
28	명 애국심	28	blemish
29	형 완고한, 집요한	29	indolent
30	형 마음 아픈, 사무치는	30	unassuming
31	명 선입견	31	poignant
32	명 제안	32	hyperactive
33	동 탈퇴하다	33	implausible
34	명 차별, 분리	34	mediocre
35	동 피하다	35	incidental
36	명 대량 학살	36	acute
37	형 겸손한	37	persistent
38	명 받침대	38	covert
39	명 들어올림, 격변	39	abstinent
40	명 뭉치, 다발	40	conscript

DAY 11   P. 24

01	통 확인하다	01	ascertain
02	형 변덕스러운	02	intercept
03	명 확신, 확실	03	perturb
04	통 달래다, 회유하다	04	deride
05	형 ~에 좋은	05	haunt
06	명 절친한 친구	06	conciliate
07	명 야간 외출금지	07	inclination
08	통 비웃다, 조롱하다	08	solitude
09	형 분리된, 불연속의	09	nuisance
10	형 냉정한	10	precept
11	형 신의, 신성의	11	infrastructure
12	명 주의, 교리	12	curfew
13	명 발췌	13	excerpt
14	통 자주 가다, 출몰하다	14	ordeal
15	형 적의 있는	15	confidant
16	형 암묵적인	16	doctrine
17	형 예민한	17	slander
18	명 경향, 의향	18	sojourn
19	명 기반 시설	19	certitude
20	형 무례한, 건방진	20	plausible
21	통 도중에서 뺏다	21	dispassionate
22	형 옹졸한, 관대하지 않은	22	marvelous
23	형 미끄러운, 매끄러운	23	insolent
24	형 우스운, 바보 같은	24	lubricious
25	형 놀라운, 믿기 어려운	25	prodigal
26	형 꼼꼼한, 세심한	26	capricious
27	명 골칫거리	27	discrete
28	명 시련, 고난	28	meticulous
29	통 동요하게 하다	29	vociferous
30	형 그럴듯한	30	divine
31	명 교훈	31	implicit
32	형 조숙한	32	incisive
33	형 방탕한	33	intolerant
34	형 허위의, 가짜의	34	ludicrous
35	형 자명한	35	transitory
36	명 욕설, 명예훼손	36	self-evident
37	명 체류 통 체류하다	37	hostile
38	명 고독	38	conducive
39	형 일시적인	39	precocious
40	형 시끄러운	40	pseudo

DAY 12   P. 26

01	형 가까이 있는	01	traverse
02	명 심한 고통	02	digress
03	형 방부성의, 살균의	03	proclaim
04	명 무관심, 무감정	04	delude
05	형 유익한	05	wane
06	명 원주, 원둘레	06	verify
07	통 속이다	07	lust
08	통 빗나가다	08	apathy
09	형 불명예스러운	09	treachery
10	명 의심스러운 것	10	mural
11	형 어떤 지방 특유의 명 풍토병	11	feud
12	명 불화	12	metabolism
13	명 환희	13	agony
14	명 악의, 앙심, 원한	14	grudge
15	형 동종의	15	circumference
16	형 성급한, 극성스러운	16	synonym
17	형 고유한, 토착의	17	dubiety
18	형 귀족다운, 당당한	18	witchcraft
19	명 강한 욕망, 정욕	19	rim
20	형 간섭하기 좋아하는	20	glee
21	명 신진대사	21	adjacent
22	명 벽화 형 벽에 그린	22	meddlesome
23	형 명목상의	23	endemic
24	형 무엇이든 알고 있는	24	indigenous
25	통 선언하다, 증명하다	25	unbridled
26	형 빛을 내는	26	lordly
27	형 탄력있는	27	homogeneous
28	명 테두리, 가장자리	28	nominal
29	형 빈정거리는	29	omniscient
30	형 최면의 명 수면제	30	antiseptic
31	형 시무룩한, 음울한	31	dishonorable
32	명 동의어, 유의어	32	sarcastic
33	형 지구상의	33	radiant
34	통 가로지르다	34	impetuous
35	명 배반	35	uncivil
36	형 구속되지 않는	36	beneficial
37	형 예의에 벗어난	37	sullen
38	통 입증하다	38	terrestrial
39	통 쇠퇴하다 명 쇠퇴	39	soporific
40	명 주술, 마술	40	resilient

DAY 13 P. 28

01 동 단축하다	01 abbreviate
02 형 정도에서 벗어난	02 jettison
03 명 획득, 습득	03 deport
04 형 도덕관념이 없는	04 obstruct
05 형 일정한 모양이 없는	05 falter
06 동 허가하다, 인가하다	06 delve
07 명 쌍안경	07 distend
08 형 강제적인	08 dilate
09 명 전문가, 감식가	09 maltreat
10 동 파고들다, 뒤지다	10 authorize
11 동 국외로 추방하다	11 predicament
12 형 2원자의	12 binoculars
13 동 팽창하다[시키다]	13 flattery
14 형 산만한	14 hypocrite
15 동 팽창하다	15 electorate
16 명 유권자	16 legacy
17 동 비틀거리다	17 volition
18 명 아첨, 아부	18 connoisseur
19 형 목쉰	19 tenet
20 명 위선(자) 형 위선의	20 pneumonia
21 형 우연의, 부주의한	21 acquisition
22 형 끊임없는	22 compulsory
23 동 내던지다, 버리다	23 troublesome
24 형 사법의, 재판의	24 wily
25 명 유산	25 incessant
26 형 우뚝 솟은	26 tardy
27 동 학대하다	27 amoral
28 형 중대한	28 amorphous
29 동 막다	29 judicial
30 형 초자연적인 명 주술	30 discursive
31 형 허용할 수 있는	31 lofty
32 형 중추적인	32 inadvertent
33 형 유연한	33 pliable
34 명 폐렴	34 diatomic
35 명 곤경	35 aberrant
36 형 더딘	36 momentous
37 명 주의, 교리	37 pivotal
38 형 골치 아픈	38 occult
39 명 의지, 결단	39 permissible
40 형 꾀가 많은, 교활한	40 hoarse

DAY 14 P. 30

01 명 꾸미기, 장식	01 peruse
02 동 과장하다, 확장하다	02 exhort
03 형 임의의, 멋대로인	03 supervise
04 명 서명	04 aggrandize
05 형 진부한, 평범한	05 theorize
06 형 투쟁적인, 호전적인	06 snort
07 형 마음이 맞는, 쾌적한	07 piety
08 형 숨은, 수수께끼 같은	08 enlightenment
09 명 당뇨병	09 playwright
10 형 매일의, 낮의	10 adornment
11 명 계발, 계몽	11 diabetes
12 동 간곡히 타이르다	12 mutation
13 부 즉흥으로	13 oath
14 형 만만치 않은	14 treason
15 형 이교의, 이단의	15 autograph
16 형 치우치지 않은, 공정한	16 maturation
17 형 뻔뻔스러운	17 resemblance
18 형 분개한	18 prevalence
19 형 탈출할 수 없는	19 omen
20 형 전염병의, 전염성의	20 lavatory
21 형 결단력이 없는	21 extempore
22 명 화장실	22 formidable
23 명 원숙, 성숙	23 irresolute
24 명 돌연변이	24 impartial
25 명 맹세, 선서	25 congenial
26 명 전조, 징조	26 diurnal
27 형 명백한	27 overt
28 형 정기간행의 명 정기간행물	28 tacit
29 동 읽다, 통독하다	29 submissive
30 명 경건	30 indignant
31 명 극작가	31 impudent
32 명 유행, 널리 퍼짐	32 cryptic
33 명 유사, 닮음	33 heterodox
34 동 콧김을 내뿜다 명 거센 콧김	34 arbitrary
35 형 복종하는, 순종하는	35 infectious
36 동 감독하다	36 periodical
37 형 무언의	37 banal
38 동 이론화하다	38 uptight
39 명 배반, 반역(죄)	39 inextricable
40 형 초조해하는	40 combative

DAY 15 P. 32

01 형 주위의, 포위하는	01 habituate
02 형 대략의	02 shudder
03 명 습격	03 mangle
04 명 경외	04 detest
05 명 염색체	05 ferment
06 형 거친, 조잡한	06 ratify
07 형 괜찮은, 점잖은	07 exacerbate
08 명 복종, 경의	08 inflect
09 형 악마의	09 pacify
10 동 몹시 싫어하다	10 awe
11 형 적격의, 적임의	11 sanitation
12 동 악화시키다	12 undergraduate
13 동 발효시키다	13 deference
14 형 열렬한	14 propaganda
15 형 불타는	15 assault
16 동 길들이다	16 novelty
17 형 위선적인	17 oracle
18 동 어미를 변화시키다	18 visage
19 동 망가뜨리다	19 zest
20 형 야행성의, 밤의	20 chromosome
21 명 신기함	21 probation
22 명 신탁소	22 zenith
23 동 진정시키다	23 coarse
24 형 생각에 잠긴	24 profound
25 명 집행유예	25 decent
26 형 깊은	26 approximate
27 명 선전	27 temperate
28 동 비준하다	28 rebellious
29 형 반항적인	29 strenuous
30 형 필요의, 필수의	30 fiery
31 명 공중 위생	31 pensive
32 형 예리한, 빈틈없는	32 demonic
33 동 떨다, 오싹하다 명 오싹함	33 nocturnal
34 형 분투를 요하는	34 fervent
35 형 절제하는	35 shrewd
36 명 대학생 형 대학(생)의	36 hypocritical
37 명 얼굴, 외관	37 eligible
38 형 텅 빈, 공허한	38 ambient
39 명 천정, 정점	39 requisite
40 명 열정, 흥미	40 void

DAY 16 P. 34

01 명 면죄, 방면, 용서	01 outdo
02 동 환호하다 명 환호	02 harass
03 형 인자한	03 acclaim
04 명 큰 재난	04 gulp
05 형 사람을 납득시키는	05 detract
06 명 자부심, 자만	06 swindle
07 형 남을 얕잡아보는	07 preempt
08 형 뉘우치는, 참회의	08 muffle
09 동 횡령하다	09 defraud
10 명 대표자 동 파견하다	10 sprinkle
11 동 손상시키다	11 dictum
12 명 (전문가의) 의견, 격언	12 homage
13 명 무아의 경지, 황홀경	13 tuition
14 명 수놓기, 자수	14 delegate
15 형 터무니 없는, 과도한	15 absolution
16 형 나약한	16 ecstasy
17 형 비유적인, 은유의	17 scripture
18 동 꿀꺽꿀꺽 마시다	18 reagent
19 동 괴롭히다	19 implementation
20 명 경의	20 conceit
21 명 장애, 방해	21 embroidery
22 명 이행	22 impediment
23 명 향	23 subjugation
24 형 서투른	24 saliva
25 형 악의 있는	25 calamity
26 동 싸다, 덮다	26 incense
27 동 ~보다 낫다	27 specious
28 형 사진촬영에 적합한	28 feeble
29 형 평온한	29 contemptuous
30 동 미연에 방지하다	30 contrite
31 명 시약	31 vile
32 명 침, 타액	32 figurative
33 명 성전, 경전	33 wretched
34 형 그럴듯한, 외양만 좋은	34 cogent
35 동 흩뿌리다	35 photogenic
36 명 정복	36 inept
37 동 사기쳐서 빼앗다	37 malicious
38 명 교습, 수업료	38 benign
39 형 몹시 불쾌한	39 exorbitant
40 형 비참한, 불쌍한	40 placid

DAY 17 P. 36

01 형 매우 쓴, 신랄한	01 demean
02 형 가장, (…인) 체함	02 divulge
03 형 또렷한 동 또렷하게 발음하다	03 forgo
04 명 자치권	04 subsidize
05 동 괴롭히다, 에워싸다	05 rebuff
06 형 과장된, 과대한	06 beset
07 명 위장	07 reproach
08 형 만성의, 상습적인	08 slay
09 형 순종적인	09 convene
10 동 모으다, 소집하다	10 withstand
11 형 낙심한, 낙담한	11 endow
12 동 (품위를) 떨어뜨리다	12 depreciate
13 동 평가절하하다	13 lavish
14 형 (명예를) 손상하는, 경멸적인	14 affectation
15 명 절대권, 독재	15 dismay
16 동 당황케 하다 명 당황	16 quantum
17 동 누설하다	17 reprisal
18 동 주다, 부여하다	18 insomnia
19 형 외향적인	19 misgiving
20 형 까다로운	20 fortitude
21 동 ~없이 지내다	21 camouflage
22 명 용기	22 literacy
23 형 부적당한, 어울리지 않는	23 autonomy
24 명 불면증	24 dictatorship
25 형 내성적인	25 derogatory
26 동 후하게 주다 형 아주 후한	26 pious
27 명 읽고 쓸 줄 아는 능력	27 bombastic
28 명 불안, 걱정	28 fastidious
29 형 목가적인, 전원의	29 dejected
30 형 경건한	30 introspective
31 명 몫, 양	31 articulate
32 동 거절하다	32 vague
33 명 보복	33 chronic
34 동 비난하다 명 비난	34 acrid
35 동 살해하다	35 pastoral
36 형 엄격한	36 incongruous
37 형 장엄한	37 complaisant
38 동 보조금을 지급하다	38 stringent
39 형 막연한	39 extrovert
40 동 저항하다	40 sublime

DAY 18 P. 38

01 명 기권	01 repress
02 동 악화시키다	02 belittle
03 형 민첩한	03 terminate
04 명 소원, 이간, 소외	04 squander
05 명 검시, 부검	05 bewilder
06 동 과소평가하다	06 impede
07 동 당황하게 하다	07 decry
08 형 깨지기 쉬운	08 expedite
09 형 어설픈, 서투른	09 aggravate
10 명 연합	10 lure
11 형 동시발생의	11 integrate
12 동 한 점에 모이다	12 converge
13 명 안내원	13 malady
14 동 비난하다, 헐뜯다	14 obsession
15 명 탈수증	15 autopsy
16 명 쇄도	16 vent
17 형 취사선택하는	17 abstention
18 형 변덕스러운	18 genesis
19 동 신속히 처리하다	19 alienation
20 명 기원, 발생	20 deluge
21 동 방해하다	21 transfusion
22 동 통합하다	22 keystone
23 명 휴식 시간	23 courier
24 명 쐐기돌, 기초석	24 coalition
25 동 유혹하다	25 sanction
26 명 (만성적인) 병, 병폐	26 dehydration
27 형 병적인	27 intermission
28 형 필수의, 의무적인	28 sulky
29 형 불쾌한, 밉살스러운	29 brittle
30 명 강박관념, 집념	30 concurrent
31 동 억누르다	31 agile
32 형 주거의	32 erratic
33 명 제재	33 morbid
34 형 차분한, 침착한	34 obnoxious
35 동 낭비하다	35 clumsy
36 형 골이 난, 뚱한, 부루퉁한	36 residential
37 동 끝내다	37 serene
38 명 수혈	38 vulgar
39 명 구멍, 배출구 동 발산하다	39 eclectic
40 형 천한, 품위 없는	40 obligatory

DAY 19 P. 40

01 형 절제하는	01 oppress
02 동 강조하다, 역설하다	02 recompense
03 동 인접하다	03 accentuate
04 형 상냥한, 붙임성 있는	04 proscribe
05 형 길한, 행운의	05 disregard
06 형 세속의	06 deploy
07 명 대참사	07 traduce
08 형 동맹한, 연합한	08 adjoin
09 명 논쟁	09 reprove
10 명 윤곽	10 debase
11 형 비난할 만한	11 plight
12 동 품위를 떨어뜨리다	12 hoax
13 동 배치하다	13 contention
14 형 황량한, 황폐한	14 catastrophe
15 동 무시하다, 경시하다	15 unanimity
16 명 해산, 분해	16 infinity
17 명 평형, 균형	17 contour
18 형 확실치 않은, 모호한	18 heed
19 명 주의 동 주의하다	19 reign
20 명 골탕먹임, 속이기	20 equilibrium
21 형 논쟁의 여지가 없는	21 dissolution
22 명 무한대	22 prodigious
23 형 질문을 좋아하는	23 orbital
24 동 압박을 가하다	24 auspicious
25 형 궤도의	25 incontrovertible
26 명 곤경, 곤란	26 equivocal
27 형 거대한	27 confederate
28 형 신속한	28 tangible
29 동 금지하다	29 culpable
30 형 고상한 체하는	30 amiable
31 형 징벌의	31 carnal
32 동 보답하다	32 prompt
33 명 통치	33 vigilant
34 동 나무라다, 꾸짖다	34 abstemious
35 형 만져서 알 수 있는	35 prudish
36 동 비방하다	36 inquisitive
37 명 만장일치	37 punitive
38 형 제멋대로 하는	38 utmost
39 형 최대한	39 desolate
40 형 자지 않고 지키는	40 unruly

DAY 20 P. 42

01 동 사임하다, 포기하다	01 forfeit
02 형 매서운, 신랄한	02 impound
03 형 양면 가치의	03 immerse
04 동 확대하다, 증폭시키다	04 bar
05 형 앞서는	05 deviate
06 동 방해하다, 길을 막다	06 abdicate
07 명 막사, 병영	07 retard
08 형 어울리는, 적당한	08 deface
09 형 연 2회의	09 stifle
10 형 황폐한, 쓸쓸한	10 prophesy
11 부 반대하여 명 반대 투표	11 implement
12 형 서두르는, 대강의	12 ripple
13 동 손상시키다	13 preside
14 명 태만, 채무 불이행	14 stab
15 동 빗나가다	15 flutter
16 형 결여된	16 relinquish
17 형 식사의	17 unravel
18 명 천역, 고역	18 amplify
19 명 타원	19 fracture
20 형 (근거 등이) 빈약한	20 barracks
21 동 펄럭이다	21 vanguard
22 동 잃다 명 벌금	22 reassurance
23 명 골절 동 부러뜨리다	23 drudgery
24 형 오싹한	24 ellipse
25 동 담그다	25 default
26 동 이행하다	26 con
27 동 압수하다, 가두다	27 flimsy
28 형 양립할 수 없는	28 potent
29 형 강력한, 힘센	29 devoid
30 동 주관하다	30 acrimonious
31 동 예언하다	31 cursory
32 명 안심, 안도감	32 dietary
33 동 포기하다	33 antecedent
34 동 속력을 늦추다	34 incompatible
35 동 잔물결이 일다 명 잔물결	35 ambivalent
36 동 찌르다	36 becoming
37 동 숨을 막다, 진압하다	37 biannual
38 형 지루한	38 hideous
39 동 풀다	39 tedious
40 명 선봉, 선두	40 bleak

DAY 21 P. 44

01	명 공범자	01	incur
02	동 매우 좋아하다	02	imprint
03	명 계열사	03	belie
04	동 모으다	04	adore
05	명 공격 수단, 탄약	05	defame
06	명 근사치	06	aggregate
07	동 거짓됨을 나타내다	07	submerge
08	명 부력	08	proliferate
09	형 고분고분한, 순응하는	09	exponent
10	명 일치, 합의, 여론	10	edifice
11	명 음모, 불법공모	11	drawback
12	형 판독할 수 있는	12	affiliate
13	동 명예를 훼손하다	13	ammunition
14	명 결점	14	accomplice
15	명 썰물	15	approximation
16	명 건축물	16	buoyancy
17	형 열렬한	17	ebb
18	명 (음악) 연주자	18	villain
19	형 재정상의	19	conspiracy
20	명 적	20	consensus
21	명 자극	21	impetus
22	동 강하게 인상지우다, 새기다	22	speck
23	형 사람의 모습을 한, 화신의	23	foe
24	동 (손해 등을) 초래하다	24	junction
25	형 솔직담백한, 순진한	25	verdict
26	명 접합, 합류점	26	effusive
27	형 치사의	27	compliant
28	형 화폐의	28	residual
29	형 비스듬한, 완곡한	29	painstaking
30	형 노고를 아끼지 않는	30	prolific
31	동 번식하다	31	symmetrical
32	형 다산의, 풍부한	32	oblique
33	형 풍부한, 장황한	33	incarnate
34	형 남은	34	ingenuous
35	명 작은 얼룩, 오점	35	stingy
36	형 인색한	36	fiscal
37	동 물에 잠그다	37	lethal
38	형 대칭적인	38	decipherable
39	명 평결	39	redundant
40	명 악당	40	monetary

DAY 22 P. 46

01	동 혐오하다, 증오하다	01	preclude
02	명 지지자 형 점착성의	02	aggrieve
03	형 공격적인	03	cede
04	동 괴롭히다	04	jeer
05	동 추가하다	05	encircle
06	동 맹렬히 공격하다	06	coalesce
07	동 완화하다	07	assuage
08	형 전형적이 아닌	08	solidify
09	형 양자 간의	09	subdue
10	명 대량 학살, 시체	10	append
11	동 권리를 양도하다	11	abominate
12	동 연합하다, 합병하다	12	levity
13	형 일관성 있는	13	luster
14	형 수상쩍은, 모호한	14	massacre
15	형 별난	15	carnage
16	명 칙령, 포고	16	holocaust
17	동 에워싸다	17	oblivion
18	명 유행병 형 유행의	18	assail
19	명 대학살, 홀로코스트	19	epidemic
20	형 고유의, 타고난	20	motif
21	형 본질적인	21	adherent
22	동 야유하다 명 조롱	22	whip
23	명 경솔	23	edict
24	명 광택 동 광택을 내다	24	inherent
25	형 다방면의, 많은	25	aggressive
26	명 대량 학살 동 대학살하다	26	spacious
27	명 사기, 의욕	27	manifold
28	명 주제	28	morale
29	형 시의, 지방 자치의	29	upright
30	형 유목민의	30	ruthless
31	명 망각	31	eccentric
32	형 화려한, 부유한	32	intrinsic
33	동 방해하다, 가로막다	33	sinister
34	형 무자비한	34	dubious
35	형 사악한	35	municipal
36	동 응고하다	36	bilateral
37	형 넓은	37	nomadic
38	동 정복하다	38	coherent
39	형 똑바로 선	39	atypical
40	명 채찍 동 채찍질하다	40	opulent

DAY 23 P. 48

01 동 완화시키다	01 oblige		
02 동 유괴하다	02 mar		
03 형 풍부한, 풍족한	03 detain		
04 명 변칙, 예외	04 coerce		
05 명 구경꾼, 방관자	05 constrain		
06 동 강요하다, 억압하다	06 deplete		
07 명 협동	07 indict		
08 명 일치	08 overthrow		
09 동 강요하다, 속박하다	09 incubate		
10 동 오염시키다	10 deflect		
11 형 위조의	11 mingle		
12 동 빗나가게 하다	12 interrogate		
13 동 변형시키다	13 elongate		
14 동 고갈시키다	14 contaminate		
15 동 감금하다	15 abate		
16 형 음산한	16 abduct		
17 동 연장하다, 길게 하다	17 deform		
18 형 손쉬운, 힘들지 않은	18 jurisdiction		
19 형 불사의, 불멸의	19 bystander		
20 동 품다, 부화하다	20 plumage		
21 동 기소하다	21 scrutiny		
22 형 무해한	22 anomaly		
23 동 심문하다	23 placebo		
24 명 위험	24 perjury		
25 명 관할권	25 jeopardy		
26 형 해로운	26 concordance		
27 동 손상시키다	27 collaboration		
28 동 섞다, 섞이다	28 splendor		
29 동 강요하다, 은혜를 베풀다	29 overdue		
30 형 기간이 지난	30 innocuous		
31 동 뒤엎다	31 sterile		
32 형 주변의, 외면의	32 immortal		
33 명 위증(죄)	33 facile		
34 명 속임약, 위약	34 preposterous		
35 명 깃, 깃털	35 counterfeit		
36 형 앞뒤가 바뀐, 터무니없는	36 dismal		
37 형 현저한, 두드러진	37 peripheral		
38 명 면밀한 조사	38 affluent		
39 명 훌륭함, 화려함	39 malign		
40 형 불모의	40 salient		

DAY 24 P. 50

01 형 비참한	01 address		
02 명 증가, 첨가(물)	02 induct		
03 동 연설하다 명 연설	03 usher		
04 명 쾌적함, 편의 시설	04 implicate		
05 형 고된, 끈기있는	05 impel		
06 명 기술, 책략	06 recede		
07 동 암살하다	07 elude		
08 형 호전적인	08 vanish		
09 명 시체, 송장	09 jolt		
10 명 연대기	10 disseminate		
11 명 법령	11 assassinate		
12 동 퍼뜨리다	12 subvert		
13 동 (씨를) 흩뿌리다	13 intoxicate		
14 동 벗어나다	14 trespass		
15 명 끝맺음 말	15 diffuse		
16 형 비옥한	16 repent		
17 형 불변의	17 parasite		
18 동 몰아대다, 추진하다	18 artifice		
19 동 관련시키다	19 decree		
20 동 이끌다, 인도하다	20 inscription		
21 형 해로운	21 carcass		
22 명 비문	22 chronicle		
23 동 취하게 하다	23 realm		
24 명 음모	24 propriety		
25 동 심하게 흔들다	25 solace		
26 형 해로운, 유독한	26 intrigue		
27 형 (병이) 세계적으로 유행하는	27 accretion		
28 명 기생충	28 amenity		
29 명 예의바름, 예의	29 epilogue		
30 형 자극적인, 도발적인	30 arduous		
31 형 자극하는, 얼얼한	31 immutable		
32 명 영역	32 fertile		
33 동 물러가다	33 abject		
34 동 후회하다, 회개하다	34 pandemic		
35 형 펄펄 끓는	35 provocative		
36 명 위안 동 위안하다	36 pungent		
37 동 전복시키다	37 seething		
38 동 침입하다	38 inimical		
39 동 안내하다 명 안내원	39 noxious		
40 동 사라지다	40 bellicose		

DAY 25

P. 52

01	명 좋아함, 공감, 관련성	01	attenuate
02	명 알리바이, 현장 부재 증명	02	prolong
03	형 불규칙한	03	bombard
04	통 중재하다	04	foreshadow
05	통 가늘게 하다	05	clasp
06	통 폭격하다	06	scribble
07	명 인공폭포	07	plunge
08	통 꼭 쥐다	08	lag
09	형 구성하는 명 구성 성분	09	linger
10	명 부족	10	seduce
11	명 부스러기, 파편	11	rouse
12	명 감소, 감축	12	arbitrate
13	명 무장 해제, 군축	13	diminution
14	명 불균형, 격차	14	relish
15	명 변동	15	disarmament
16	통 징조를 보이다	16	fluctuation
17	형 긴요한, 필요 불가결한	17	debris
18	형 때때로 중단되는, 간헐성의	18	dearth
19	통 뒤떨어지다	19	disparity
20	통 오래 머물다	20	alibi
21	명 유목민	21	nomad
22	통 던져 넣다 명 뛰어듦	22	cascade
23	형 묵직한, 육중한	23	affinity
24	명 투하, 추락, 강수	24	testimony
25	통 연장하다	25	precipitation
26	형 예언자의	26	suspicion
27	명 맛, 풍미	27	truce
28	통 일으키다	28	staunch
29	통 낙서하다	29	constituent
30	통 유혹하다	30	indispensable
31	형 냉정한, 술 취하지 않은	31	intermittent
32	형 산발적인	32	unanimous
33	형 웅대한, 장엄한	33	ponderous
34	형 견고한, 충실한	34	aperiodic
35	명 혐의	35	sporadic
36	명 증언	36	viable
37	명 휴전, 정전	37	prophetic
38	형 만장일치의	38	stately
39	형 일방적인	39	unilateral
40	형 생존[실행] 가능한	40	sober

DAY 26

P. 54

01	명 두문자어	01	offset
02	명 일화	02	vindicate
03	명 의복, 의류	03	torment
04	명 경매	04	surmount
05	명 독재 정치	05	quake
06	명 불타다	06	entangle
07	형 같은 종류의, 유사한	07	effervesce
08	통 짧게 줄이다	08	whirl
09	명 불일치, 불화	09	stigmatize
10	명 모순, 불일치	10	postulate
11	통 이의를 말하다	11	dissent
12	통 부글부글 거품이 일다	12	curtail
13	통 뒤얽히게 하다	13	partake
14	형 인도주의의 명 인도주의자	14	surveillance
15	형 철벽의, 확고한	15	auction
16	명 사이, (시간적) 간격	16	outrage
17	형 관대한	17	symmetry
18	통 상쇄하다	18	autocracy
19	명 난폭 통 격분하게 하다	19	acronym
20	통 참여하다	20	discrepancy
21	형 애처로운, 불쌍한	21	threshold
22	통 요구하다, 가정하다	22	discord
23	명 전조, 서막	23	blaze
24	통 덜덜 떨다, 진동하다	24	interlude
25	형 충만한	25	stability
26	형 회고의	26	wrangle
27	형 차분한	27	apparel
28	명 안정	28	anecdote
29	통 오명을 씌우다	29	prelude
30	명 찬성 투표, 선거권	30	suffrage
31	통 극복하다	31	cognate
32	명 감시	32	lenient
33	명 대칭, 균형	33	volatile
34	명 문턱	34	pathetic
35	통 괴롭히다 명 고문	35	humanitarian
36	통 정당함을 입증하다	36	voluntary
37	형 변덕스러운, 휘발성의	37	sedate
38	형 자발적인	38	impregnable
39	통 빙빙 돌다 명 선회	39	replete
40	명 언쟁, 논쟁 통 언쟁하다	40	retrospective

DAY 27 P. 56

01 튀 병행하여	01 fabricate
02 명 침략, 공격성	02 embed
03 통 앞당기다	03 protrude
04 명 인종차별 격리정책	04 salute
05 형 무딘, 퉁명스러운	05 ooze
06 형 신랄한	06 lament
07 형 자기만족의	07 antedate
08 명 혼합비료 통 퇴비를 주다	08 petition
09 명 신용 증명서 형 신임의	09 encompass
10 형 잘 속는, 쉽게 믿는	10 apartheid
11 형 치유력이 있는	11 statute
12 형 탄력 있는	12 replica
13 형 웅변을 잘 하는	13 credential
14 통 깊숙이 박다	14 stature
15 통 포위하다, 포함하다	15 reservoir
16 통 위조하다	16 vault
17 형 멋진, 전설적인	17 verity
18 형 품위 없는, 천한, 비열한	18 aggression
19 형 눈에 띄지 않는	19 transit
20 형 환호하는	20 patent
21 통 슬퍼하다, 애도하다	21 compost
22 형 편재하는	22 abreast
23 통 스며나오다	23 peculiar
24 형 시기가 좋은, 적절한	24 inconspicuous
25 형 펼친	25 fabulous
26 명 특허(권) 형 특허의	26 blunt
27 형 기묘한, 특유의	27 curative
28 형 썩기 쉬운	28 opportune
29 명 탄원, 청원	29 caustic
30 통 내밀다, 튀어나오다	30 perishable
31 명 복제(품)	31 eloquent
32 명 저수지, 저장(소)	32 complacent
33 통 맞이하다	33 credulous
34 명 신장	34 unexampled
35 명 법령	35 tyrannical
36 명 통과, 통행	36 elastic
37 형 전제적인, 폭군적인	37 omnipresent
38 형 전례가 없는	38 outstretched
39 명 지하실, 둥근 천장	39 ignoble
40 명 진리, 진실	40 jubilant

DAY 28 P. 58

01 통 요약하다	01 amass
02 통 모으다, 축적하다	02 resonate
03 형 감사의	03 contrive
04 통 일어나다, 생기다	04 indulge
05 형 액수가 상응하는	05 decimate
06 형 설득력 있는	06 condemn
07 통 비난하다	07 litigate
08 형 눈에 띄는	08 befall
09 통 용케 ~하다	09 err
10 명 정점	10 distill
11 통 많은 사람을 죽이다	11 vex
12 명 세제	12 abridge
13 형 교훈적인	13 equity
14 통 증류하다	14 friction
15 명 공정, 공평	15 nausea
16 명 부식, 침식	16 erosion
17 통 잘못하다	17 molecule
18 형 광대한	18 sustenance
19 명 마찰, 불화	19 detergent
20 형 몹시 바쁜	20 suppressant
21 형 불법의	21 malnutrition
22 통 빠지다, 만족시키다	22 culmination
23 통 소송하다	23 proponent
24 명 영양실조	24 speculation
25 명 분자	25 prerogative
26 형 불쾌한, 심술궂은	26 siege
27 명 메스꺼움	27 appreciative
28 명 특권	28 expansive
29 명 지지자	29 didactic
30 형 기묘한	30 quaint
31 형 반동적인, 반동의	31 conspicuous
32 통 공명하다	32 reactionary
33 명 포위, 공격	33 illicit
34 명 추측	34 nasty
35 형 정지된	35 compelling
36 형 엄격한, 가혹한	36 hectic
37 형 최고의, 최상의	37 commensurate
38 명 억제제	38 stern
39 명 생계	39 stationary
40 통 짜증나게 하다	40 superb

DAY 29 P. 60

01 명 비유, 우화	01 obtrude
02 형 익명의	02 outlive
03 형 전면의, 앞의	03 polarize
04 명 해독제	04 eradicate
05 명 기구	05 manifest
06 명 우연의 일치	06 vouch
07 명 애도	07 forage
08 명 신용	08 encroach
09 형 조잡한	09 exult
10 명 고민, 비통 동 괴롭히다	10 synergize
11 동 침입하다, 침해하다	11 distress
12 동 근절하다	12 apparatus
13 동 크게 기뻐하다	13 morality
14 동 찾아다니다	14 panacea
15 형 임박한	15 rascal
16 형 추잡한, 부적절한	16 allegory
17 형 불활성의, 둔한	17 credibility
18 형 적외선의	18 condolence
19 형 음흉한, 잠행성의	19 coincidence
20 형 돈이 빌리는	20 mandate
21 형 빛을 내는, 발광성의	21 relic
22 명 위임 통치권	22 premise
23 형 분명한, 명백한	23 respite
24 명 도덕성	24 supposition
25 동 강요하다	25 antidote
26 형 불투명한	26 straightaway
27 동 ~보다 오래 살다	27 lucrative
28 명 만병통치약	28 luminescent
29 동 극성을 갖게 하다	29 opaque
30 명 전제	30 inert
31 명 악당	31 reciprocal
32 형 서로의, 호혜적인	32 territorial
33 명 유물, 유적	33 insidious
34 명 중지	34 anonymous
35 형 피비린내 나는	35 impending
36 부 즉시, 곧바로	36 infrared
37 명 추측, 가정	37 anterior
38 동 협력 작용시키다	38 crude
39 형 영토의	39 indecent
40 동 보증하다	40 sanguinary

DAY 30 P. 62

01 동 암시하다	01 convoke
02 형 양서류의 명 양서류	02 renounce
03 동 전멸시키다	03 befriend
04 명 부록, 추가	04 extort
05 명 부업, 취미	05 disclaim
06 동 친구가 되다	06 purge
07 동 불러 모으다	07 enrage
08 형 몹시 탐내는	08 expound
09 명 경련	09 elucidate
10 명 교의, 신조	10 allude
11 동 권리를 포기하다	11 forestall
12 동 지우다, 말살하다	12 covetous
13 동 설명하다	13 annihilate
14 동 몹시 화나게 하다	14 efface
15 명 망명 동 추방하다	15 penchant
16 동 상세히 설명하다	16 cramp
17 동 강요하다	17 creed
18 형 열렬한, 열정적인	18 exile
19 형 축제의	19 tenure
20 동 앞서다	20 appendix
21 형 일관되지 않은	21 avocation
22 명 장	22 wrath
23 형 태만한, 무관심한	23 philanthropy
24 명 초보자	24 intestine
25 형 아버지의	25 novice
26 명 후원자	26 patron
27 형 금전의, 벌금의	27 pecuniary
28 명 강한 기호	28 stout
29 명 자선, 박애	29 trustworthy
30 형 탁월한	30 paternal
31 동 마음[몸]을 깨끗이 하다	31 amphibian
32 동 포기하다	32 fervid
33 형 강건한, 튼튼한	33 incoherent
34 명 보유(권), 종신 재직권	34 venerable
35 형 초월적인	35 festive
36 형 하찮은, 사소한	36 preeminent
37 형 신뢰할 수 있는	37 transcendent
38 형 편견이 없는	38 negligent
39 형 존경할만한	39 unbiased
40 명 분노	40 trifling

3rd Edition

절대어휘 5100 시리즈

5100개의 절대어휘만 외워도 내신·수능·토플이 쉬워진다.

▶ 단계별 30일 구성의 계획적인 어휘 학습

▶ 단어 ➡ 어구 ➡ 문장의 효과적인 암기 프로세스

▶ 유의어, 반의어, 파생어를 통한 어휘력 확장

▶ QR코드를 통해 남녀 원어민 발음 바로 듣기

▶ 일일테스트와 누적테스트로 단어 반복 학습 강화

절대어휘 5100 Vocabulary master 5단계 시리즈

절대어휘 5100 ①	900 단어	중등 내신 기본 영단어
절대어휘 5100 ②	900 단어	중등 내신 필수 영단어
절대어휘 5100 ③	900 단어	고등 내신 기본 영단어
절대어휘 5100 ④	1200 단어	수능 필수 영단어
절대어휘 5100 ⑤	1200 단어	수능 고난도·토플 영단어

절대어휘 5100 시리즈 구성

본책 + 워크북 + MP3 + 문제출제프로그램 제공

QR코드를 통해 본 교재의 상세정보와
부가학습 자료를 이용할 수 있습니다.